文化与传媒
书　系

HUNAN WEISHI DIANSHI JIEMU
XINGTAI YANBIAN YANJIU

# 湖南卫视电视节目形态演变研究

## 冯晓临◎著

中国社会科学出版社

图书在版编目(CIP)数据

湖南卫视电视节目形态演变研究/冯晓临著. —北京：中国社会
科学出版社，2015.11
ISBN 978-7-5161-6631-4

Ⅰ.①湖…　Ⅱ.①冯…　Ⅲ.①电视节目—研究—湖南省
Ⅳ.①G229.276.4

中国版本图书馆 CIP 数据核字(2015)第 167000 号

出 版 人　赵剑英
责任编辑　郭晓鸿
特约编辑　席建海
责任校对　韩海超
责任印制　戴　宽

出　　版　中国社会科学出版社
社　　址　北京鼓楼西大街甲 158 号
邮　　编　100720
网　　址　http://www.csspw.cn
发 行 部　010-84083685
门 市 部　010-84029450
经　　销　新华书店及其他书店

印　　刷　北京君升印刷有限公司
装　　订　廊坊市广阳区广增装订厂
版　　次　2015 年 11 月第 1 版
印　　次　2015 年 11 月第 1 次印刷

开　　本　710×1000　1/16
印　　张　14.5
插　　页　2
字　　数　209 千字
定　　价　56.00 元

凡购买中国社会科学出版社图书，如有质量问题请与本社营销中心联系调换
电话：010-84083683

# 目　录

# 序

　　电视节目形态随着时代与社会发展而变化。我指导冯晓临写博士论文《湖南卫视电视节目形态演变研究》，他多次到湖南卫视搜集有关第一手资料，确定论文大纲，写出初稿，多次修改论文。湖南卫视具有鲜明的特色，在省级卫视中常常敢为天下先，善于在电视节目形态上积极探索，在海内外产生较大影响。其中有些栏目成为品牌栏目，有些成为现象级栏目。冯晓临的博士论文《湖南卫视电视节目形态演变研究》具有重要的学术意义与应用价值，有一些创见，在电视节目形态研究领域取得了突破性成果，为我国电视节目发展提供了重要的参考。

　　冯晓临视野开阔，思维活跃，学习勤奋，善于思考，系统地研读了海内外影视传媒方面的专著与论文，写作能力不断提高。他在电视行业工作过，具有比较丰富的实践经验，能够把电视理论、传播理论与实践紧密地结合起来，准确而系统地阐述了湖南卫视电视节目形态演变的原因、表现与作用，条理清晰，层层深入，逻辑性强，具有一些创见，在电视节目形态研究方面立下了拓展之功。他熟练地掌握了有关电视节目形态的音像资料与文献资料，引用了一些可靠的数据，在此基础上论述湖南卫视电视节目形态演变，说服力强。理论阐述与个案分析结合紧密，评析准确，并提出了一些有价值的建议。显示出他良好的学术素养与积极的探索精神。

　　最近几年网络发展很快，网络节目随之兴起，冯晓临的《湖南卫视电视节目形态演变研究》对网络节目发展具有借鉴意义。电视节目与网络节目会形成良性互动。

北京师范大学艺术与传媒学院教授、博导　张智华
2014 年 12 月 16 日

# 绪　论

　　13 年前，我在硕士论文中写道：如果失去电视，人类将会怎样？那时候的电视是引领中国政治文化的核心媒体，也是人们娱乐休闲的主要途径。但是现在，中国电视不再是 20 世纪 50 年代初创时期默默无闻的新新媒体，也不再是 20 世纪末呼风唤雨的核心媒体，而是全媒体时代的主流媒体和传统媒体的重要组成部分，电视依然以自己独特的方式改变着我们的生活习惯、思维方式和心理结构。

　　在这个时刻，对中国电视的回顾梳理研究固不可少，但回顾梳理研究历史的目的不是回忆、纪念和怀旧，而是更好地前行。20 世纪 80 年代，中国电视刚刚成人之时，一些研究中国电视的教科书就已经在书写历史，学者、专家们从不同方面不同角度对电视进行研究，有的将电视的创作经验总结概括成电视理论，有的应用美学、艺术学和社会学的理论方法对电视进行立体观照，但不管是什么样的研究内容和主题，都离不开电视节目。事实上电视节目作为电视的主体，不能不成为电视研究的关注对象，而电视节目形态作为电视节目存在的外在模式和内在表现，也不能不成为我们研究的重要对象。

　　中国早期的电视节目形态较为单一，新闻和科教节目播放电影短片，文艺节目播放故事影片和直播文艺演出。随着广播电视事业的飞速发展，我国的电视节目形态发展变化很快。尤其近年来，媒体竞争加剧和观众多样化的需求使得我国电视媒体呈现出一种前所未有的电视节目形态创新高潮，各种新节目形态层出不穷，但是也存在很多问题：电视节目成本年年递增，质量止步不前；电视节目娱乐和商业超载，艺术与文化稀缺；节目形态成百上千，精品寥寥无几。在多样化多元化的表象下，电视节目失去了电视独特的艺术魅力。

多元化的时代追求要求电视节目形态不断创新，观众日益提高的欣赏水平也渴望有更多更好的电视节目形态出现，那么有没有一种规律可以成为可持续性的创新范式，从而引导电视节目形态的创新呢？这就需要对电视节目形态的内部要素构成和外部因素影响进行深入研究。

国内对电视节目形态研究的学者和成果较多，但大多都是对我国电视节目现状的描述和总结，并没有给予电视节目形态一个准确的概念。目前我国对于电视节目形态的定义很多，有些对电视节目形态进行了简单化的描述："节目形态是内容和形式的某种综合性、统一性的表现。"[①] "电视节目形态就是电视节目的存在样式和运动状态。"[②] "所谓电视节目形态就是一系列的电视节目的内容实体呈现出的基本风格和范式。"[③] 还有一些对电视节目形态给予了较为明晰的界定："电视节目形态指的就是与电视节目内容相对应的电视节目表现形式，它是电视节目制作的核心，提供着适用于不同内容的电视处理方法。"[④] "电视节目形态是电视节目形式的自然延伸和个性化拓展，也即由电视节目的形式、内容、气质和神韵构成的电视节目设计模板。"[⑤] "所谓电视节目形态是指电视节目相对稳定的内部和外部特征，是电视节目制作者为了不同目的，适应不同对象，根据不同内容而采取的对电视符号的加工和处理方式中相对固化的部分，它指向相对稳定的节目特征。"[⑥] "电视节目形态是电视节目内容的形式载体和结构方式。它既是具体的节目形式，又是节目模式的基本构成。"[⑦] 这些界定或多或少都有一定

---

① 沈文锋：《电视节目形态的发展与创新》，《当代电视》2004 年第 6 期。

② 欧阳宏生等：《电视批评学》，四川大学出版社 2006 年版，第 323 页。

③ 何国平：《电视新闻节目形态的嬗变之迹》，《现代传播》2007 年第 5 期。

④ 王彩平：《电视节目形态创新方式探究》，《声屏世界》2005 年第 8 期。

⑤ 孙宝国：《中国电视节目形态研究》，新华出版社 2007 年版，第 2 页。

⑥ 张小琴、王彩平：《电视节目新形态》，中国广播电视出版社 2007 年版，第 3 页。

⑦ 谭天：《论电视节目形态构成——一种用于节目研发的理论模型》，《现代传播》（《中国传媒大学学报》）2009 年第 4 期。

的缺陷：一是没有将电视节目形态与电视节目本体区分开来，也没有体现出电视艺术的特性；二是描述与概括太抽象，不好理解与把握。

论述电视节目形态的专著虽有一些也给予电视节目形态一个定义，但分析论述大多以内容题材为基础，将电视节目形态按照传统的节目分类方法进行分类分析。

陈国钦、夏光富编著的《电视节目形态论》一书，在介绍电视的发展历程与电视传播的功能、特征的基础上，将电视节目分为电视新闻类节目、电视文艺类节目、电视剧、电视娱乐类节目、电视纪录片、电视广告六类，并分别介绍了节目的嬗变轨迹、审美本质、表现特征以及大致的分类。书中虽然以节目形态为切入点，但并没有给予节目形态一个明确的定义，主要还是依据节目的内容进行分类总结。

王兰柱撰写的《广电产业化进程中的节目形态演变》在梳理1979年至2003年这25年中国电视节目发展变化的基础上，分析了我国主要电视节目形态（新闻类、电视剧和综艺娱乐类）的发展趋势和具体特征。书中认为：节目是电视的核心要素，广电产业化是引发它巨变的根本原因，但是随着产业化的推进和它自身的发展，它自身的规律和属性，已经逐渐引领它形成自己的发展体系和演进轨迹。书中也没有明确定义什么是电视节目形态，三大节目类型也不够全面和充分。

张海潮的《中国电视节目分类体系》一书别名为《电视节目形态大起底》，但书中并没有切实论及电视节目形态，只是选择了层级法作为中国电视节目分类体系，作者在充分考虑中国具体国情的基础上，与国际主要节目分类方法接轨，将中国电视节目划分成约169种不同类别，并进一步细分为4种A类型、27种B类型、84种C类型和54种D类型。A类型以内容为分类维度，B类型的划分则根据每一类节目的不同特征，选择不同的划分维度，C类型和D类型主要采用内容和形式作为分类维度。显然这种分类的维度是不一致的，而用丰富多样的内容和形式来给电视节目分类也是很难做到标准统一、界定严密。

孙宝国在《中国电视节目形态研究》《中国电视新闻节目形态研

究》《中国电视娱乐节目形态学》和《中国电视节目形态通论》等书的系列研究中认为：电视节目形态是电视节目形式的自然延伸和个性化拓展，也即由电视节目的形式、内容、气质和神韵构成的电视节目设计模板，电视节目形态正从"内容为王"的时代进入"元素为王"的时代。他将电视节目形态划分为新闻类、社教类、文娱类、剧情类四大族群，并就每一类节目形态的概念界定、历史源流、基本元素和主要形态进行了全面、系统、综合和深入的分析。然而在分析过程中，作者并没有形成一个统一的分类标准，比如在基本元素的梳理中，他认为电视新闻节目包含时效性、真实性、客观性、形象性、参与性和综合性等 6 个基本元素（实质上，这 6 个要素应该是新闻节目的特点）；而电视新闻现场直播节目的基本元素是新闻主体、主持人、特邀嘉宾、辅助手段，显然这两个属于同一族群的节目形态的构成元素是不在同一个层面和范畴的。在节目形态的分类上，将电视广告节目划分到电视新闻节目族群，而将体育节目划分到电视娱乐节目族群，更是没有道理的。

《电视节目新形态》一书把研究目光指向电视节目新形态，在分析电视节目新形态的限定性特征、戏剧化特征和类型特征的基础上，指出电视节目新形态的发展趋势，并对国外几十个新形态节目进行了介绍和分析。书中更多强调的是节目形态的"新"，研究对象是 20 世纪90 年代以后特别是 2000 年以后出现的电视节目，全书并不着力追求概念和逻辑的严密，而更多采用举要式的并列方式，对电视节目形态没有一个严谨的理论叙述。

《美国电视节目形态》中，作者将美国电视节目形态从整体上划分为两大类：非虚构节目和虚构节目。第一类主要是传统的新闻资讯节目和不加虚构排演的纪实节目，目的在于提供资讯信息和观点汇集，起到公共事务的作用。而第二类主要是提供消遣放松的娱乐节目。并着重分析了美国电视新闻联播节目、新闻杂志节目、谈话节目、肥皂剧、综艺节目、女性节目、纪录片、益智竞猜节目和少儿节目等主要节目形态的起源、发展、特点以及面临的问题。虽然书中对电视节目形态的定义为"电视节目的存在样式和运动状态"，认为"形态与类型之间的本质区别就在于'死'与'活'的表述。形态大于类型，并通过类型表现出来"[①]。但在具体的分析过程中，往往将形态和类型混为一谈，而且分类没有统一的标准。

熊忠辉主编的《广播电视节目形态解析》从"形态是什么"入手，认为节目形态是构成一个广播电视节目的各个形式要素依照不同的组合方式、不同的功能指向，而最终形成的节目的存在形态，具有相对稳定的外部形式和内在构造，并对广播节目和 9 类电视节目的特点内涵、组成元素、构成方式和运作机制进行了解析。书中的概念有可取之处，但梳理较为单薄，而且电视节目的分类也没有一个统一的标准。

《中国电视名牌栏目》《外国电视名牌栏目》等书对中外电视栏目形态逐一进行认真剖析和系统研究，分析描述了各栏目的基本信息、节目样式、风格特色以及个案节目，也对电视节目发展的规律和趋势进行了分析。

除了以上出版的书籍、期刊之外，还有很多研究电视节目形态的论文发表。在中国知网以"电视节目形态"为关键词检索，从 2006 年到 2013 年检索出 65 篇论文，其中博士论文 1 篇，硕士论文 64 篇；以"电视节目形态"为题名检索，从 2002 年到 2013 年有 44 篇论文题目中出现了"电视节目形态"一词，其中硕士论文 7 篇，分别是《电视节目形态的市场效应与调节》《论中国电视节目形态的创新》《短信接入电视节目形态分析》《我国新兴中产阶层对电视文化及电视节目形态的影响初探》《媒介技术的发展对我国电视节目形态的影响》《论中国电视节目形态的模式创新》《中外电视节目形态比较研究》。这些论文都提到了电视节目形态的概念，部分论文梳理了我国电视节目形态发展的轨迹，研究分析了电视节目形态创新的现状与趋势，也有部分进行

---

① 刘利群、傅宁：《美国电视节目形态》，中国传媒大学出版社 2008 年版，第 1 页。

了理论分析和总结，但论文中涉及的概念、梳理和总结，大多偏于笼统，只是从外在的现状和趋势去分析，没有深入电视节目形态本体的内部去分析。

从笔者搜录到的资料来看，国内电视节目形态研究大致从 20 世纪 90 年代开始，大多是在对电视节目发展进行总结描述的基础上对现有的节目形态予以分类，分类并不是依照电视节目形态的要素来区分，而是依赖于节目的内容和选题，淡化了节目形态在电视创作中的作用和地位。从中国电视理论的现状看，纯粹的"电视理论"大都是电视创作与传播的总结概括，多限于描述；而从外部学科（诸如传播学、艺术学、电影学等）对电视进行的研究探讨，具有一定程度的学术性和科学性，也实现了电视研究的科学化，但有些研究过于牵强，并没有考虑到电视本体的特殊性。

国外电视发展并不均衡，欧美电视产业发达国家的电视节目形态是经过多年市场实践筛选出来的，我国的很多电视媒体也是直接借鉴国外先进的电视节目形态。西方发达国家从 20 世纪 50 年代就已开始了对电视节目形态的研究，20 世纪 60 年代之后，开始根据观众的实际需求以及节目的具体形态对节目类型进行科学分析，因子分析等定量的统计分析方法被逐步引入研究当中。1962 年，Krisch 和 Seymour 发表了 *Program Types Refined by Factor Analysis*（Journal of Advertising Research，2，September 1962）一文，开始用因子分析的方法对节目进行分类；1967 年，Swanson 又发表了 *The Frequency Structure of Television and Magazine*（Journal of Advertising Research，7，June 1967），选取内容这一维度对节目进行因子分析；Ehrenberg 在 *The Factor Analytic Search for Program Types*（Journal of Advertising Research，8，March 1968）一文中认为，节目的结构特征不仅仅受到节目内容的影响，还受到播出时间、播出周期、播出平台等因素的影响；Frank、Becknell 和 Clokey 在 1971 年发表了 *Television Program Types* 一文，指出电视节目的播出效果受到两个方面因素的影响——观众的个人特征和节目的播出时间安排，并推导出节目类型与节目内容和播出时刻之间的函数关系。此后的学术研究大多是对先前体系的微调和改进，而新出现的节目形态也大都是在继承原有节目类型的基础上出现的。目前，西方电视节目市场已经从整体构建转向开发细分市场，研究者的目光也逐步转向了对具体类别节目的研究。西方电视节目形态研究主要是因子和数据分析，对本书的分析方法有所启迪。

之所以选择湖南卫视电视节目形态的演变作为本书的研究对象，一是从湖南卫视 1997 年开播至 2013 年底的这 17 年是中国电视节目形态发展变化最大的 17 年，对湖南卫视的研究无疑能够折射出中国电视节目形态演变的轨迹；二是经过 17 年的历练，湖南卫视已经从一个经济欠发达省份的省级卫视一跃而成"中国电视的领军者、业界的大品牌、湖南的新名片"，持续创新的电视节目形态是其赖以成功的真正优势和核心资产；三是在这 17 年的发展历程中，湖南卫视为观众提供了 40 多档新闻资讯栏目、50 多档社会生活栏目和 80 多档综艺娱乐节目，这些节目形态不仅使得湖南卫视成了国内最具影响力的省级卫视，也影响了整个中国电视节目形态。虽然这些栏目有的成为湖南卫视的闪耀品牌，至今还活跃在电视荧屏上，有的则像一颗流星在浩瀚的中国电视节目星空划过，但对这些栏目的创办发展和衰落的研究，必将能够勾勒出一个中国电视节目形态的演变图景。

目前国内学术界研究湖南卫视的不少，但鲜有人对湖南卫视节目形态演变做深入研究。在中国知网以"湖南卫视"和"电视节目形态"作为关键词检索，各类文献查询结果都为零。丛书《追梦·湖南电视 40 年》对湖南电视的记录描述十分详细，但未能从深层次进行理论的研究探讨。而《解码电视湘军》一书，是以湖南电视的领军人物魏文彬为主人公的一本报告文学，书中描述了魏文彬先生 15 年艰辛改革的心路历程，也披露了许多鲜为人知的史实细节，其中不难寻觅到湖南卫视的成长历程，当然要在一部报告文学中找出对湖南卫视电视节目形态演变的理论梳理，还是有一定的难度。而以湖南卫视为研究对象的论文也不少，在中国知网以"湖南卫视"为关键词检索，检索出1998—2012年有516篇论文，其中硕士论文31篇；以"湖南卫视"为篇名检索，从1999年到2012年有687篇论文题目中出现了"湖南卫视"一词，其中硕士论文28篇。这些文章和论文对湖南卫视的研究或从某一节目、某一类节目入手，或从文化、经济、营销、战略、品牌，乃至舆论管理和法学等角度对湖南卫视的崛起予以分析解剖，很少有对湖南卫视节目形态的研究。

如今的中国电视正在遭遇互联网对信息传播本质的颠覆，面临广电媒体自身生存式的改革和拐点式的发展。笔者希望通过本次研究，不仅是对湖南卫视发展的一次回顾，更为重要的是通过对17年来湖南卫视节目形态演变的梳理，由点到面，由里及外，从内外、纵横几个方面对湖南卫视电视节目形态的产生与变化、成功与失败进行深入分析，从而总结出中国电视节目形态的普遍规律，为当下正在与互联网站博弈的广电媒体提高原创电视节目内容这一核心竞争力提供可以借鉴的依据。

本书以艺术形态学、传播学和电视学的学科理论作为理论基础，采用综合调查法、内容分析法、文献研究法、比较分析法、个案分析法、经验总结法等研究方法，首先从形态和艺术形态学的相关概念入手，予以电视节目形态一个明确的概念；其次在研究电视节目形态的内在构成要素和组合方式的同时，对电视节目形态予以分类；中心是对湖南卫视各类电视节目形态进行不同类别和不同时段、构成要素和组合方式演变的梳理分析，再从五个方面考察影响电视节目形态的外部因素，将电视节目形态内部的构成要素和组合方式与外部的多方面影响进行全面整体研究，克服目前只研究节目本体而造成的片面性，同时克服大多电视节目形态研究只研究类型不研究构成的局限性；最后在上述分析的基础上，对电视节目形态的创新提出自己的建议。全书的逻辑结构如图1所示。

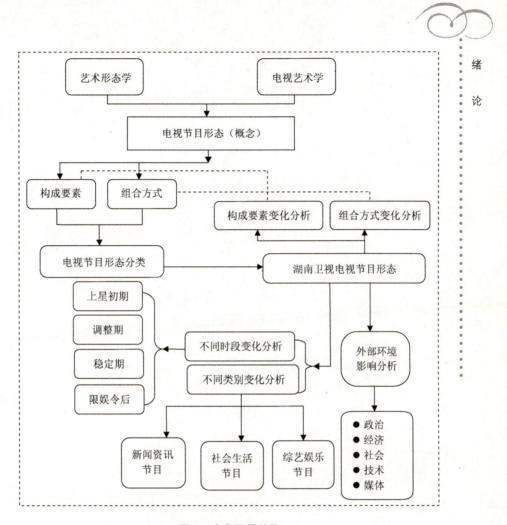

**图 1　本书逻辑结构**

## 第一章

# 电视节目形态研究的概念与构成

电视节目形态是随着传媒发展而被中国电视人越来越重视的一个概念,这个概念虽然迄今为止众说纷纭,但是在中国的电视屏幕上,电视节目形态却是越来越多样化。

要研究电视节目形态,必须先梳理电视节目形态的概念和构成。

## 第一节　电视节目形态概念的界定

要梳理电视节目形态的概念,要研究电视节目形态的现状,离不开艺术形态学这一理论基石,艺术形态学是本书的理论基础。

### 一　艺术形态学概述

（一）形态和艺术形态

形态是指事物的"形状和神态"①,在汉语里有两层意思:一是指形状神态、形状姿态;二是指事物在一定条件下的表现形式。形态不

---

① 《辞海》编辑委员会:《辞海》,上海辞书出版社 1990 年版,第 917 页。

只是外在的物质的形式，还有精神的情感的表达。

艺术形态首先是可以诉诸感官的物质形式，这种形式取决于塑造该艺术形象的具体媒介。也就是说，所有的艺术作品首先表现为某种物质结构：声音、图像、颜色、体积、词汇、动作等的组合，具有空间特征，或者时间特征，或者空间时间特征，作为一种客观存在出现在知觉面前。在这个层面上，艺术形态和艺术形式是等同的。其次，艺术形态也包含着作品所提供的欣赏者可以感受到的神态、情感、思想，提供这些神态、情感、思想的不仅有作品的内容，也有作品中各元素的组织方式，如同杜威所说的"艺术家的行动"。

在汉语中，有几个和形态相近的概念：形式、样式、模式和类型，这些概念都有与之相关的艺术概念。

形式是相对内容而言的，是指事物和现象的内容要素的组织构造和外在形式，内容指构成事物的一切内在要素的总和。形式是在美学和哲学上被广泛使用并有很多歧义的一个概念，有人认为它是美和艺术的本质、本体或组成要素，也有人认为它是内容无关轻重的附庸、外表或包装。在亚里士多德看来，哲学意义上的形式和具体事物都是实体，有时甚至只有形式才是实体。培根则认为物质性的事物才是实体，形式则是物质的结构。艺术形式指的是艺术作品内部的组织构造和外在的表现形态以及种种艺术手段的总和。艺术形式是为艺术内容服务的，也是不断发展变化的，杰出的艺术家总是根据艺术内容发展变化的需要，批判地继承改造旧的艺术形式，创立与新的艺术内容相适应的新形式，从而创造出具有鲜明时代精神和富于形式美的优秀艺术作品。

样式是指式样、形式。和形式相比，更多地强调的是有区别的不同种类的外在模样和式样。在艺术领域中，样式也指文艺作品的体裁，如诗歌、小说、散文、戏剧等。艺术样式是指一门艺术类别里的多种表现手法，这种表现手法不是信马由缰，而是由艺术所表达的内容和情感所制约的。"艺术样式是对世界的艺术掌握的这样一种具体方式，其中艺术符号系统的某种类型（再现型、非再现型或者混合型），在取决于所用材料（或者同一组同类材料）的物理属性的性质的那种信号基础上得到实现和折射。"①

模式是指事物的标准样式，指涉范围甚广。这些事物并不必然是物质的，也可以是抽象的甚至是思维的方式。模式强调的是从不断重复出现的事件中发现和抽象出的规律，只要是一再重复出现的事物，就可能存在某种模式。文化模式是不同民族看待世界、把握对象的特殊组织形式和固定程式，是不同民族文化的独特标志。它影响着生成于其中的艺术的形式、语言、观念，以及人们对艺术的解读方式，也以比较稳定的形式反映和影响人们的生活。

类型是指具有共同特征的事物所形成的种类，强调的是由各种特殊的事物或现象抽离出来的共通点。在艺术创作中，有时指艺术作品中具有某些共同或类似特征的人物形象。分类就是按照事物的性质、特点、用途等作为区分的标准，将符合同一标准的事物聚类，让无规律的事物具有一定的规律性，是一种认识事物的方法。分类的目的是便于表述、总结和研究，生活中的所有事物在分类中，并非非此即彼，而是标准不同，所属的类别也不同。虽然说"分类要穷尽艺术创作成果的物质存在的一切可能的类型"②，但是按照不同的原则和角度，有不同的艺术分类方法。

从以上名词的分析中，我们可以看出：艺术形式和艺术样式强调的是艺术作品的外在形式，艺术模式强调的是艺术作品的标准样式，而艺术类别强调的是各种艺术作品之间的异同，它们都和艺术形态一样，是分析艺术作品的常用概念之一，只不过艺术形态分析的对象除了作品外在的形式，还有内在的情感。

（二）艺术形态学及其新发展

1954年，美国当代大美学家门罗在他的论文《艺术形态学作为美

---

① 卡冈：《艺术形态学》，学林出版社2008年版，第309页。
② 同上书，第261页。

学的一个领域》中第一次把艺术形态学的概念运用到整个艺术当中。1972 年，苏联美学家莫·卡冈出版了《艺术形态学》一书，这是世界美学史中的经典著作之一。在该书的序中，卡冈对艺术形态学做了概念界定："形态学是关于结构的学说。"① 门罗、卡冈的艺术形态学理论作为艺术形态学的两大奠基者，其理论对艺术形态学具有普遍意义。

门罗在《走向科学的美学》等著作中，对艺术形态学的学科内涵做出分析和规定，认为审美形态学（艺术形态学）主要描述艺术领域中形式的本质和变化，提出艺术形态学的五个构成层次：艺术材料、形式结构、复合成分、构成方式、类型风格。"一种有分量的论述应该是首先找出那些使某件艺术作品显得与众不同的少数几种突出的性质，然后再联系到该作品所属的一般类型来对其进行确切的评价。"②

卡冈则认为，艺术形态学描述各个艺术门类、类别、种类、体裁、样式之间的关系，寻找艺术世界中形态演变规律。他将艺术形态系统分为四个层次：处于最底层的艺术体裁，与之毗邻的艺术种类，再上一层是艺术品种，最顶层是艺术类型。同时根据艺术的本体论原则将艺术总分为时间艺术、空间艺术和时空艺术。卡冈指出："艺术形态学的任务在于：1. 显示艺术创作活动分类的所有重要水准；2. 揭示这些水准之间的坐标联系和隶属关系，以便了解艺术世界作为类别、门类、样式、品种、种类和体裁的系统的内部组织规律；3. 从发生学的观点研究这个系统形成的过程：历史研究——研究这个系统不断演变的过程。预测研究——研究它可能发生的变异和前景。"③ 卡冈所叙述的艺术形态学的任务是指导本书研究电视艺术形态的行动纲领。

时至今日，门罗和卡冈当时的观点中一些有待克服的认识缺陷和一些不甚严密的划分逻辑被很多后来的学者提出并加以修正，也有很多研究者提出了自己新的见解。

---

① 卡冈：《艺术形态学》，学林出版社 2008 年版，第 1 页。
② 托马斯·门罗：《走向科学的美学》，中国文艺联合出版公司 1984 年版，第 40 页。
③ 卡冈：《艺术形态学》，学林出版社 2008 年版，第 2 页。

朱辉军在《电影形态学》一书中指出："艺术形态学应当广泛研究艺术作品的构成要素、组合方式和整体形态构成，进而才能确定艺术世界的结构。"[①]"乐音、语言、色块、线条，以及在这些要素基础上发展起来的画面、体积、舞姿、动作及镜头"是艺术世界里"最基本而又独特的'语言单位'或'要素'"，[②]"这9种基本单位，连同他们的构成成分、物理基础、多重属性等"构成了艺术语汇规则；这些单位的各自组合向物化结构方面发展，构成艺术结构样式法则；向造型构成方面发展，构成艺术造型原则。

邵百鸣、饶素华的《神性、人性和理性——略论艺术形态与时代精神》一文认为："艺术的本质在于其精神性，从艺术和时代精神的相互关系中去确立划分艺术形态的标准是符合艺术本质的。"[③]"我们在划分艺术形态时，应该首先考虑以其所包含的精神内容的不同作为艺术形态的分类标准。"[④]"艺术形态的划分主要依据艺术的内容，着眼于'整体地'划分艺术。"[⑤]所以内容是艺术形态研究的核心。

朱云涛在《缪斯的身影——面向艺术本身的艺术形态研究》一书中，把"在生活世界中鲜活生动的展开着的艺术，包括它的存在方式、展开方式和风格特征"作为艺术形态研究的对象，认为"使用现象学的方法来描述艺术的形态及其变化，包括整体感知、直观描述和生成性的思维方式"[⑥]，无疑为艺术形态的研究提出了一条新的思路。

就人文社会科学而言，所有的理论都是追求真理道路上的一个个路标，都有局限性，就像斯托洛维奇在《卡冈和他的〈艺术形态学〉》

---

① 朱辉军：《电影形态学》，中国电影出版社1994年版，第24页。
② 同上书，第25页。
③ 邵百鸣、饶素华：《神性、人性和理性——略论艺术形态与时代精神》，《南昌大学学报》（人文社会科学版）2004年第6期。
④ 同上。
⑤ 同上。
⑥ 朱云涛：《缪斯的身影——面向艺术本身的艺术形态研究》，南京大学出版社2010年版，第49—52页。

一文中引用的那句格言："任何人都不能拥抱无法拥抱的东西。"① 但就是这些不够完美的理论，成为我们艺术创作和社会活动的引导力量。

前人诸多的艺术形态学的研究给本书一个启示，那就是既要从大的视野对某一艺术形态进行全面整体分析，也要从其构成和表现形式等细节来探究它的奥秘之所在。

在本书中，艺术形态神形兼备，生气勃勃，既包含艺术作品中可以诉诸欣赏者感官的外部物化形式，也包含艺术作品中艺术家通过创作活动所提供的内在精神情感，以及艺术作品中散发出来的艺术家们独特的个人风格。

本书研究的思路是：首先寻找出使艺术之所以成为这门艺术的基本单位，然后追寻它们的组合关系和形态构成，同时分析艺术家的创作活动，再从外部寻找构成如此艺术形态的影响要素。

## 二　电视节目形态概念梳理

### （一）电视和电视节目的内涵

在21世纪的今天，电视早已成为我们生活的一部分。说起电视，有人说是家里的电视机，也有人说是每天收看的电视节目，而不同的词典和专业书对电视有不同的解释。

事实上一般我们所提到的电视都是涵盖了电视剧、新闻资讯节目、纪录片、文化娱乐节目、转播节目等不同类型的节目，涵盖了电视节目生产、创作与传播的各个环节，涵盖了从技术到体制的不同内容，而不是只指普通意义上的电视机或者电视技术或者电视节目。

电视首先是科学技术。就电视的诞生和发展而论，"并不是一种艺术冲动导致一种新技术的发现和完善"②，最初的动机肯定是因为科学

---

① 卡冈：《艺术形态学》，学林出版社 2008 年版，第 11 页。
② 斯坦利·卡维尔：《看见的世界》，中国电影出版社 1990 年版，第 44 页。

技术的发展。可以这样说：电视制作播放的每一次进步都是踩在科学技术这一巨人的肩上，作为第一生产力的科学技术，对于电视的发展的确起到了直接的重要作用，但它并不是电视的唯一要素。

其次，电视是传播媒介。事实上，电视发明最初的目的就是传播，就是把活动的影像从一个地方传输到另外一个地方。这一点可以从电视的英文单词得出确切的含义："Television"中，tele -表示"远距离传递"之义，vision是指"视力、视觉、所见事物、幻觉、幻影、憧憬"，等等。显然在英语里，电视的本意就是远程传输的图像。电视使得传播范围更趋广阔、传播效果更为逼真、传播方式更为便利，从而成为当今人们最为宠幸的娱乐手段和信息来源之一。

再次，电视是一门艺术。电视的神形兼备让很多观众以为眼睛看到的就是真实的，以为电视传达的就是对事件的真实记录，往往把电视传递的间接信息当成直接经验看待，进而把电视所感受到的世界当作真实世界，把电视的传媒特质当作电视唯一的属性。电视的仿真功能使得它可以将想象中的事物做成逼真的效果。即使是现场直播的电视节目，特别是新闻节目，也并不都能还原现实世界的本来面目。也就是说，电视所构成的事件并不等同于事实。摄像机往往能使被拍摄的对象改变自己的自然状态，而以一种近乎演出的姿态出现，所以在这个意义上说电视是生活的镜子或者说电视真实反映社会都是不严谨的。于是虚构便成了电视构成事件的一种常见方式，虚构的故事情节之所以吸引人还是在于其中有真实的成分，艺术的假定性必定来源于现实生活的启示，脱离现实的假定性必然是荒诞的。而这一切都表明电视具有艺术属性，也就是说电视是继电影之后的又一门艺术，体现着电视人的各种情感和意图。这种艺术性不光体现在虚构的故事当中，也体现在创作者对镜头的选取和组合中。

最后，电视也是一种现代文化。"传播不仅成为推动人类文明进步的力量，而且也成为文化本身的一部分。电视的出现证明了这个推理。"① 电视作为人类发明创造的产物，它的方方面面无一不和人类社会的上层建筑有关，因而随着电视这一传播媒介的发展与繁荣，一种由电视发出的强大的冲击波遍及人类社会的每一角落，从而形成规模宏大的电视文化。

所以说，电视是一种通过电子技术向特定范围的观众传送视听艺术的大众传播媒介，其不仅作为我们时代的一种机器进入千千万万个家庭，而且作为一种文化影响甚至支配着芸芸众生。作为科学技术的电视是物质的，作为传播媒介的电视是真实的，作为艺术的电视是虚构的，作为文化的电视又有看不见摸不着的成分，显然，电视是这四方面的结合，技术、传播、艺术、文化在电视里融为一体，缺一不可。

电视节目就是在电视上播出的项目。在《广播电视词典》中，电视节目被解释为电视台各种播出内容的最终组织形式和播出方式。"电视节目实际上涵盖了电视台和其他电视制作机构制作播出的、供播出或交流的、具有特定内容和形式的电视作品。"② 简单地说，电视节目就是电视台播出的表达某一完整内容的可供人们感知、理解和欣赏的视听作品，是"电视节目制作者运用现代电视技术，根据策划和编导对节目的意图，将摄取有关的图像和声音素材，按预先的顺序和一定的电视'章法'或被摄对象'原生态'，进行剪辑和特技加工，分类、分段、优化排列组合而成的可供播出的娱乐产品、精神（艺术）产品和信息产品"③，是电视传播的基本内容。

我们在谈电视节目时，有时是泛指电视的内容，有时是特指某期节目，有时还会指向电视栏目。电视媒体把一些或一组题材、内容、性质、功能、目的、形态相近的节目放在一起，冠以名称，在固定的时段播出，称之为电视栏目。电视栏目是电视台每天播出的相对独立

---

① 钟大年、郭镇之、王纪言：《电视跨国传播与民族文化》，北京广播学院出版社 1998年版，第 19 页。

② 张海潮：《电视节目整合评估体系》，中国传媒大学出版社 2009 年版，第 6 页。

③ 项仲平：《电视栏目与频道策划研究》，中国广播电视出版社 2007 年版，第 34 页。

的信息单元，它有固定的栏目名称、固定的播出时段（即起止时间固定）、固定的栏目宗旨、固定的时间长度、固定的节目风格，是电视频道播出编排的相对独立的基本单元。

电视节目与电视栏目是既有联系又有区别的两个概念。电视节目是在特定时间段播出的一个具体内容的整体；这个节目既是顺时链的一环，自身又可由固定在同一时间段播出的多个类似的节目组成电视栏目。电视栏目是在固定的栏目名称下把若干内容相似、形态相近或主题统一的节目编辑包装，在固定的时段播出的节目。从这个意义上讲，电视栏目的概念隶属于电视节目，"一个栏目可以由若干个单个节目组合而成，也可以一期只播一个节目，有些栏目还可以包含若干子栏目。从实质上说，电视栏目也是一种节目形态"[1]。而且就电视节目形态而言，电视栏目具有相对固定的板块结构和形式，也具有变化性和发展性，能够体现出某一类电视节目形态在某一时期内的共性，更是值得本书研究的重要对象。

（二）电视节目形态的概念

作为 20 世纪末最重要的大众媒体，电视媒体在进入 21 世纪后竞争也日趋激烈。如何不断借鉴和创新电视节目，实现电视节目的本土化、区域化、对象化，不断推出新的节目产品，成为电视研究者和从业人员关心的头等大事。"研究节目实际上主要就是研究节目形态。我们现在回忆以往的节目，在脑子里留下的更多的是形态，而不是内容。"[2] 正因为这样，电视节目形态也就成了当前电视研究中出现频度非常高的一个关键词。

本书对电视节目形态的研究把电视节目的制作和传播作为出发点，目的是为电视节目的创新和电视实务服务。如果电视节目形态的研究只注重各类电视节目的共同点，而忽略各自的个性特征显然是不

---

[1]　黄会林、彭吉象、张同道、陈旭光、周安华：《电视学导论》，高等教育出版社 2008 年版，第 44 页。

[2]　李幸：《电视节目形态之我见》，《电影艺术》2004 年第 1 期。

够的；只限于创作经验层面的总结，显然也是难以指导电视节目的生产和研发。基于这种指导思想，本书对电视节目形态的研究除了分类和经验总结之外，更多的是从电视艺术的创作特征出发，也就是从电视语言入手，在大众传播学和艺术形态学的范畴内分析电视节目形态。

李幸教授认为，"形态应该是属于形式里的一个小元素，它比形式小，但它又比一个具体的样式大。是这样一个从大到小的关系：形式—形态—样式"①。而笔者认为，在形式、模式、形态这些概念中，只有形态涉及了内容，因此也拥有较大的内涵，所以从概念的内涵上来讲，模式—形式—形态，是一个内涵由小到大的关系：模式是标准化的形式，形式是形态的外部构成，形态除了形式之外，还包括事物的内涵和情感。也就是说，电视节目形态是某一类电视节目的内容和形式的共性，而电视节目包含着电视节目形态每一期节目的不同内容和形式，电视节目模式则是电视节目形态的标准化，同一模式也有可能产生不同的电视节目形态。

由上所述，笔者认为：电视节目形态是指电视节目制作者为了特定的目的、针对不同的对象、依照不同的功能而对电视节目的各个构成要素进行不同的排列组合，最终形成的电视节目空间——时间结构。这种时空结构既是不断发展变化的，又具有相对稳定的内部结构和外部特征；既是外在的物质的形式，又有内在的情感的表达；既包含作品的内容，又包括作品中各要素的组织方式。在电视节目创作和传播的具体实践中，电视节目形态是对电视节目的抽象、归纳、总结，不同层级的电视节目形态是对某一类电视节目的概括和限定，具有某一类电视节目的特性，比电视节目更为抽象。电视栏目具有对电视节目的限定性和概括性，所以电视栏目从某种程度上而言，是电视节目形态的最小单位。在本研究中，除了特殊提及必须界定清楚的电视栏目

---

① 李幸：《电视节目形态之我见》，《电影艺术》2004 年第 1 期。

和电视节目形态之外，原则上我们对这二者不做特指性的区分。

本书将从内部和外部两个角度来研究电视节目形态：内部研究以电视语言作为理论基础，主要研究电视节目内部的构成要素及其组合方式；外部研究以大众传播学为理论基础，主要研究政治、经济、技术、社会、媒介等外部环境对电视节目形态的影响。

## 第二节　电视节目形态的构成

随着电视节目的增多，其构成要素和组合方式不断固化形成了各种电视节目形态，而电视节目形态也会限定电视节目的构成要素和组合方式。所以电视节目的构成要素和组合方式基本和电视节目形态的构成要素和组合方式是相一致的。

从电视语言的角度分析，画面和声音是电视节目形态的两大构成要素，而以蒙太奇为基础的电视语言则是电视节目画面与声音排列组合方式的理论基础，画面和声音用不同的排列组合方式构成不同的电视节目形态。从电视艺术形态的概念出发，我们会发现电视艺术形态除了上述的构成要素和组合方式之外，还有很多组成要素和构成方式对电视节目形态起着非常重要的作用，如主体与观众、内容与主题、叙事与抒情、编排和播出，等等。

### 一　电视节目形态的构成要素

"每一门艺术之所以成为艺术，与其他门类的艺术有所区别，就因为在它的形式结构中存在着独特的要素。"[①]　即便是同一门类的艺术，

---

① 朱辉军：《电影形态学》，中国电影出版社 1994 年版，第 25 页。

由于构成要素不同、组合方式不同，也会产生不同的艺术形态。

从本质上讲，电视是记录和传播运动的声音画面的艺术。电视节目的画面和声音具有可观可闻的物理特征，所以也是被学界广为接受的构成电视节目的两大基本要素，这两大基本要素和电视节目中的其他要素一起影响着电视节目形态。

（一）电视节目形态构成要素之画面与声音

画面和声音是电视节目必不可少的构成要素，在电视发展的进程中，曾经有过画面为主、声音为辅的创作观念。如今电视媒体和观众对于电视画面和声音的关系早已有了明确的看法，那就是二者同样重要，缺一不可。

画面是电视节目的基本要素，没有画面就没有电视节目。电视画面是指电视屏幕显现的所有的图像，包括由摄像机拍摄、经过剪辑制作的图像，也包括在后期制作生成的静态和动态的图文字幕。电视通过直观可感的画面形象信息，排除人们对于事物认识的不确定性。对电视节目而言，大部分画面是由摄像机创造的，也有越来越多的由电脑创造的图文字幕出现在电视节目中。摄像机早已不是电视发明早期的那种被动的见证者和转播者的角色，而是主动的，甚至成为表演者了。

电视画面的构成要素有画幅、构图、景别、角度、焦距、景深、光线、色彩，等等。电视画面反映的万事万物都是运动的，在电视创作中，拍摄的方式除了固定镜头外，还有运动镜头。通过对摄像机移动机位、转动镜头光轴或改变镜头焦距拍摄的画面更能够体现电视的运动性，运动镜头与固定镜头相比，不仅可以在画面上加强动感，形成多变的画面构图和审美效果，而且还可以使静态的主体发生运动和位置转换，直接表现了人们生活中活跃的视点和视向。

电视画面除了摄像机拍摄的实物画面之外，还有虚拟画面，也就是由电脑制作生成的图文动画①，如字幕、图表、特效、动画，等等。

---

① 项仲平：《电视栏目与频道策划研究》，中国广播电视出版社 2007 年版，第 44 页。

虚拟画面有时会单独出现，如许多栏目的片头、新闻节目中的图表等。大多数虚拟画面是叠加在实物画面之上的，用来补充实物画面在表达抽象概念方面的不足。

电视节目中的声音大致分为人声、音乐、音响三大类，不同类型的声音对电视节目的作用是不一样的。声音可以叙事，也可以抒情，其表现的内容，一般以电视节目的思想内容为基础，具体形态也受画面的制约，孤立于画面之外的声音在电视节目中是不存在的。

某一电视节目形态对电视画面和声音都有具体的要求，不同的电视节目形态具有不同特性的画面和声音，反过来看，不同的电视画面和电视声音构成不同的电视节目形态，由于画面和声音是最直观的电视构成要素，所以也就理所当然地成为电视节目形态最为重要的构成要素。在电视节目形态诸要素中，画面更直观，声音更有联想性，当二者融为一体时，直观的画面有了声音的烘托会更逼真，传播的声音有了画面的依托则会更生动。

不同的电视节目形态中声音和画面的关系也是不一样的，既有按照现实的逻辑相互匹配的声画同步，又有声音和画面内容不同步的声画对位①，还有声音先于画面或后于画面出现的声画串位。但是总的来说，声音要符合画面内容要求，符合节目的情绪与气氛，还要注意音响的距离感、空间感、运动感，人声、音乐、音响三者要配合得体，重叠处层次分明得当，分离时消失和谐自然。

（二）电视节目形态构成要素之题材与主题

电视节目形态既是外在的物质的形式，又有内在的情感的表达；既包含作品的内容，又包括作品中各元素的组织方式。对艺术作品而言，题材与主题是构成内容的两个基本要素，电视节目形态也是如此。

题材是电视节目内容的基本因素，是产生和表现主题的基础。广义的题材，泛指电视节目所描绘的社会生活的领域，即现实生活的某

---

① "对位"原系音乐术语，指音乐作品中若干个相对独立的旋律声部结合为和谐整体。

一面，如工业题材、农村题材、历史题材、现实题材，等等。在早期的电视节目分类中，题材"曾经是最重要的划分类型的标准"①，时至今日，题材仍是电视节目分类的一个重要依据。狭义的题材，是指电视创作者按照一定的创作目的，对采访和拍摄的音像素材进行选择、组合和改造，用以构成艺术形象、体现主题思想，在电视节目中具体呈现的生活事件或生活现象，即通过拍摄编辑呈现在电视屏幕上的社会生活。题材是由客观生活中的人和事以及电视创作者对它的主观评价这两个不可分割的方面构成的，是主客观的统一体。

电视节目形态对题材都有一定的限定性和规范性，一般来说，题材取决于电视节目形态限定的对象、范围和材料，也直接决定着电视节目形态的传播内容。不同的题材体现出的社会意义、思想容量和艺术表现力存在着客观的差别，如获得中国新闻奖特等奖一等奖的电视作品一度都是具有重大社会历史意义的题材。另外，题材可能体现出的社会意义、思想容量和艺术表现力并不同于电视节目的实际价值，节目能否体现出应有的价值还取决于电视创作者如何处理他所选择的题材，这与他的思想境界和艺术修养密切相关。

主题是电视节目所反映的一定生活现象的社会意义和创作者对于这些生活现象的认识、情感、态度和评价，也是电视创作者对于题材进行艺术加工所得出的思想结晶。看一部作品的思想意义、美学倾向及社会作用如何，主要就是看它的主题是否正确、深刻。

正如人不缺少精神一样，任何一件艺术作品都不应该缺少主题，有了主题才使得包括电视艺术作品在内的所有艺术形式超越物质，上升到精神层次。电视节目的主题可以理解为一种思想观念，一种通过声画表现出来的情感意蕴，这种思想观念和情感意蕴，不是直接可见可听的，也不一定能用一两句话概括出来，但却应该是观众可以心领

---

① 张小琴：《电视节目形态创新：趋势与机制》，尹鸿、曹书乐《电视传播研究前沿》，清华大学出版社 2012 年版，第 61 页。

神会的。

电视编导总是把自己的基本主张和创作意图通过电视节目直接或间接地表现出来，这就形成了电视节目的主题。但是主题不是赤裸裸地表现出来的抽象的概念，而是通过具体生动的题材体现的、从艺术形象中自然流露出来的可以觉察到的思想、倾向和理想。

在文学创作中，"主题是从作者的经验中产生、由生活暗示给他的一种思想"①。电视创作也是如此。主题具有鲜明的个性和社会性，电视编导在节目中表现的主题同他的认识水平、思想感情、审美趣味以至世界观密切相关，并受其社会实践和时代的、民族的、阶级的条件制约。由于不同媒体、不同编导具有不同的立场、观点或创作意图，相同的题材往往在不同的媒体、不同的编导手里表现出不同的主题。如纪录片《高三》通过改编后分别在中央电视台和凤凰卫视播出时，就呈现出不同的主题。

一件电视作品可以有一个基本主题，也可以有和与之相关的若干其他主题。一期电视节目只有具备了主题，作品才有思想性，才能给人以启迪。工业化的制作流程、大众化的文化品质以及市场化的竞争机制，使得当下的电视节目不得不迎合观众。但是，这不能作为电视节目弱化主题、消解意义的借口，电视节目在给受众提供娱乐和趣味的同时，也必然承担着审美和教化的作用，也必须要表现积极向上的主题。

电视节目的主题来自题材，受到题材的制约，但又不能游离于题材之外。主题可以统率题材，也必须通过题材才能体现出来。对电视节目形态而言，同样的题材也可以反映不同的主题。

有人认为，主题是电视节目中提出的反映的主要问题，实质上主题和问题不同，电视节目反映提出的主要问题是节目的素材，编导对这些问题所持的主要看法才是节目的主题。看完一期电视节目，观众可以明白其中的内容，了解反映的问题，但未必能够快速把握住节目

---

① 高尔基：《高尔基选集：文学论文选》，人民文学出版社 1958 年版，第 296 页。

的主题。

电视节目形态往往会对电视节目限定一个大的主题，但是每一期节目也会产生大主题之下的具体主题。

（三）电视节目形态构成要素之主体与观众

对电视节目的拍摄来说，"电视节目总是有被呈现的主体，有时是主动的参与者，有时是被动的被表现对象，节目主体的变化，就会产生节目形态的变异"[①]。而对电视传播来说，没有观众，电视节目的拍摄、播出就失去了意义。电视节目形态对电视节目的主体和观众有较为严格的限定要求，不同的电视节目形态中主体和观众的作用也是有区别的。

主体是电视画面主要表现的对象，是电视节目主题的重要体现者，也是吸引观众观看节目的焦点。总的来说，电视节目中的主体主要有播音员、主持人、嘉宾，以及纪实类节目中的拍摄对象、表演类节目中的演员和竞赛类节目中的选手。

电视播音员这一公众形象不同于演员或歌手，他不是以个人的身份，而是以节目代表的身份出现在电视屏幕上，所以不能过度强调自己。电视节目主持人是电视节目传播过程中，传播者与接受者之间进行联系的"人物化"桥梁，即在电视节目限定的时空中工作的"非角色"表演者，是节目的主导。在电视节目中的嘉宾，可以是被邀请到节目现场、参与节目的包括现场观众在内的所有客人；狭义上的嘉宾是由电视制作媒体邀请参加节目录制，与主持人共同构成节目主体，在节目中表演才艺、发表观点的人，其好坏直接影响到电视节目的成败。

"在接受美学看来，文艺作品不只是作者和编导创造的，也是读者和观众创造的。"[②]对电视传播而言，观众除了是电视传播的接受者之外，还是电视节目形态的有机组成部分。观众通过与电视节目之间的

---

① 张小琴：《电视节目形态创新：趋势与机制》，尹鸿、曹书乐《影视传播研究前沿》，清华大学出版社 2012 年版，第 59 页。

② 张智华：《影视文化传播》，文化艺术出版社 2004 年版，第 351 页。

参与和互动，使得电视传播从原来的单向传播转变为互动传播①，从而影响着电视节目形态。

观众参与电视节目既有在节目的演播现场参与演播过程的现场参与，也有场外参与。

现场观众参与电视节目的形式非常丰富，按照参与程度由低到高的顺序排列大致上有加油助威型、参与讨论型、投票决策型、出谋划策型、游戏表演型、参赛选手型等。众多的形式不是非此即彼，而是互相渗透，既满足了现场观众，也增加了节目的可看性。

电视机旁的观众也会主动参与到电视节目的录制播出当中，主要是通过跨媒体的方式参与的。按照在我国出现时间的先后顺序，有以下几种场外参与途径：书信参与、电话参与、电报参与、短信参与、网络参与、二维码参与②、微博参与、微信参与和 APP 参与③。场外观众参与电视节目实际上是一种技巧和形式上的参与，是一种有问有答、有说有听的形式安排，是一种表面上的观众显性参与。在这种参与之下的电视节目，结果或许是事先被设定的，观众的主动性仍然被压制在一定的空间内。对电视节目而言，真正的发展出路是切实做到"隐性参与"，这是一种体现真正人文关怀的非技术性的参与，就是电视媒体以平等的姿态，为观众提供主动思考、主动选择的空间，让观众的主动性受到了极大的尊重，同时也在有实质性效果的参与中获得自我精神的愉悦。

## 二　电视节目形态的组合方式

对电视节目形态而言，虽然不同的节目形态具有不同的构成要素，

①　互动传播就是媒体既充当传播者也充当接受者，媒体与受众在一定的传播时段、环节能够实现某种互换。

②　二维码是按一定规律用来记录数据信息的平面分布的黑白相间的图形，可以通过图像输入设备或光电扫描设备自动识读和处理信息。

③　APP 是英文 Application 的简称，指智能手机的第三方应用程序。

而且各个构成要素都具有独特的功能，但是电视节目形态并不是各个构成要素随意堆砌而成，而是按照一定的构成规律组合起来的相对稳定的统一体。各要素的组合必须符合观众的思想方式和电视表现规律，才能让观众既看得懂又能得到艺术的享受。同一电视节目形态中，具有相对统一的组合方式。

（一）电视节目形态组合方式之蒙太奇与长镜头

电影电视的发明都是以长镜头作为开端，以蒙太奇手法的应用而成为艺术。蒙太奇和长镜头作为组合画面和声音的两大影视语言理论，并没有高下之分，而电视艺术也就在二者的竞争交融中不断发展不断壮大。

在电视拍摄时，为了结构、场景、情节、含义的需要，把连续不断的生活时空流分切成一个个分镜头；而在后期制作时，需要把拍摄的一个个镜头组合在一起形成一个新的时空，这时，蒙太奇就发挥了巨大的作用。如同电影美学家贝拉·巴拉兹所论述的那样："蒙太奇是电影艺术家按事先构想的一定的顺序，把许多镜头连接起来，结果就使这些画格通过顺序本身而产生某种预期的效果。"表面上看，蒙太奇是在电视作品后期制作中对镜头画面、声音的组接技巧，是分镜头的逆过程。实际上蒙太奇不仅仅是技术性的镜头组接，而是把几个相关或不相关的镜头组接在一起，产生了新的含义。蒙太奇既是将诸多元素进行组合的手段和规则，也是电视创作的思维和观念，更是电视语言中主要的修辞手法。

蒙太奇作为技巧和思维的存在，是对人类观察与认识生活的生理心理过程的模仿：人们在现实世界中会随注意力的转移而依次接触观察对象，当有两个或两个以上的对象在我们面前联系起来时，必然会产生必然的联想活动。蒙太奇正是依据这样一种规律，形成了能为大家理解和接受的电影艺术语言。

早期的蒙太奇只是指镜头画面之间的关系，随着有声电影和彩色电影的出现，蒙太奇已经涉及画面和声音、声音与声音、色彩和色彩等方方面面。蒙太奇的出现让电影成为艺术，作为视听艺术的电视也同样存在蒙太奇，不光是后期制作的节目中需要蒙太奇技巧和思维，即使是直播节目也需要导播用蒙太奇意识来切换镜头。

镜头是蒙太奇的基本单位，蒙太奇是组接镜头的主要方式和手段。单个镜头本身就具有某种含义，也有一定的叙事和表意功能，但是这种叙事和表意往往是不完整的。电视创作者会按照情节的发展、观众注意力以及关心的程度把一系列的镜头合乎逻辑地、有节奏地组合连接在一起，形成表达特定意义的蒙太奇句子。一组相关的或者有逻辑关系的蒙太奇句子组合在一起，就会形成相对比较完整的蒙太奇段落，段落的布局决定了电视作品的叙事结构和节奏。而这一切都是取决于导演的蒙太奇构思，导演的构思决定了电视节目最终呈现的画面和声音的样态，也决定了画面和声音剪辑组合的风格与节奏。

蒙太奇具有叙事和表意两大功能，叙事主要是形成完整的时空或情节，表意主要是表达情感或意义。一般把蒙太奇划分为三种类型：用来叙事的叙事蒙太奇，用来表意的表现蒙太奇和理性蒙太奇。而在爱森斯坦的理论中，叙事蒙太奇是一种技术手段，表现蒙太奇是一种修辞手段，理性蒙太奇是一种思维方式。

除了组合画面的蒙太奇之外，蒙太奇还包括组合画面与声音、声音与声音的声音蒙太奇。声音蒙太奇是按照导演的创意，根据画面蒙太奇的逻辑和节奏对声音素材进行剪辑加工的过程。它是以声音的最小可分段落为单位，在画面蒙太奇的基础上进行声音和画面、声音和声音之间的不同形式和关系的各种组合。在电视节目形态中，声音蒙太奇和画面蒙太奇具有同等重要的地位

长镜头是在一段时间内连续拍摄，在电视作品中形成一个较长的比较完整的镜头段落。长镜头的长度并没有明确的、统一的规定，只是相对而言较长的镜头，有时一个超过 10 秒的镜头就会被称为长镜头。

长镜头可以在一个统一的时空里，不间断地展现一个完整的动作或事件。通常，长镜头可以包括固定机位拍摄的长镜头和运动机位拍

摄的长镜头，还有变焦长镜头和景深长镜头。长镜头中虽然没有镜头之间的组接，但却存在画面与画面之间的关系，可以展示人物关系和环境气氛的变化，也可以不间断地表现一个事件的全过程，还可以把真实的现实较为客观地呈现在屏幕上。

长镜头理论学派认为长镜头是与蒙太奇相对的电影叙事规则，只有长镜头才既能够体现现实生活的时空连续性，又具有组织镜头内部要素的结构能力。而苏联蒙太奇学派认为长镜头是蒙太奇的一种，是镜头内部蒙太奇，通过场面调度，在一个镜头内形成对比、隐喻等蒙太奇效果。可见蒙太奇与长镜头并非一种截然不同的创作理念，而是在不同中有相同之处。在电视节目形态中，蒙太奇和长镜头作为画面和声音的组合方式，要采用哪种、怎么用，都取决于编导的创作意图和该节目形态的内容风格。

（二）电视节目形态组合方式之叙事与抒情

不管是人类生活中的日常话语交流，还是各种艺术作品的表达，以及大众媒体的传播，其功能无外乎叙述（客观地讲述某一事件）、描写（具体说明某一事物的形态特征）、抒情（表达对某一事件或事物的情感态度）、议论（表达说话人对某一事件或事物的是非好坏之类的判断）四种。一般地，对事件的叙述中会有对事物的描写，抒发的情感中也包含着是非好坏的判断，所以简而化之，上述功能可以概括为叙事与抒情两种。电视节目作为电视艺术的具体表现，同样具备抒情与叙事两大基本功能。对于从电视节目概括抽象而成的电视节目形态来说，限定性的叙事和抒情是其组合构成要素的重要方式，也是其艺术表达的基本手段。

叙事，顾名思义就是用某种话语叙述故事。叙事包括叙述和故事两个部分，也就是"怎么讲"和"讲什么"，好的作品无疑就是讲"好故事"、"讲好"故事的作品。

虽然不是所有的电视节目都是叙事作品，但是对所有的电视节目形态来说，叙事是非常重要的构成方式，只是不同的形态叙事方式不同而已。"如果把电视节目的核心竞争力的诸多内涵集中到一点","就是电视叙事的能力"。[①] 无论是新闻节目还是娱乐节目,构成电视节目形态的要素成千上万、千差万别,但观众能否被电视节目吸引并理解电视及其表达的世界,取决于电视如何说话,也就是取决于电视节目形态如何组合画面和声音、题材和主题、主体和观众等要素叙事。

曾经有学者认为,"唯一避免使用叙事体裁的电视形式是那些有其自身的结构规则的节目:体育比赛、体操表演、新闻发布会、专访、音乐会"[②]。事实上,诸如体育比赛这样的转播节目,是用画面、声音等要素通过一定的组合方式,将现实的演出、比赛和事件以电视节目的形式再现出来。这种再现,并不等同于现实本身,"它是一个选择和构建的表意过程"[③]。是叙事者对"原始素材进行采集、舍取、编排并加以结构化,经过主观意识加工以后,为观众提供的文本现实"[④]。显然,这种文本现实是依靠电视语言叙述出来的,同样存在着叙事这一表现手段和组合方式。

电视节目形态中的叙事,有展现生活本身的纪实性叙事;也有大量的采访讲述的心理化叙事;还有多线并列的多角度叙事和政论性的理性化叙事。表面上看,电视节目的叙事就是靠各个镜头的组合来实现的,但是实质上,和文学叙事一样,电视节目形态中的叙事也是叙事学的一个有机组成部分。结构主义在研究文学叙事时,"对叙事和故事及其关系的分析,涉及的是叙事结构,它属于文本本身的'客观形式'。而对叙述语态的研究则关涉的是叙述话语,与叙述者的'主观形式'相关联"[⑤]。在分析某一电视节目形态的限定性叙事时,叙事结构

---

① 潘知常、孔德明:《讲"好故事"与"讲好"故事——从电视叙事看电视节目策划》,中国广播电视出版社 2007 年版,第 3 页。

② 莎·科兹洛夫、苏汶:《叙事理论与电视》,《世界电影》1993 年第 2 期。

③ 杨凤:《叙事学原理在体育赛事电视转播中的运用研究》,成都体育学院,2012 年。

④ 同上。

⑤ 张辉:《论叙事结构和叙述话语》,《南京大学学报》(哲学人文社会科学版) 1996 年第 2 期。

和叙述话语是无法回避的概念。

"结构在叙事学中具有举足轻重的作用。"① 文学作品的结构是文章全部内容（主题与素材）的编排、组织形式，电视节目形态的结构"就是将各种素材进行排列组合的方法，是叙事表现力的具体化程序"②。不一样的叙事结构形成不一样的叙事效果，电视节目的结构关系到该节目能否展开叙事、能否流畅叙事、能否完成叙事，优秀的电视节目形态一般都具有较为合理的结构来形成节目的框架，结构创新是电视节目形态创新的一个重要组成部分。

话语是"特定社会语境中人与人之间从事沟通的具体言语行为，即一定的说话人与受话人之间在特定社会语境中通过文本而展开活动"③。本书借用话语语言学的范畴，将本书中的话语界定为能够构成一个整体的电视片段，小到一个蒙太奇句子，大到一部完整的电视连续剧。似乎这一界定表述的只是构成电视节目形态的要素而已，其实不然，本书中的话语强调的是在创作者的意识形态影响之下的电视节目形态要素构成方式以及此种方式形成话语的意义，"当然这并不意味着使它所指涉的历史事件、使这种次要规则于其中发挥作用的社会关系、以及以这种方式被符号化的事件的社会政治后果不复存在"④。

有很多学者用符号学来研究电视，本书不愿意过多与符号学有瓜葛，毕竟符号学是放之人类社会而皆准的法则，用它去套用电视艺术对艺术创作除了机械的限制之外并没多大好处。本书认为：电视节目话语形式从技巧上来讲是蒙太奇，从内容上来讲主要是细节和情节，这一切都是由编导的意识形态决定的。

---

① 张智华：《电视剧叙事艺术研究》，中国电影出版社 2013 年版，第 42 页。
② 程士安：《电视节目的影响力探源——关于电视栏目的叙事与结构》，《新闻大学》2006 年第 1 期。
③ 唐方文、许荣华：《〈群众〉周刊革命话语分析》，《青年记者》2012 年第 17 期。
④ 斯图亚特·霍尔：《电视话语中的编码和解码》，http://wenku.baidu.com/view/38407d63a45177232f60a270.html。

蒙太奇虽说是一则艺术技巧，但是能够为意识形态服务。电视节目的细节可以是一个特写，也可以是一个长镜头、一段画面剪辑，还可以是一句话、一段音效。电视节目中的细节不是节目最小的组成单位，而是描绘人物性格、事件发展、自然景物、社会环境等的电视话语。有细节的电视话语既能塑造形象能表达编导的意识形态，而有诸多丰富细节的电视节目则肯定充实饱满、富有故事性，细节的抽离更换一般并不影响叙事。电视节目的情节是有因果关系的一系列话语，一个情节就是一个叙述段落。情节是叙事的核心，决定着故事的走向和发展。一期叙事类的电视节目至少要有一个情节才能完成叙事，情节中可以没有细节，但恰到好处的细节会让情节更为精彩独特。情节是话语有序的组合，这种有序不仅表现在故事发展的内在逻辑上，也表现在电视节目的节奏上。

叙事结构形成电视节目文本本身，叙事话语则体现出叙事者的意识形态。这二者在电视节目创作中都是必不可少的。

抒情即抒发情感，苏珊·朗格认为"艺术，是人类情感的符号形式的创造"①。也就是说所有的艺术都是抒情的，电视艺术也不例外。电视节目抒情大多是借景抒情、托物抒情、叙事抒情，或者直接抒情。这些抒情，有的是借助于画面，有的是借助于声音，有的是借助于二者的有机配合。

画面抒情最常见的就是用空镜头抒情。空镜头并不空，而是借物抒情、借景抒情。具体的做法就是根据作品表达的情感，找到一种视觉的对应物，让视觉能够感受到人们的内心活动。特写镜头也能够用来抒情。特写镜头是拍摄人的面部或人体的某一局部、一件物品的某一细部，使之充满整个画面，起到突出、强调的作用，可以形成强大的视觉冲击感，给观众以强烈的印象。人物的特写可以刻画人物的内心活动，表现人物的各种情感；物体的特写可以引导观众产生联想，

① 苏珊·朗格：《情感与形式》，中国社会科学出版社 1986 年版，第 51 页。

这种联想可以引起观众情感的共鸣。所以"特写镜头具有一种强烈的主观感情色彩，它代表了拍摄者的创作意图和镜头选择"[①]。长镜头被认为是纪实镜头，但由于时间上的延长，使得在一个镜头内情绪的延长变成了可能，所以长镜头也具备抒情功能。电视节目画面中的光线、色彩、影调等同样可以用来抒发创作者的情感，在拉近电视节目与观众的情感距离方面起到重要作用。

不同类型的声音表达情感的方法是不一样的：人声可以直接通过语言本身直接表达情感，音乐的主要功能是抒情，音响既能增强真实感和现场感，也能起到预示和渲染的作用，得以触动观众的情感。

电视节奏也能够抒发情感、打动观众。电视节目的节奏是指电视节目的声音和画面有规律的快慢、强弱、长短变化，这种变化是影响到观众的生理节奏，同时也会让观众产生不同的情感节奏。

抒情与叙事经常是相对而言的，不过二者的区别也显而易见，抒情表达创作者内心世界的情感，叙事表现外在世界的景象、过程和规律；抒情用声音话语和画面形象象征性地表达情感，叙事用本来意义的话语讲故事。简言之，一个主内，一个主外；一个偏虚，一个偏实。

（三）电视节目形态组合方式之编排与播出

电视媒体的所有节目都是按照时间顺序线性播出的，节目按照什么顺序播出，在哪个时段播出，对电视节目形态有至关重要的影响。而电视节目播出的方式，对电视节目形态的影响就更大了。

"电视节目编排就是对电视节目本身进行内容和形式处理的终端角色，意味着将节目要素变成节目成品的过程。"[②] 也就是说电视节目编排也是组合电视节目形态要素的重要方式之一。随着我国电视产业的发展，电视节目制作和播出也从导向宣传、节目制作决定编排播出，转变为电视节目编排协调电视节目制作，电视节目编排在电视创作与

---

① 黎薇：《抒情镜头在纪实拍摄中的运用》，《新闻爱好者》2007年9月。

② 胡智锋、周建新：《电视节目编排三论》，《现代传播》（《中国传媒大学学报》）2006年第5期。

传播过程中发挥着越来越重要的作用。

从具体节目层面来讲，电视节目编排是指电视节目内容的编辑和制作；从节目形态层面上看，电视节目编排涉及电视节目形态的版式、包装和风格；对频道层面而言，电视节目编排是从频道定位品牌出发的栏目播出顺序编排；而对整个电视媒体而言，电视节目编排是从媒体整体定位出发对各频道品牌的提炼和整合。本书在前面的章节中已经论述并分析了电视节目内容的编辑和制作，也论及了栏目的版式样式和包装风格，所以在这一节中，电视节目编排主要指的是"根据频道的定位要求和受众的收视规律，把每个不同类型的电视节目进行科学系统的编排与组合，形成排期表依时间安排有序播放"①。也可以这样理解，电视节目编排，就是将准备播出的电视节目，按照频道的定位，按照一定的规律进行播出时间段的排序，以求得最佳的收视效果。

电视节目编排的宗旨是："围绕频道定位，综合频道资源，贯彻整体布局原则，重点培养强档节目，主打优势品牌；还要做到优势互补，最大限度地吸引和占有观众，实现连续收视高峰。"② 电视媒体会根据节目的定位和观众的需求去安排播出节目的时间和顺序。节目是电视节目编排的根本因素，有什么样的节目就会有什么样的编排。时间段是电视节目编排的最终体现。选择具体时间段时，电视节目编排需要考虑三个方面：一是播出的时间段，二是纵向相邻的节目安排，三是横向相邻的节目安排。安排电视节目的时间段时，主要看该节目的定位适合哪些受众群体。纵向相邻的节目安排是电视节目编排需要重视的环节，是指选择什么样的节目和该节目上下相邻，各电视媒体大都会采用"垂直策略""吊床策略""搭帐篷策略""桥梁策略""无缝隙策略"③，等等。横向相邻节目主要是指其他媒体有什么样的节目与该

①　张波：《重视节目编排增强传播效果》，《新闻窗》2009 年第 2 期。
②　骆欢华：《频道竞争时代的电视节目编排技巧和策略》，《青海大学学报》（自然科学版）2013 年第 3 期。
③　同上。

节目处于同一时段，根据对方播放的节目来调整自己的节目编排，电视媒体要么采用"正面策略"，要么采用"反向策略"。

电视节目的编排除了时段之外，栏目播出的频率也是非常重要的因素。传统的栏目大都是日播或周播，我国电视节目中，新闻类节目大都采用日播的方式，专题类节目和娱乐节目大都采用周播。季播是一种新的节目编排方式，源自以"季"为单位来组织生产播出的美国电视产业，这个"季"并不等同于中国传统概念上的季节，而是用来描述节目编排及播出的周期。季播的优点是持续性和变动性，能够培养忠实观众，会让观众对节目产生了约会式的强烈收视期待。目前，国内很多电视娱乐节目也开始采用季播的方式。

重播是很多电视媒体节目编排常用的手法，是指将播过的节目重新播出，一来可以节约电视媒体的播出成本，二来可以满足电视观众没看的想看、看了的还想看的收视需求。重播并不是简单地将节目重复播出，需要考虑观众需求和收视习惯、收视偏好，所以重播日期时间段的选择也是电视节目编排非常重要的环节。

最初发明电视的目的，是为了将一个地方活动的音像传输到另外一个地方，所以早期的电视节目都是直播的，就连电视剧也是在演播室里直播的。直播的及时性和即时性是电视媒体区别于电影艺术的最重要的特点，但"现场直播"也限制了电视节目形态的时空。录像机的出现使得电视媒体可以使用录播的方式播出电视节目，录播的节目可以不受时间场地限制，也可以多次重播，满足了观众重复观看的需求，也降低了节目的制作播出成本，更是完全改变了电视节目形态。实况录像是录播的特殊形式，是完全按照现场直播的要求同步录制的电视节目，其最大优势在于，可以灵活安排播出时间和频道。

从电视节目的内容来源分析，电视播出的节目既有转播节目，又有自制节目。在广播电视专业词典中，转播被定义为"广播电台（站）、电视台转发其他台播出的节目"①。笔者认为这个定义只是狭义

---

① 赵玉明、王福顺：《广播电视辞典》，北京广播学院出版社 1999 年版，第 26 页。

上的，从广义上来说，电视转播是指对不是专门为该电视媒体制作的内容进行播出的播出方式，也就是说转播节目以转播的内容为主体，而转播的内容并不是专门为该媒体电视播出而进行的，所以转播节目既包括对重大事件、优秀演出、精彩赛事等进行的直播、录播，也包括电影和 DV 作品，还包括其他电视媒体播出的电视节目。

以电视戏曲节目为例，这种节目形态在我国电视节目中占有相当比重，在国内外影响也极大。目前国内的电视戏曲节目主要有三种播出形态：一是戏曲转播，也就是对剧场的戏曲演出，通过电视转播的方式，把演出的全况或部分向观众直播或录播；二是戏曲演播，也就是在演播厅内演出戏曲剧目，虽然仍保持着舞台框，但是摄像机可以自由选择机位，也可以改动舞台调度以适应镜头的表现，还可以通过舞美丰富造型表现，更可以通过录音棚录音来提高演唱质量；三是电视戏曲片，也就是将传统戏曲剧目或现代戏曲剧目改写为电视戏曲剧本，按照电视剧的拍摄模式，录制成电视戏曲片。

从上述可以看出，转播节目形态是在不影响活动进程、不改变转播内容的前提下，通过电视导演对画面音响进行组织选择、艺术加工后传送给观众不完全等同于现场的电视节目形态。

直播、录播和转播三者相比较，"直播指节目制作和播出同时进行，录播则是事先制作录音带或录像带在规定时间播出。直播多用于现场感强的活动，时效性强；录播时效性相对较差，但播出风险小"[①]。转播节目可以是直播的，也可以是实况录像的，转播的节目可以运用电视语言给转播内容附加电视艺术的魅力，也可以利用电视传播的特点，插播一些事先准备好的节目。从可控性来说，直播可以准备一些切换的备用带，出现故障时可以直接用备用画面替换，但是转播节目就没办法用备播带了。所以录播可控性最强，直播其次，转播最弱。

当然，电视直播也好，还是电视录播，抑或是电视转播，并非对

---

① 赵玉明、王福顺：《广播电视辞典》，北京广播学院出版社 1999 年版，第 25 页。

转播内容平铺直叙的机械记录，而是基于真实事件的艺术再创作。在通过运动的、连续的画面和声音将事件现场的形象、变化、进展即时传达给观众的过程中，电视工作者运用电视艺术表现手段，塑造事件中的人物形象，强化事件中的戏剧冲突，使得电视播出不再是对真实事件的简单记录，而是电视艺术形态的主要组成部分。不管是哪一种电视播出形态，都必须运用电视节目形态的构成元素和组合方式，电视节目制作者并非完全受制于转播的事件，也可以在节目中加入自身对于事件的理解、态度甚至期待。原本客观存在的事件，在电视播出中经过艺术编排，通过艺术的手法也可以去表达情感，这些事件不但没有因此而失去真实性，反而更具有了戏剧冲突和张力。

## 第三节　电视节目形态分类

对电视节目有不同的研究角度，就会对电视节目有不同的分类标准，也就会得出不同的分类结果。"世界上没有统一的绝对的广播电视节目的分类标准，只有一些约定俗成的分类方法。"[1] 不可否认的是，科学的电视节目分类对于观众、学界和业界都具有重要的指导作用："对于电视观众而言，电视节目分类是指导其组织和安排自己的收视行为，使电视收视能更好地满足自己的收视需求和心理需求的重要参考标准"；对学术研究而言，"完善的电视节目分类体系还是电视节目研究系统化发展的基础"；对电视产业而言，"系统科学的电视节目分类体系是电视台进行节目生产、节目评估和广告主进行广告投放的重要参照基准"[2]。

---

[1]　郭镇之：《中外广播电视史》，复旦大学出版社 2005 年版，第 48 页。
[2]　张海潮：《中国电视节目分类体系》，中国传媒大学出版社 2007 年版。

普通高等院校艺术专业公共课教材《电视学导论》中，列举了电视节目的一些分类方法："按照内容性质，电视节目可分为新闻类节目、娱乐类节目、教育类节目、服务类节目等；按照内容所涉及的专业领域，可分为经济类节目、军事类节目、卫生类节目、体育类节目等；按照形态，可分为消息类节目、专题类节目、晚会类节目、竞赛类节目、谈话类节目等；按照组合形式，可分为单一型节目、综合型节目、杂志型节目等；按照传播对象，可分为少儿节目、妇女节目、老年人节目、工人节目、农民节目等。"①

　　西方电视节目分类其一是延续文学作品分类的分类标准——"叙事结构"，进行定性研究归类；其二则是定量研究观众的收视偏好、节目的播出时间和渠道等因素，将节目分为若干类，并根据各类节目的内容特征为节目类型命名。

　　我国学术界电视节目分类较为普遍的是依据节目的内容性质（也可以说是节目的社会功能）将电视节目划分为新闻类节目、娱乐类节目、社教类节目和服务类节目，也有王振业、方毅华和张晓红教授提出的"多层节目分类系统"、刘燕南教授等人提出的"电视节目多维组合分类法"、张海潮提出的"四级层级法分类体系"。

　　实际上，分类的目的是便于表述，便于归纳总结不同的节目的形态和特性。电视节目形态作为电视节目类型研究的重要概念，必然需要进行科学的分类，这也是研究电视节目形态的重要工作和基础工作。"类型满足了人们对商品的双重需要：一方面是标准和熟悉，另一方面又要有所区别。"② 所以，要对电视节目形态进行较为合理、较为科学的分类，必须满足三个要求：一是要在同一标准下进行分类，二是必须囊括所有的电视节目形态，三是考虑到电视行业和观众的共识。

---

　　① 黄会林、彭吉象、张同道、陈旭光、周安华：《电视学导论》，高等教育出版社 2008 年版，第 45 页。

　　② 大卫·麦克奎恩：《理解电视：电视节目类型的概念与变迁》，华夏出版社 2003 年版，第 24 页。

"电视节目类型的划分通常基于某一类节目反复出现的诸元素的综合，即所谓程式。不同节目类型所使用的程式各不相同，从而使其相互区分。"① 在本研究中，我们以电视屏幕上播出的所有电视节目形态作为研究对象，包括电影、体育比赛、广告，等等；我们以电视节目形态的构成要素和组合方式作为考量的标准进行分层分类；同一层级，采取同一标准对节目进行划分，同时也兼顾电视行业和观众对电视节目约定俗成的一些传统称谓和分法。

本书第二节对电视节目形态的构成要素和组合方式进行了分析，但是电视节目形态这一属于人文学科范畴的概念并不能完全借用自然科学的词汇和逻辑去分析，因为电视节目形态作为电视人按照电视语言创作的艺术作品，虽然有一定的创作规律可循，但并不是机械僵硬的，而是鲜活变化的。本书分析到的构成要素和组合方式大都是共性和显性的，这些要素和方式对详尽描述一个完整的电视节目形态显然是不够的。所以我们在对电视节目形态进行分类的时候，不可能也不能把上述的要素和方式全都当作分层分类的标准，而是挑选一些能够让电视节目形态有所区别的构成要素和组合方式作为分层分类的标准。

有很多学者认为电视艺术是一门综合艺术，在笔者看来，电视艺术并不是综合艺术，而是有着自己的艺术特性，之所以被认为综合，是因为在电视节目中可以看到几乎所有艺术表现。其实电视节目中有很多节目的内容并不是由电视媒体发动的，电视只不过充当了一种传播的媒介，如电影频道播出的故事片、体育频道转播的体育比赛、新闻频道转播的新闻事件，等等。通过电视转播的体育比赛、新闻事件固然经过了电视艺术的加工，但其主体并不是电视艺术，要想梳理电视节目形态的本质，这些节目就不能成为我们研究的主要对象。

所以第一层级，我们按照播出方式的不同，把电视节目形态分为转播节目形态和自制节目形态。

---

① 苏宏元：《电视节目分类刍议》，《中国广播电视学刊》2011 年第 3 期。

転播节目是以电视作为传播媒介，在不影响活动进程、不改变转播内容的前提下，通过电视导演对画面音响进行组织选择、艺术加工之后传送给观众不完全等同于现场的电视节目。转播节目既包括通过电视对重大新闻事件、优秀文艺演出、精彩体育赛事等活动进行的实况转播，也包括电视播出的电影（故事片、动画片、科教片、纪录片等）和 DV 作品，还包括转播其他电视台的节目。转播节目以转播的内容为主体，而转播的内容并不是专门为该电视媒体播出而进行的，比如电影、奥运会开幕式，等等。转播节目虽然是客观性的报道，但也会有电视艺术的加工。

现在大部分的转播节目并不单纯是对活动内容的转播，有的添加了许多演播室的主持人节目作为对转播内容的剖析和对观众的引导，还有的节目将专题节目与转播节目相结合，用专题节目给转播内容予以延伸，起到了较好的播出效果，如央视 5 套制作播出的与世界杯、欧洲杯足球比赛配套的《豪门盛宴》、央视 6 套播出的为推介老电影的播出而讲述经典影片的幕后故事、再现几代影人的艺术人生、采访老影人的《流金岁月》等。

自制节目形态是指从内容到形式都是专门为该电视媒体播出而制作的电视节目，除转播节目之外的其他所有的电视节目都属于这个形态类别，自制节目是电视媒体播出节目中主要的电视节目形态，也是本书研究的主要对象。

第二层级根据电视节目形态中主体（演员或者主持人等）在节目中起到的作用不同，把电视节目形态分为表演性节目形态和真实性节目形态两大类。看似这一级分类意义不大，其实这样分类是为了第二、第三层级分类标准的统一，也是为了让自制节目在第三层级时分类更为清晰。

表演性节目中的主体用声音、表情、动作、器械等表现艺术作品，这些作品可以是音乐、文学、戏剧，也可以是电视剧。在这类电视节目形态中，强调的是演员演出的作品，而不是演员本身；表演的作品本身是对生活的提炼，而不是生活本身。

真实性节目中的主体是真实的人物在生活中，或者在电视节目的规则中真实地展现自己，这些节目中的事件是真实发生的，这些节目中的主持人，也都是真诚地和观众沟通交流，引领观众去感知一些真实的事物。所以真实性节目强调的是节目主体本身，强调的是节目主体在真实事件中的真实情感。

第三层级的划分标准是电视节目形态的题材和主题，以及约定俗成的一些习惯称谓。

转播节目既有直播节目，又有实况录像，对此不做区分。根据转播内容的题材，我们将转播节目的真实性节目分为重大新闻事件转播、体育比赛转播和其他频道播出的电视节目等；转播节目的表演性节目分为电影、微电影、文艺演出实况转播等。大部分转播节目会在现场活动的基础上，通过创造性的镜头切换，将活动内容真实、完整、流畅、传神地再现给观众。不同的转播活动有不同的特点，转播节目也会根据活动特点来拍摄画面、组接画面。

转播节目的分类到第三层级为止（见表1）。

表1 转播节目形态分类

| 第一层级 | 第二层级 | 第三层级 | 形态特征 | 节目举例 |
|---|---|---|---|---|
| 转播节目 | 真实性节目 | 重大新闻事件转播 | 转播不等同于现场，不同的机位、不同的镜头，经过导播之后变成了新的时空。也可以插入事先做好的专题、采访、图片、背景知识，等等 | 国庆阅兵汶川地震 |
| | | 体育比赛转播 | | 各种体育赛事转播 |
| | | 其他频道播出的电视节目 | 基本是完全转播，有时会换广告、加 logo | 《新闻联播》中央电视台《春晚》 |
| | 表演性节目 | 电影 | 完全转播，有些节目会插入广告，也有的会缩减片长 | 电影频道播出的电影 |
| | | 微电影 | 大多由多部作品组成栏目 | 《华夏微电影》 |
| | | 文艺演出实况转播 | 以现场演出为主，也会用电视语言形成新的时空 | 各种转播的音乐会、演唱会、戏剧演出等 |

自制节目是目前我国电视媒体制作节目的重点节目，也涵盖了我

国电视媒体目前播出的大部分常规性节目。根据电视节目的题材和主题，自制节目的第三层级分类如下：

表演性节目形态分为：电视剧、电视文艺节目、电视文艺片和电视广告。需要指出的是：电视文艺节目是指运用电视手段对各类文艺演出进行二度创作，与文艺演出实况转播不同的是，电视文艺节目的演出是专门为电视节目而进行的，可以专门为拍摄设置走位，也可以在演出过程中暂停、重演。但和文艺演出实况相同的是，电视文艺节目也是保证了演出艺术的独立性。而电视文艺片是用电视的手法来表现各种艺术，而不只是通过艺术演出来展现艺术。对声音艺术，电视艺术片是通过画面来强化其艺术感染力；对于声画艺术（舞蹈、雕塑等），运用蒙太奇和长镜头来表现艺术的特质。

非表演类节目形态可以分为新闻资讯节目、综艺娱乐节目和社会生活节目：新闻资讯节目是通过声音和画面对新近乃至正在发生和发现的新闻事实和资讯的报道。之所以把资讯放到新闻节目的类别里，是因为"资讯（信息）是具有意义的消息、事实或知识"[1]，其概念里包含着新闻，只不过资讯更强调服务性和实用性。而《南京零距离》提出的"把生活资讯当成新闻来做"如今已经变成国内电视新闻的共识，有越来越多的栏目定位于新闻资讯类栏目，央视新闻频道的简介就是"以最快的速度向观众提供第一手的国内国际新闻资讯"，所以我们把新闻资讯作为一个大的类别来分析。综艺娱乐节目是让参与节目的嘉宾在主持人的引导下，通过演出、游戏、谈话等一系列的环节，展现自己的性格特征和艺术才华，达到让观众开心娱乐的效果。之所以把综艺娱乐节目与电视文艺节目、电视文艺片在概念和类别上相区别，一是因为随着电视节目形态的创新，栏目类型之间的边界越来越模糊，纯粹的电视文艺节目和电视文艺片已经不再是电视媒体播出的常态节目，而是成为许多节目的一个重要组成部分；二是因为表演类

---

① 邵培仁：《传播学》，高等教育出版社 2000 年版，第 108 页。

节目中强调的是作品，而非表演类节目中强调的是人；三是因为在综艺娱乐节目中，可以综合多种艺术、多种形式，艺术表演不再是单纯的作品表达，而是表现人物的一种素材。社会生活节目其实是对传统分类方法中社会教育节目和生活服务节目的合并，是指通过电视纪实的手法，应用采访、谈话等手段，为某一关乎当下社会大众生活的主题而制作的电视节目。和新闻资讯节目的区别在于，社会生活节目不注重时效性，更多强调服务性和故事性。

第四层级的划分只针对自制节目，其分类依据是电视节目形态叙事方式中的结构和话语。

真实性节目形态中，新闻资讯节目形态按照节目的结构和话语不同，分为消息播报类、调查评论类、谈话辩论类和杂志综合类。

社会生活节目形态按照叙事结构和话语方式，可以分为纪录片、谈话类节目和综艺类节目。但是这种分类方法的不足之处在于纪录片和谈话节目、综艺节目本身就是电视节目的外在形式，新闻资讯节目和综艺娱乐节目中也存在这三类节目，只是表述的内容不同而已。如果采用这种分类，不便于描述生活服务类节目的特征，也不便于和其他两类节目相区别。所以本书中，将社会生活节目按照节目题材和主题、叙事和抒情的不同分为社会服务类节目、知识教育类节目和情感故事类节目。

综艺娱乐节目形态按照叙事结构和话语方式分为竞赛游戏节目、真人秀、脱口秀、体育赛事节目等。需要说明的是，本大类中的几个小类别都具有综艺性，也就是说这几类节目大都会包含演艺的成分。其中脱口秀是美式英语"talk show"的音意同异，虽然在我国常被认为是"谈话节目"的代名词，但笔者认为作为电视节目形态的"脱口秀"和"谈话节目"还是有一定的区别："talk show"里 talk 除了谈话之外，还有话题、说话、讨论之意，show 作为名词，有节目、表演、展览之意，所以"脱口秀"里"秀"是表演、展示之意，节目强调的是主持人口才、谈吐的表演和展示，注重的是表演秀、娱乐性；而

"谈话节目"强调的是话题和交流。所以在本研究中，笔者用"脱口秀"特指综艺娱乐类节目中的谈话节目，以示与谈话类节目的区别。脱口秀和真人秀节目的区别在于，前者表现的是主持人和嘉宾（更多是主持人）的话语和话题，后者凸显的是嘉宾的个性和性格。

表演性节目中，电视剧按照节目的结构和话语可以分为电视连续剧、电视系列剧、栏目剧、电视电影、电视动画片。其中栏目剧是指按照栏目形态播出的（即具有统一的片头、主持人、播出时间），"兼容了栏目化运作规律和电视剧艺术形式的电视节目类型"[①]。栏目剧有两种形态：一种是"栏目化的电视短剧节目形态"[②]，如重庆卫视的《雾都夜话》、陕西卫视的《都市碎戏》等；另一种是由业余演员或非一线专业演员参与表演的电视栏目，如青海卫视的《下一站幸福》、东方卫视的《幸福魔方》，这种节目以情感类节目居多，节目中的嘉宾往往会让观众感觉是真实的，其实是演员按照剧本扮演的。

电视文艺节目按照节目结构和话语的不同可以分为综艺晚会、文艺表演节目等。文艺表演节目是指对各类艺术表演的电视传播，虽然在传播过程中有电视化的二度创作，但是节目强调更多的是各类艺术表演本身，如音乐表演类节目《同一首歌》《超级歌会》，曲艺表演类节目《曲苑杂坛》等。文艺表演类节目与综艺晚会的区别是文艺表演类节目并不突出主题，如央视的《综艺大观》，虽然被称为小春晚，但大多节目在气氛营造、节目选择等方面，还是以突出节目为主，而不是为了营造气氛、刻画主题。电视艺术片按照节目内容和题材可以分为音乐电视、电视文学等。电视文学是用电视的手法来表现文学作品，朗读或者演播的文学作品是主要的声音元素，大多会混杂音乐、音响，电视画面以叙事和抒情为主。

电视广告按照播出话语方式的不同可分为作品型和植入型等。作

---

①　熊忠辉：《广播电视节目形态解析》，化学工业出版社 2010 年版，第 188 页。
②　孙宝国：《中国电视节目形态通论》，中国传媒大学出版社 2011 年版，第 266 页。

品式广告是为了直接传递商品、服务、组织、概念等信息而专门制作的电视节目，一般是由广告公司制作，向电视台购买时段播放，其目的是通过各种电视手段来扩大企业影响和销售。植入式广告"是指将产品或品牌及其代表性的视觉符号甚至服务内容策略性地融入影视剧或电视节目内容中，通过场景的再现，让观众留下对产品及品牌的印象，继而达到营销的目的"①。植入式广告早期用于电视剧中，如《编辑部的故事》，现在大部分电视节目中都能看到，如央视《春晚》中演员的台词、道具，等等。

自制节目形态的分类及形态特征见表2。

表2　　　　　　　　　　　自制节目形态分类及特征

| 第一层级 | 第二层级 | 第三层级 | 第四层级 | 形态特征 | 节目举例 |
|---|---|---|---|---|---|
| 自制节目 | 真实性节目 | 新闻资讯节目 | 消息播报类 | 播报内容快速、简短、广泛、鲜活 | 《新闻联播》《晚间》等 |
| | | | 调查评论类 | 通过调查、分析提供解释、评论 | 《焦点访谈》《新闻调查》 |
| | | | 谈话辩论类 | 通过多方评论，营造多元话语空间 | 《时事辩论会》《今日谈》等 |
| | | | 杂志综合类 | 多内容、多形式的有机整体 | 《东方时空》《潇湘晨光》 |
| | | 社会生活节目 | 生活服务类 | 或介绍生活常识，或服务特定对象 | 《为您服务》《新青年》 |
| | | | 知识教育类 | 传播文化，普及知识 | 《千年讲坛》《百家讲坛》 |
| | | | 情感故事类 | 真实故事，人本视角，挖掘情感，强化冲突 | 《天下女人》《传奇故事》 |
| | | 综艺娱乐 | 竞赛游戏类 | 以游戏为核心，以竞赛为结果，以娱乐为目的 | 《开心辞典》《智勇大冲关》 |
| | | | 真人秀 | 用纪实的手法表现在可控的环节规则中真实的人物 | 《变形计》《快乐女声》 |
| | | | 脱口秀 | 演艺嘉宾，综艺成分，幽默话语，搞笑煽情 | 《天天向上》《超级访问》 |
| | | | 体育赛事类 | 或赛事集锦，或赛事特别节目 | 《天下足球》《豪门盛宴》 |

---

① 张健：《当代电视节目类型教程》，复旦大学出版社2011年版，第308页。

| 第一层级 | 第二层级 | 第三层级 | 第四层级 | 形态特征 | 节目举例 |
|---|---|---|---|---|---|
| 表演性节目 | | 电视剧 | 电视连续剧 | 戏剧性、延宕性 | 非常多，包括戏曲电视剧 |
| | | | 电视系列剧 | 人物连续，故事独立 | 《家有儿女》《武林外传》 |
| | | | 电视电影 | 为电视制作的电影故事片，等同于单本剧 | 《王波之死》《孙子从美国来》 |
| | | | 栏目剧 | 业余演员，戏剧化故事，"剧"元素，"栏目"特征 | 《雾都夜话》《新闻故事会》 |
| | | | 电视动画片 | 虚拟形象，戏剧故事 | 《喜羊羊与灰太狼》 |
| | | 电视文艺节目 | 综艺晚会 | 特定主题特定时间，有主持人串联的综艺表演 | 《春节联欢晚会》 |
| | | | 文艺表演节目 | 电视化的综合艺术表演 | 《综艺大观》《曲苑杂坛》 |
| | | 电视艺术片 | 音乐电视 | 多画面、多时空表现音乐作品 | 《中国音乐电视》中的作品 |
| | | | 电视文学节目 | 多画面、多时空音乐音响＋文学作品朗读 | 电视诗歌、电视散文、电视小说 |
| | | 电视广告 | 作品式 | 表现手段多样，播出时间短，次数多 | 很多 |
| | | | 植入式 | 制作费用低，周期短，较为隐秘，可信度高 | 很多 |

这个分类只是一个理想化的分类方法，并非非此即彼。首先，在电视节目形态日益丰富的今天，很多节目通过融合、创新后，形态不再是单一的。比如很多真实性节目中会穿插文艺表演，有时主持人也会表演；而表演性节目中也会穿插访谈、讲述、评论等纪实手法。其次，一些电视节目形态大多时候已经不再是一个节目的主体，而是成为另外一些节目形态的构成要素，如微电影、文艺表演节目、音乐电视、电视文学作品等。再次，这个分类只是基于对我国电视节目形态研究基础上的分类，而且这个分类也会与时俱进，是一个动态变化的分类。所以，我们在研究具体的节目形态时，以节目主体形态去区分类别，比如说《超级女声》这样的音乐选秀节目，虽然有很多的音乐表演，但其主体是选秀，是真人秀节目。

　　由上述分类也可以看出，决定电视节目形态类别的主要是电视节目形态构成要素中的题材、主题和主体，以及电视节目形态组合方式中的叙事结构与叙事话语。这几种构成要素和组合方式，往往容易使得某一类型的电视节目形成一些共性，这些共性会形成电视节目形态和电视栏目的类型，而其他的一些构成要素和组合方式则是凸显电视节目形态个性的主要因素，个性化也是电视节目形态创新的一个主要驱动力。因共性而产生的电视节目形态的类型不是一成不变的，而是一个动态的实践过程。而对优秀节目形态的趋同、模仿、克隆，也会让个性变成共性，所以本书研究的结论也是一个阶段性和暂时性的。

# 第二章

# 湖南卫视电视栏目数量变化分析

本书研究湖南卫视电视节目形态演变的一个重要方法是内容分析法。"内容分析是一种对传播的明显内容进行客观、系统的定量描述的研究方法。"[①] 内容分析法的重点是要处理好四个问题:"分析单元的选择、分析类别的建立,内容抽样以及编码的可靠性。"[②] 对电视节目形态而言,所有的节目形态都是类型化的,都是有模式的。而作为电视节目播出和存在形式的电视栏目,更是直接体现着电视节目形态的类型。本章研究的是湖南卫视电视节目形态类别的演变,电视栏目是呈现电视节目形态特性的最小单位,同一类型的电视栏目具有较多的共性,这种共性就是该类电视节目形态的特征,所以本章把湖南卫视的电视栏目作为分析对象;对电视栏目分类时,我们依照本书对电视节目形态的分类标准将湖南卫视电视栏目进行四级分类;在内容抽样中,我们选择自制节目中的真实性节目,其他节目则不在考量的范围当中;编码的可靠性取决于分类类型的明确定义,达成一个共同的参考体系。

现阶段,电视媒体播出的节目大多是以栏目的形态出现的。对一个电视频道来说,所有的节目都是按照时间顺序线性播出的,虽然在

---

① Bernard Berelson, *Content Analysis in Communication Research*, New York: The Free Press, 1952, 18.

② Guido H. Stempel Ⅲ:《内容分析》,《大众传播学:影响研究范式》,中国社会科学出版社 2000 年版,第 466 页。

某一时间播出的栏目是唯一的，但是在一个时间段内播出的栏目是可以统计出具体数目的。每一年内一个电视频道播出的栏目数量的多少和节目形态是息息相关的，而通过每一年栏目数量的变化，我们将看到该频道电视节目形态演变的总体态势。

据笔者统计，湖南卫视从1997年开播到2013年底总共播出过200多档电视栏目，上百部电视剧。从这个庞大的数据来说，要对湖南卫视的电视节目形态演变进行研究，如果单纯地就所有的时间点的节目形态去进行分析显然是不现实的，而对所有的节目形态进行叙述分析研究也远非在一本书里能够完成的。

本章将对湖南卫视的电视栏目进行分类别变化分析和分时段变化分析，以查明其总体演变的态势。

## 第一节　湖南卫视电视栏目类别划分

### 一　本研究分析的湖南卫视电视节目形态类别

我国电视节目早期是按照新闻、专题、文艺节目分类，当时大多数电视台的机构设置也是新闻部、专题部和文艺部三足鼎立。从湖南电视台1984年"新闻是主体，专题、文艺是两翼，主体突出、两翼齐飞"的宣传方针就可以看出湖南电视的情形和全国是一样的。随着电视产业的发展，以及业内人士对电视特性认知的加深，电视节目形态日趋多样化，不仅借鉴和引进境外电视模式进行本土化改造，而且创造了许多独具中国特色的电视栏目，电视节目形态早已超越了原来三分法的界定。所以本书在上一章中对电视节目形态提出了自己的分类方法，这种分类对湖南卫视的电视栏目来说，依然是适合的。

在第一级层面上，本书将电视节目形态分为转播节目和自制节目两大类。

　　转播节目是一些专业频道的主要内容，如体育频道经常会转播体育赛事，文艺频道会转播音乐会，新闻频道也会转播重大新闻事件和活动，而电影频道的主体就是转播电影。对湖南卫视这样的省级卫视来说，由于节目资源和频道定位的限制，转播节目既不是节目的主体，也不是常规化的节目（除了每天必须转播央视的《新闻联播》）。需要重申的是：并不是所有直播的节目都是转播节目，转播节目"是由非电视原因发动并组织的，电视的介入只是起到一个传播平台的作用"①，由电视媒体组织的活动直播，属于自制节目的范畴。湖南卫视的栏目中，只有 2012 年开播的《芒果大直播》属于转播节目。所以本书研究湖南卫视电视节目形态演变时，研究的对象主要是自制节目，而不是转播节目。

　　自制节目包括表演性节目和真实性节目。

　　表演性节目中，电视剧一直是我国电视媒体播出的主要节目类型，我国电视剧从最初的单本剧到现在的连续剧、电视电影，从年产量几部到每年近 500 部 1.6 万多集，一直是最受中国观众喜爱的电视节目类型。根据 CSM 媒介研究提供的数据：2012 年，我国电视剧播出比重为 26.4%，省级卫视播出比重为 37%；电视剧在所有节目中的收视比重为 32.1%，省级卫视播出的电视剧在所有节目中的收视比重为44.5%②。从这些数据可以看出，电视剧是省级卫视播出和收视的重心。湖南卫视播出的电视剧几乎都是独播剧，都有不俗的收视率，理应成为电视节目形态研究的重点。事实上，电视剧是我国电视媒体实现制播分离最彻底的节目类型。早期电视剧都是由电视台自产自销，到如今有 4000 多家机构持有《广播电视节目制作经营许可证》，电视剧的生产与制作的主动权并不在电视台手中，电视台只是电视剧的买

---

　　①　金越：《从创作和制作的角度看电视节目分类》，《中国电视》2005 年第 1 期。
　　②　吕一丹：《竞争格局稳中有变，节目内容触点延伸》（2012 年电视收视市场回顾），http：//www.csm.com.cn/index.php/knowledge/showArticle/ktid/1/kaid/899.html。

方而已。而且电视剧从内容到数量都是一个较为庞大的数目，很难在本书的篇幅中分析清楚，与电视剧类似的还有电视广告。实际上，大多狭义的电视节目概念并不包括电视剧和电视广告，所以本研究将不涉及湖南卫视电视剧和电视广告的形态演变。但是，电视剧中的栏目剧既有剧的特点，也有栏目的特征，湖南卫视也常有创新之举，所以纳入本研究的范围。

电视文艺节目和电视艺术片，现在已经越来越成为电视节目中的边缘节目。电视文艺节目中，综艺晚会一度曾是电视媒体的最爱，各种专题晚会、行业晚会数不胜数。但随着综艺娱乐节目的兴起，晚会开始退烧，变成了只在重大节庆时才播出的电视节目。国家新闻出版广电总局于2013年10月12日下发了《关于做好2014年电视上星综合频道节目编排和备案工作的通知》，再次对电视晚会进行调控，原则上重要节假日期间每日不超过3台，对未经批准的电视晚会和节庆演出，不得安排播出和宣传报道。目前，湖南电视台每年都办的综艺晚会有跨年演唱会、春节联欢晚会、元宵喜乐会、成人礼、金芒果粉丝节和中国金鹰电视艺术节等。面对国家新闻出版广电总局的调控之举，湖南卫视的综艺晚会将会越来越少。所以在本研究中，综艺晚会也不作为本书分析论述的对象。电视文艺节目中的文艺表演节目虽然数量越来越少，但也有新节目推出，所以作为研究对象。电视艺术片中的电视文学作品，原本就是湖南卫视空缺的节目类型，所以也不在本研究的范围之类。音乐电视在电视栏目中已经很难寻到踪影，但早期湖南卫视还是有很多知名栏目，所以在本研究中，我们将湖南卫视曾经播出过的栏目剧、文艺表演节目、音乐电视纳入综艺娱乐节目中一并研究。

湖南电视台在建台40周年时，出版了一套12卷的丛书《追梦·湖南电视40年》。该丛书在梳理湖南电视台栏目列表时，将播出过的电视栏目分为以下几类：新闻栏目、社教栏目、文艺综艺栏目、体育栏目和直播分离栏目。这个分类体现出我国电视台按照新闻、社教、文艺和体育设置机构的传统，也能较好地将栏目归类。这个分类和本书的分类有相似的地方，本书在对湖南卫视栏目分类时大多参考了这个分类方法，但也有一些不小的变动。最大的变动是将社教栏目名称命名为社会生活节目，其原因有二：一是虽然电视媒体具有教育功能，但是在以娱乐为主的当下，电视节目的教育功能在逐渐淡化；二是这一类节目有一部分属于生活服务节目的范畴，用社教的称谓去归类有点不伦不类。另外我们在分类时，将原来属于社教节目中的一些节目归类到了新闻资讯节目，如《乡村发现》《有话好说》《新青年》等；还有一些归类到了综艺娱乐节目中，如《变形计》《瘦身魔方》等。当时这些栏目之所以被归到社教节目，是因为它们是由社教部制作的节目，仅此而已。现在的分类，只不过是让这些节目回归到自己原有的属性。还有一个变动就是将体育赛事节目合并到了娱乐节目，俗话说文体不分家，体育赛事节目在让大众目睹精彩赛事的同时，也让大众享受到体育带来的快乐与激情，其本质也就是为了娱乐大众。

综上所述，本书涉及的湖南卫视的栏目只是自制节目中的真实性节目，在第三层级上分为新闻资讯节目、社会生活节目、综合娱乐节目（含文艺表演节目、音乐电视、栏目剧）三大类。

## 二 湖南卫视电视栏目分类

据笔者统计，湖南卫视从 1997 年元月一日上星，到 2013 年底，一共播出新闻资讯节目、社会生活节目、综合娱乐节目（含文艺表演节目、音乐电视、栏目剧）的电视栏目有 180 多档[①]。这些栏目中，不包括电视剧和临时的专题节目，以及为某个活动开办的特别节目[②]。按照上一章的分类标准，对这些栏目进行第三层级和第四层级分类，

---

[①] 该数据主要来源于中国国家图书馆馆存《中国电视报》（1997—2013），由于《中国电视报》只是节目预告，与播出节目有一定的出入，虽然通过各种手段在网络核查，并与湖南卫视总编室核对，但数据准确度不能达到 100%，应该还有未能收录的栏目。

[②] 湖南卫视在重大赛事和重要节日会播出一些特别节目，如 1998 年世界杯期间的《世界杯前奏》和《世界杯今日》、金鹰节期间的《明星面对面》，等等。

见表3。

**表3** 　　　　　　　　　　　　**湖南卫视电视栏目分类**

| 第三层级 | 第四层级 | 栏目（括号内为播出起止时间） |
|---|---|---|
| 新闻资讯<br>节目（46） | 消息播报<br>类（27） | 《湖南新闻联播》（1997—2013）、《天气预报（卫视气象站）》（1997—2013）、《晚间新闻》（《晚间》，1997—2008）、《新闻汇报》（1997）、《午间新闻》（1997）、《财经快讯》（1997—1998）、《卫视商讯》（1997—2001）、《中国影视报道》（1997—1998）、《中国体育报道》（1997—1999）、《大片采风》（1997）、《国际体坛珍闻》（1997—1998）、《国际影坛珍闻》（1997—1998）、《经济环线》（1997—2000）、《海外新科技》（1997—1999）、《一周世界体坛》（1997—1998）、《环球娱乐圈》（1998）、《国际赛车杂志》（1998）、《卫视经济报道》（1998—2001）、《体育新闻》（1998—2002）、《今日报道》（1998—2003）、《财经》（1999—2002）、《全球娱乐通》（1999—2000）、《数码在线》（2000—2001）、《娱乐无极限》（2000—2013）、《新闻12点》（2001—2004）、《零点新闻》（2001—2002）、《财富早七点》（2004—2008） |
| | 调查评论<br>类（4） | 《新闻观察》（1997—2001）、《经济视点》（1997—1998）、《零点追踪》（1999—2001）、《新闻当事人》（2012—2013） |
| | 谈话辩论<br>类（5） | 《有话好说》（1999—2001）、《新青年》（1999—2002）、《今日谈》（2000—2003）、《听我非常道》（2008—2009）、《新闻公开课》（2012） |
| | 杂志综合<br>类（10） | 《乡村发现》（《发现》，1997—2010）、《315广角》（1997—1998）、《潇湘晨光》（1998—2003）、《周末生活》（1999—2000）、《城市语文》（2001—2002）、《入世中国》（2002）、《封面》（2003—2004）、《象形城市》（2003—2004）、《播报多看点》（2004—2013）、《播报早看点》（2012） |
| 社会生活<br>节目（54） | 生活服务<br>类（24） | 《荧屏导视》（1997—2002）、《周末创意》（1997—1998）、《男孩女孩》（1997—2002）、《生育生活》（1997—2001）、《卫视中间站》（1997—2004）、《完全新时尚》（1998—2000）、《世界时装之林》（1998—1999）、《苏莎开心乐园》（1998）、《玫瑰之约》（1998—2003）、《旅行杂志》（1999）、《真心风采》（2000—2003）、《名医坐堂》（2000）、《健康人生》（2001）、《好运连年》（2007—2008）、《百科全说》（2009—2011）、《我是大美人》（2010—2013）、《锋尚之王》（2010—2012）、《越淘越开心》（2010—2013）、《好好生活》（2011）、《最高档》（2011—2012）、《把谁带回家》（2011）、《好奇大调查》（2011）、《称心如意》（2011—2013）、《新闻大求真》（2012—2013） |
| | 知识教育<br>类（17） | 《中国湖南》（《你好湖南》，1997—1999）、《洋洋大观》（1997—1998）、《世界杂志》（1997—2001）、《与动物为伴》（1997—1998）、《裕兴电脑讲座》（1997）、《科学万花筒》（1999—2001）、《世界奇观》（1999—2002）、《爱晚书亭》（1999—2000）、《新青年千年论坛》（1999—2003）、《湘女出行》（2000—2001）、《经典与我们》（2001）、《艺术玩家》（2002—2013）、《零点锋云》（2008—2012）、 |

44

| 第三层级 | 第四层级 | 栏目（括号内为播出起止时间） |
|---|---|---|
| | | 《岳麓实践论》（2011—2012）、《博物馆奇妙夜》（2011—2012）、《非常靠谱》（2011—2012）、《辨法三人组》（2012） |
| | 情感故事类（13） | 《人世间》（1997—1998）、《真情》（2001—2008）、《（湖南）名人本色》（2001—2003）、《我的2008》（2002）、《背后的故事》（2003—2012）、《天下女人》（2005—2012）、《快乐心灵·说出你的故事》（2008—2009）、《8090》（2009—2010）、《那是我妈妈》（2011）、《帮助微力量》（2011）、《完美释放》（2012）、《平民英雄》（2012—2013）、《我的中国梦》（2013） |
| 综艺娱乐节目（82） | 竞赛游戏类（21） | 《快乐大本营》（1997—2013）、《非常快乐》（1997—1999）、《极限争夺》（1998）、《各就各位》（1998—2000）、《快乐新战线》（1999—2001）、《得失之间》（2002）、《超级小英雄》（2004—2005）、《谁是英雄》（2004—2008）、《阳光伙伴》（2006）、《奥运（快乐）向前冲》（2008）、《快乐2008》（2008）、《智勇大冲关》（2008—2011）、《挑战麦克风》（2008—2009，2011）、《以一敌百》（2008—2011）、《汉语桥》（2008—2013）、《步步为赢》（2008—2009）、《全家一起上》（2009—2010）、《给力星期天》（2011）、《全力以赴》（2012）、《一座为王》（2012）、《天声一队》（2012）、 |
| | 真人秀（31） | 《步步为赢》（2000—2002）、《金鹰之星》（2002—2006）、《新青年》（2003—2004）、《玫瑰之约》（2004—2005）、《超级女声》（2004—2006）、《闪亮新主播》（2005—2006）、《我是冠军》（2006—2008）、《变形计》（2006—2008，2012）、《名声大震》（2006—2008）、《勇往直前》（2007—2010）、《快乐男声》（2007、2010、2013）、《舞动奇迹》（2007—2008，2011）、《想唱就唱》（2007—1013）、《足球小子》（2007）、《瘦身魔方》（2007，2009—2010）、《一呼百应》（2009—2011）、《快乐女声》（2009、2011）、《我们约会吧》（2009—2013）、《金牌魔术团》（2009）、《芒果训练营》（2010）、《我要拍电影》（2010—2012）、《我在你身边》（2010）、《奇舞飞扬》（2011—2013）、《向上吧，少年》（2012）、《百变大咖秀》（2012—2013）、《女人如歌》（2012）、《谁与争锋》（2012—2013）、《我是歌手》（2013）、《中国最强音》（2013）、《呼啦最强音》（2013）、《爸爸去哪儿》（2013） |
| | 脱口秀（5） | 《老同学大联欢》（2001—2002）、《津津乐道》（2006）、《越策越开心》（2005—2008）、《天天向上》（2008—2013）、《电影锋云》（2009—2011） |
| | 体育赛事类（7） | 《体育世界》（1997）、《体坛集锦》（1998）、《体育大观》（1997—1999）、《散打王》（2000—2003）、《动感新1点》（2003—2004）、《国球大典》（2004—2009）、《环塔征途》（2013） |
| | 栏目剧（3） | 《商界惊奇》（2003—2004）、《爱情魔方》（2006—2007）、《少年进化论》《少年成长说》2011） |

| 第三层级 | 第四层级 | 栏目（括号内为播出起止时间） |
|---|---|---|
| | 文艺表演<br>节目（12） | 《灯火阑珊》（《星光灿烂》1997—1998）、《世界文艺荟萃》（1997—1998）、《京剧名家名段》（1997—1998）、《百集相声小品》（1997—1999）、《金光综艺欢乐100》（1998—2000）、《聚艺堂》（1998—2000）、《杂技与马戏》（1998—1999）、《音乐不断歌友会》（1999—2007）、《魔术荟萃》（2000）、《超级歌会》（2006—2007）、《节节高声》（2009—2010）、《喜剧之王》（2011） |
| | 音乐电视<br>（3） | 《金曲贺卡》（1997—2000）、《音乐不断》（1998—2008）、《中国本土歌手MTV大奖赛》（2001—2003） |

从表3可以看出，湖南卫视从开播到2013年，播出的综艺娱乐节目是最多的，社会生活类其次，新闻资讯类最少。每一类节目中各个类型数量也是不均衡的，44档新闻资讯类节目中，消息播报类的数量超过了一半，这与我国电视新闻节目资讯化、实用化的大趋势是相吻合的；社会生活栏目各类别数量差别不大；综艺娱乐节目中真人秀栏目数量占到了一半以上，说明真人秀节目在电视娱乐节目中的重要性。从总体趋势来看，湖南卫视从开播到2013年，播出时间不足一年的有50多档节目，持续17年播出的节目只有两档新闻资讯类节目：《湖南新闻联播》和《天气预报》，综艺娱乐类节目播出持续时间最长的是上星不久开播的《快乐大本营》，生活服务类栏目中播出时间最久的当属《艺术玩家》。但从总数来看，17年间湖南卫视一共播出常规栏目182个，平均每年10.7个，也就是说湖南卫视是平均每年推出近11个新栏目。从这个数字上看，湖南卫视能够成为我国省级卫视的排头兵，其原因就是源源不断的高创新力。


# 第二节　湖南卫视电视栏目演变分时段分析

## 一　湖南卫视电视节目形态演变的三个拐点

就一个事物的发展而言，其发展变化都是有规律的，如果在某一时期，其发展变化的趋势发生了转折，那一定是由某种原因造成的。很多人都会用一个数学名词"拐点"来描述某种情形持续上升（下降）一段时间后开始下降（上升），其实这样的点在数学上不是"拐点"，而是"极值点"。所谓拐点，在数学上是指曲线图形由凸转凹，或由凹转凸的点，正是由于这样的拐点的存在，才会有下一个极值点的发生。

所以我们在探讨一项事物发生发展的规律时，极值点是显现的，是可以在图表中明确观察到的。但是要探讨该事物变化的原因，其发生的点往往不是在极值点，而是在拐点上。

对湖南卫视电视节目形态而言，1997年不是拐点，而是起点。这一年，湖南卫视正式开播。刚上星的湖南卫视和其他省级卫视一样，定位都是"新闻综合频道"，新闻节目、电视剧、故事片是当时播出的主要节目形态。可以说，作为湖南省委省政府宣传窗口，湖南卫视上星第一年播出的节目非常杂，其电视节目形态虽然是多样化的，但和其他省级卫视的节目同质化严重，并没有形成自己的特色。

1998年，以长沙特有的歌厅文化为根基的《快乐大本营》让湖南卫视的娱乐节目成为品牌特色，相亲节目《玫瑰之约》让湖南卫视的生活服务类节目在全国很有名气。以致很多人都认为湖南电视人不会做新闻。但实质上，作为省级电视媒体的排头兵，湖南卫视始终没有放弃对电视新闻节目形态的创新，有很多电视新闻节目在全国具有很高的影响力。正如湖南卫视副台长张华立所言："外人看来，湖南广电尽是一堆做娱乐的人。媒体人，特别是湖南的媒体人其实有强烈的新闻理想。这是外界所不了解的。"[1] 曾因名人、伟人辈出而闻名于世的潇湘大地，陆续涌现出《今日谈》《潇湘晨光》《零点追踪》《财经》《有话好说》《新青年》等新闻资讯类节目。一时间，新闻资讯类节目、综艺娱乐节目和生活服务类节目齐头并进，在数量和质量上都在国内

① 刘一平：《追梦·湖南电视40年·锋芒》（上卷），湖南人民出版社2010年版，第142页。

处于领先地位。

第一个拐点：2001年，典型事件：《有话好说》的停播和凤凰卫视"9·11"事件直播。

在2001年初揭晓的"2000中国电视榜"① 评选中，湖南卫视与央视、凤凰卫视三分天下，成为专家戏称中的"苹果"②。在这次评选中，湖南卫视的《有话好说》栏目在"最佳谈话节目"票选中排名第三，仅次于中央电视台的《实话实说》和凤凰卫视的《锵锵三人行》。也正是《有话好说》栏目，在2001年成为影响湖南卫视调转船头、改变航向的关键内因。

《有话好说》是1999年中湖南卫视推出的一档周播大型现场谈话节目。每期节目以一个真实的新闻事件形成话题焦点，通过新闻事件当事人和嘉宾、观众、主持人之间思想和情感的碰撞，显现出较为清晰的事件本质和社会问题。栏目关注社会、民生和人性、针砭时弊、扬善惩恶，一经播出，就引起较大反响，成为湖南卫视的名牌栏目。

2001年4月底，《有话好说》栏目因为2000年底的一期涉及同性恋的节目选题过于超前以及其他各期存在的问题而被勒令停播③，再加上湖南经视频道《经济环线》栏目2月份播出的三集系列专题《民企2011》播出了中国首届民企论坛上一些不适合的言论，引起上级有关部门的注意，而匆忙停播④。两起事故，让湖南卫视几个栏目停播，不但影响了收视率，也让湖南卫视"调整了新闻中心的班子，对新闻节目进行了深度改革"；3月，新闻评论节目《新闻观察》停播，曾一度更名为《新联播》在黄金时间19∶38播出的《湖南新闻联播》，恢复了

---

① "中国电视节目榜"是国内唯一由非业界媒体主办的电视排行榜，传媒、观众和专家意见"三足鼎立"。"2000中国电视节目榜"是由《新周刊》《南方周末》、新浪网、激动网等单位联合主办的大型观众调查活动。

② 中国电视的格局被不少专家形象比喻为"一个西瓜、两个苹果、一堆芝麻"，西瓜是垄断全国的中央台，苹果是艰难突围的湖南卫视和凤凰卫视，芝麻则是其他尚不成气候的地方台。

③ 刘一平：《追梦·湖南电视40年·锋芒》（上），湖南人民出版社2010年版，第219页。

④ 刘一平：《追梦·湖南电视40年·锋芒》（下），湖南人民出版社2010年版，第69页。

栏目名称和播出时间；7月、8月，推出信息播报类栏目：午间日播的《新闻12点》替代原来《今日报道》、夜间周播的《零点新闻》。虽然做到了早间、中午、晚间、子夜各个时段都有新闻节目，但是新闻节目以消息资讯为主，评论类节目大幅减少。但这也体现了湖南卫视当时"以主攻新闻为重点"的宣传战略。

2001年1月1日，凤凰卫视资讯台的开播，以及凤凰卫视在"9·11"事件中快速全面的48小时直播，是影响2001年成为湖南卫视拐点的外部原因。

2001年9月11日北京时间20点48分，美国纽约世贸大楼遭受恐怖袭击。北京时间21点10分，凤凰卫视在《时事直通车》中插播了有关事件的消息。21时40分，凤凰卫视四个频道并机直播，对事件发生、进展和应对措施跟踪报道，成为事件之后几个小时内许多国人了解事件的唯一信息来源。36小时的现场直播结束之后，凤凰卫视在自己的各个栏目和特别节目中对事件的前因后果、来龙去脉都进行了较为全面、客观的报道。正是这些报道，不光让凤凰卫视在许多国内观众中一举成名，也让国内电视媒体开始反思自己的新闻之路。

对湖南卫视这样的省级卫视频道而言，做新闻节目，上有央视的垄断，下有地面频道的围追，可谓是既缺乏核心资源，又没有核心竞争力。湖南卫视的新闻评论节目虽有创新之举并颇受好评，但容易出错、吃力不讨好且没有足够资源。如果继续"新闻立台""宣传频道"大而全的综合定位，显然湖南卫视的新闻节目从资源到角度都受到限制，都无法与凤凰卫视抗争，更何况还有中央电视台这个"大西瓜"在独霸新闻垄断地位。是哪里跌倒，从哪里爬起，进行新闻反击战，还是另辟蹊径，发挥长处，主打娱乐？

2002年，湖南卫视拉开了第二轮创新的帷幕，"湖南卫视战略定位探讨会"提出"打造最具活力的中国电视娱乐品牌，弃新闻投娱乐，虽然无奈，但这也是唯一明智的出路。2003年初，正式确立了'锁定娱乐、锁定年轻、锁定全国'的战略定位，突出'青春、靓丽、时尚'

的频道特色"①。2004 年，湖南卫视提出"快乐中国"的频道核心理念，湖南卫视电视节目形态的演变出现第二个拐点。

第二个拐点：2004 年，典型事件：湖南卫视提出了"快乐中国"的定位。

和上个拐点不同，这次的拐点源自于湖南卫视内部的反思。

在 2002 年以前，很多人认为，湖南卫视的出名源自《快乐大本营》和《玫瑰之约》，这两档节目比湖南卫视有名。但湖南卫视的目的并不是娱乐，"新闻立台"曾一度是湖南卫视的发展核心，湖南卫视也一直在花大力气重点开发新闻资讯节目新形态，力图表明电视新闻在整体节目结构中的主导地位。调查评论节目《新闻观察》、谈话辩论节目《有话好说》《新青年》、杂志综合节目《乡村发现》《潇湘晨光》无一不是当时独领风骚的优秀新闻节目，湖南卫视在新闻节目上种种举措，清楚地显示了湖南电视在娱乐节目领军内地后探索电视新闻领域的野心与努力。然而《新闻观察》经过多次改版，却难以重现往日辉煌，舆论影响日渐式微；《湖南新闻联播》突破联播模式，改版为由一个人播报的《新联播》，最终却不得不恢复原态；甚至曾准备于 2003 年推出的《新闻走廊》只是在节目预告中昙花一现后就销声匿迹。这一切都表明，地缘优势的极度乏匮，决定了湖南电视无法在新闻信息的来源、制作与开发利用上攀升到与北京、上海等内地一线城市电视媒体新闻视野与新闻理念的高度。

但是湖南有得天独厚的娱乐基础，长沙本土根深蒂固的娱乐风俗和湖南人深入骨髓的娱乐精神为电视湘军提供了丰厚的文化土壤，本土电视先锋湖南经济电视台在电视节目形态上连续不断地创新，也促使湖南卫视把综艺娱乐节目作为重中之重。而对新闻节目，湖南卫视开始借鉴、吸收和改造境外新闻节目制作与编排方式，把本土市井文

---

① 刘一平：《追梦·湖南电视 40 年·志象》（上卷），湖南人民出版社 2010 年版，第 4 页。

化和娱乐文化杂糅到新闻资讯节目当中,娱乐化的新闻节目便成了湖南电视(包括湖南卫视与湖南经视)新闻类节目的主要诉求方向。

湖南卫视呈现出了较强的娱乐节目创新态势,但也遇到了发展的瓶颈,这就是"有品牌优势没有市场优势,有人才优势没有创新优势,有生产优势没有产品优势,有产业优势没有经营优势"[①]。"定位,是我们突破瓶颈的唯一选择。2002年的秋天,我们开了一个内部会议,明确了'立足湖南、面向全国'的定位。"[②] 时任湖南电视台台长的欧阳常林如是说。

经过2002年、2003两年从新闻到娱乐的转型,湖南卫视的频道定位得以完善和丰富。2004年6月,"在一次全国直播的媒介推广会上,湖南卫视第一次正式公开宣称要全力打造'中国最具活力的电视娱乐品牌'。随后,更是公开为频道和产品贴上了'快乐中国'的标签。至此,湖南卫视的频道定位终于有了一个清晰、明确和完整的表述"[③]。这就是"快乐中国"。借此,湖南卫视率先成为全国第一个有着清晰频道定位的省级卫视。

从2004年开始,湖南卫视以"快乐中国"为定位,专心做起了娱乐节目。连续数年,收视率居省级卫视首位。2009年8月,湖南卫视全天收视率更是单月超过央视,成为2005年央视提供收视数据以来,第一个超过央视的地方卫视。2011年,湖南卫视数周收视率超过中央电视台综合频道(CCTV),尤其是周五到周日三天,湖南卫视和央视综合频道之间的差距更为明显,湖南卫视的市场份额几乎是CCTV1的两倍。

第三个拐点:2011年,典型事件:国家新闻出版广电总局颁布了《关于进一步加强电视上星综合频道节目管理的意见》。

2011年10月24日,国家新闻出版广电总局颁布了《关于进一步

① 王庆华:《论湖南卫视快乐创新》,《山东视听》(山东省广播电视学校学报)2006年第3期。
② 欧阳常林:《湖南卫视:娱乐为王》,《广告大观》2004年第12期。
③ 王庆华:《论湖南卫视快乐创新》,《山东视听》(山东省广播电视学校学报)2006年第3期。

加强电视上星综合频道节目管理的意见》，其核心是"针对当前群众反映强烈的部分上星频道电视节目过度娱乐化、格调低俗、形态雷同等倾向而制定出一整套管理措施"①，要求从 2012 年 1 月 1 日起，34 个电视上星综合频道要增加新闻节目时长，开办思想道德建设栏目，控制娱乐节目总量和时长，并明确提出不得单纯以收视率排名衡量播出机构和电视节目的优劣。

国家新闻出版广电总局的初衷无可厚非，但由于明确限制了控制娱乐节目总量和时长，被媒体和观众称为"限娱令"，并招来一片骂声。而且由于湖南卫视是所有省级卫视当中娱乐节目总量最多和时长最长的，所以限娱令对湖南卫视的影响颇大，很多节目都需要整改，所以限娱令又被戏称为"限湖令"。不过从 2012 年的实情看，受限娱令影响最大的确实是湖南卫视。

2011 年，在湖南卫视的历史上，绝对是一个外因起到决定性作用的拐点，也为擅长和国家新闻出版广电总局进行博弈的湖南卫视提出了新的难题。

为了应对 2012 年实施的限娱令，湖南卫视在 2011 年加大了社会生活节目和新闻资讯节目数量，调整了部分综艺娱乐节目的时长和播出时间，"新闻立台"的口号又再一次提到了湖南卫视的会议桌和文件上。

时间飞快地到了 2013 年底，湖南卫视并没有在限娱令后一蹶不振，而是有了新的突破。

## 二 湖南卫视电视栏目数量变化总体趋势

根据上一节对湖南卫视电视栏目的分类，把文艺表演类节目、音乐电视和栏目剧划归到综艺娱乐类里。按照第三层级电视节目形态的分类，统计每一年播出的各类型电视栏目数量，三类节目数量如图 2 所示。

---

① 白瀛：《让电视荧屏更加丰富多彩健康向上——广电总局新闻发言人就〈关于进一步加强电视上星综合频道节目管理的意见〉答新华社记者问》，http://news.xinhuanet.com/politics/2011-10/26/c_111125844.htm，2011-10-26。

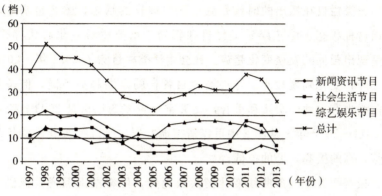

**图 2　湖南卫视各类电视节目年播出数量示意图**

从图 2 可以看出，每一年湖南卫视播出的不同类型栏目数量是不同的，这些数据一方面反映着该年度某类电视播出的总量；另一方面，如果数据前后变化较大则表明在该年度该类型栏目推新较快，变动较大。数据前后变化小说明在该年度类型栏目发展平稳，播出的栏目收视和评价较好。所以数值变化较大的年份是我们研究的关键年份。

按照图 2 的显示，自湖南卫视上星以来，新闻资讯节目、社会生活节目和综艺娱乐节目三大类栏目的数量变化趋势不尽相同。从总体趋势来看，新闻资讯类栏目的数量一直是呈现一种下降的趋势，到 2011 年达到最低点；社会生活类栏目则是正弦波的变化趋势，在 2006 年前变化较为缓慢，2004 年、2005 年、2006 连续三年都是其最低点，只有 4 档该类节目播出，2011 年则是社会生活类栏目的最高峰，有 17 档该类型的栏目在交替播出；综艺娱乐栏目是一种持续增高的变化趋势，1997 年是起点，也是最低点，2011 年是其最高值，这和湖南卫视"快乐中国"的定位是相符的。

三个类别栏目的总计数据变化有起有伏，数据高，说明在该年度各类栏目播出数量多、创新度较高，最高值是播出栏目数量最多的年份，栏目数量在最高值前后的变化趋势相反，如 1998 年、2011 年；数据低则说明在该年度各类节目播出数量少、创新度不高，如 2005 年。

三类栏目在播出的时候是处于此消彼长的状态，图 2 也基本能显现出这种状态。综艺娱乐类栏目和新闻资讯类栏目变化起伏都很大，但呈现出相反的发展变化趋势。社会生活类栏目除了 2011 年、2012 两年之外，变化幅度较小。这三类栏目各自的发展趋势不同，但是其变化曲线也有大致的交叉和重合，交叉重合较多的年份是 2003—2004 年和 2011—2012 年。从图 2 中可以清晰地看到，2011 是变化较为极端的一年，高的极高，低的极低。

根据图 2 中三条曲线变化的大致趋势，可将湖南卫视电视栏目类型数量变化分为四个阶段：1997—2001 年：新闻资讯节目和社会生活节目数量呈上升趋势，综艺娱乐节目呈下降趋势；2001—2004 年：与上一阶段相反，新闻资讯节目和社会生活节目数量呈下降趋势，综艺娱乐节目呈上升趋势；2004—2011 年：新闻资讯节目数量呈下降趋势，社会生活节目和综艺娱乐节目数量呈上升趋势；2011—2013 年：新闻资讯节目数量呈上升趋势，社会生活节目和综艺娱乐节目数量呈下降趋势。

在上一节中，我们分析了湖南卫视电视节目形态演变的三个拐点分别是 2001 年、2004 年和 2011 年，显然这三个拐点刚好是四个阶段的分界年。这说明湖南卫视电视栏目类型数量变化和内外因有着必然的关系，也就是说，湖南卫视的内部因素和外部的政策因素、媒介因素都会导致电视栏目类型数量的变化，从而导致电视节目形态的变化。

## 三　湖南卫视电视栏目数量变化分时段分析

从 1997 年到 2013 年，湖南卫视上星的 17 年是中国社会经济变化最大的 17 年，也是传媒行业变化最大的 17 年，更是电视节目形态变化最大的 17 年。对这 17 年间湖南卫视的电视节目形态演变之所以分时段，一是为了便于表述，二是为了更清晰地再现湖南卫视电视节目形态如何从"新闻立台"成功地转向"快乐中国"的定位。

所以在本章分析中，将湖南卫视短短 17 年的历史分成四个时期：上星初期（1997—2001）、调整期（2002—2004）、稳定期（2005—2011）、"限娱令"后（2012—2013）。

（一）上星初期（1997—2001）：综合定位下的娱乐出彩

上星初期的湖南卫视虽然节目数量众多，但缺乏个性。湖南卫视的前身是湖南电视台第一套节目，1997 年湖南卫视刚上星时，大部分节目是对以前节目的延续，也有为上星专门定做的新节目。

这一时期，新闻资讯节目是湖南卫视播出节目的重心，占到了播出节目的四成以上，娱乐节目的数量变动较多，但比重一直没有超过三成。三档节目的数量及总量和其他时段相比，都是较高的数值，说明这一时期，湖南卫视虽然是以新闻为主，但其他两类栏目的创新力度也不小。

1997 年数据分析：这一年，湖南卫视播出的新闻资讯类节目数量远远高于社会生活节目和综艺娱乐节目，占到了全部播出栏目的 48.7%，社会生活节目和综艺娱乐节目的比重分别只有全部栏目的 28.2% 和 23.1%。这和湖南卫视当时以新闻节目为主体的综合频道定位相一致。

湖南卫视开播的 1997 年，"新闻立台"是大多数电视台的共同追求。作为国家喉舌和政府舆论核心的中央电视台，在政策、资源和人力上都居于垄断地位，电视新闻节目中尤为如此。湖南卫视早期的电视新闻资讯栏目大多是模仿中央电视台的设置，大部分节目是延续湖南卫视上星前湖南电视台的新闻节目构成。如《湖南新闻联播》《晚间新闻》《财经快讯》《经济观点》《中国体育报道》《中国电视动态》《国际体坛珍闻》《国际影坛珍闻》，等等。从这些栏目名称就可以看出，这些栏目走的还是本地宣传、信息汇总的老路子，在地面播出时问题不大，但到了卫视播出，由于缺乏特点，外地观众肯定不感兴趣。

除了新闻资讯节目之外，湖南卫视刚上星时，播出的生活服务类节目只有《中国湖南》（后改名为《你好湖南》）《洋洋大观》《荧屏导视》《人世间》《男孩女孩》《世界杂志》《与动物为伴》《裕兴电脑讲座》八档栏目，其中《洋洋大观》《世界杂志》《与动物为伴》都是国际部采用国外资料制作的类似央视《世界各地》《动物世界》之类的知识性节目，《男孩女孩》是少儿节目，《裕兴电脑讲座》是教育节目，《荧屏导视》是导视类节目，《中国湖南》是对外宣传节目，这些节目和其他卫视节目很相似，很难引发观众的共鸣。这一时期的综艺娱乐节目有《灯火阑珊》（后改名为《星光灿烂》）《体育大观》《金曲贺卡》《非常快乐》《世界文艺荟萃》《京剧名家名段》《百集相声小品》《体育世界》，这些节目大多是文艺节目演出录像集锦和体育比赛录像，缺乏原创性。

这样的一些节目，在上星后自然很难吸引观众的注意。湖南卫视开始创办新的栏目，新闻节目就是创新的突破口。先是在上星不久推出了两档专题式深度报道节目《新闻观察》和《经济视点》。其次是从开阔视野开始创新，把新闻范围拓展到全国，突破了省级卫视新闻节目的地域限制。湖南电视新闻的王牌节目《湖南新闻联播》，在日常节目的内容上既突出"三湘特色"，也不排斥外省信息，题材大多会选择老百姓关心的社会新闻，"且多采取系列报道的形式，注重章回小说式的悬念设置，能吸引观众的收看兴趣"[①]。香港回归、长江三峡工程截流等全方位的立体报道受到各方人士的一致好评。

虽然新闻节目得到湖南省省政府的好评，但真正在全国产生重大影响的是以《快乐大本营》为代表的综艺娱乐节目。1997 年 7 月 11日，一档以明星嘉宾与现场观众表演、游戏为主要形式的娱乐综艺节目出现在湖南卫视的银屏上，这就是以"给观众送去欢乐"为定位的《快乐大本营》。

湖南卫视《快乐大本营》的开播源自本土湖南经视的竞争压力，1995 年底建台开播的湖南经视在综艺、新闻节目首开创新先河，促发

---

① 陈道生、刘颐静：《立足竞争办出特色——湖南、浙江、广东卫视新闻节目观感》，《声屏世界》1999 年第 7 期。

了湖南电视娱乐王国的崛起。在本地取得过 66％ 的惊人收视率的湖南经视"幸运"系列节目就是《快乐大本营》借鉴的原型，更是《快乐大本营》不断变革的动力。随着《快乐大本营》收视率的迅速飙升，湖南卫视在全国观众中有了一定的名气。

这一年中，湖南电视台国际部撤销，对外宣传综合性栏目《中国湖南》改版为《你好湖南》，以"推介今日湖南、展示三湘风采、情系天下湘人、促进友好往来"为宗旨，继续在湖南卫视和美洲东方卫视、美国黄河台播出。

1998 年数据分析：全年湖南卫视总共播出 51 档栏目，是湖南卫视上星 17 年中的最高数值，新闻资讯栏目数量也是历史最高值，但其比重下降到 43.1％。和 1997 年相比，社会生活节目和综艺娱乐节目的数量都有较大幅度提升，比重分别上升到了 27.5％ 和 29.4％。也就是说，这一年湖南卫视在节目创新方面势头很足，以开拓创新的精神全力打造新的品牌栏目，除了综艺娱乐节目之外，一批优秀的新闻栏目和社会生活栏目让湖南卫视被评为最受观众期待的电视台。

虽然湖南卫视的娱乐节目名声在外，但湖南卫视的定位并没有转化到娱乐立台，而是继续定位于以新闻资讯为主的综合频道。1998 年 7 月 1 日，湖南卫视开办了《体育新闻》栏目，播报全球体坛资讯。由于湖南缺乏电视体育资源，也缺乏做体育的氛围，该栏目一直缺少特点，于 2002 年 4 月停播。1998 年底，凭借娱乐节目已经在全国产生重大影响的湖南卫视把《晚间新闻》栏目作为新闻改革的突破口，对其实行总制片人制，改版后的《晚间新闻》以"新、奇、特"为栏目定位，成为中国另类新闻节目的先锋。《晚间新闻》和 1995 年创办的《乡村发现》在 1998 年年底成为湖南卫视继《快乐大本营》和《玫瑰之约》之后风靡全国的新闻资讯栏目。

以新闻资讯为主的综合定位和已经在全国占据优势的娱乐节目之间必然存在矛盾，湖南卫视 1998 年初开播的《潇湘晨光》就在"新闻"和"娱乐"之间摇摆。《潇湘晨光》虽然是一档融新闻、财经、文体为一体全程直播的大型早间新闻杂志类栏目，但其独家参与的新丝路中国模特大赛、中国模特专业 10 年庆典等活动，为湖南卫视的娱乐节目积聚了人脉。"《潇湘晨光》以早间为据点，相继创办了《完全新时尚》《全球娱乐通》《娱乐无极限》《音乐不断》和《音乐不断歌友会》等一批在国内有影响力的电视节目。"①《潇湘晨光》的状况典型地反映出湖南卫视上星初期在战略定位上的犹豫不决。

与新闻资讯栏目的各种创新尝试相比，湖南卫视当年推出的社会生活节目和综艺娱乐节目也不少：脱胎于《潇湘晨光》的《音乐不断》以播放音乐电视为主，很快成为流行音乐的发布阵地；《聚艺堂》融戏曲、歌舞、曲艺、民间绝活于一体，成为戏曲表演类综艺节目的奇葩。最受关注的是 1998 年 7 月 16 日开播的相亲交友速配节目《玫瑰之约》，更是迅速成为人们街谈巷议的热门话题，这档节目和《快乐大本营》一起造就了湖南卫视在全国观众心目中娱乐大台的形象，也奠定了湖南卫视在全国省级卫视中的霸主地位。

到 1998 年底，随着新节目的出现，那些与其他电视媒体相似的节目基本不见了，湖南卫视的电视节目形态开始有了自己的特色。

虽然电视剧不是本书研究的对象，但是 1998 年有一部电视剧不得不提，这就是根据琼瑶同名小说改编的《还珠格格》，该剧是由台湾怡人传播有限公司和湖南经济电视台合作拍摄的系列电视连续剧，1998 年播出第一部。《还珠格格》开创了中国内地真正意义上的银屏偶像，数年寒暑假期间在湖南卫视屡次重播，是中国重播次数最多的电视剧之一。此剧的播出也让自制和独播成为湖南卫视电视剧播出的重要特色。

1999 年数据分析：与上年相比，这一年的各项数据都有所回落。由于综艺娱乐节目数量的减少，导致总栏目数降低到了 45 档，也使得

---

① 刘一平：《追梦·湖南电视 40 年·锋芒》（上卷），湖南人民出版社 2010 年版，第 175 页。

新闻资讯栏目和社会生活节目的比重分别上涨到 42.2％和 31.1％，娱乐节目比重下滑到 26.7％。从节目数量上可以看出湖南卫视定位的反复和犹豫。

1999 年，湖南卫视延续娱乐节目的成功经验和优势，推出了日播的娱乐新闻节目《全球娱乐通》，开播了快乐系列综艺娱乐节目《快乐新战线》和从《音乐不断》衍生的新栏目《音乐不断歌友会》；与此同时，成功推出了大型现场谈话节目《有话好说》、青年谈话节目《新青年》、警事追踪栏目《零点追踪》等一批不同类型的栏目，开辟了湖南卫视除了综艺娱乐之外的另外一片天地。

湖南卫视唯一一档以农业、农村、农民为对象的栏目《乡村发现》在这一年开始按板块设置，以独特的叙事方式和语言立足农村、跳出农村看农村，以奔跑的姿势见证着乡村大地的巨变。

但是地域限制使得湖南卫视的新闻节目注定无法在来源和制作上达到央视的视野和高度，所以具有本土市井文化的民生新闻和以娱乐圈为关注对象的娱乐新闻成为湖南卫视新闻节目的主攻方向。随着中国实体经济欣欣向荣，充满商机的经济新闻节目也越来越多地出现在省级电视媒体的银屏上，湖南卫视也不例外。1999 年，湖南卫视播出的新闻资讯节目中，经济类的有 4 档，文体类的有 3 档，民生类的有 5 档。

2000 年数据分析：和上一年相比，这一年的数据变化不大，播出的新闻资讯节目增加了 1 档，综艺娱乐节目减少了 1 档，社会生活节目没有变化，总量减少了 2 档，新闻资讯节目的比重提高到了全部节目的 44.4％，综艺娱乐节目的比重继续下跌到 24.4％。

2000 年 1 月 3 日，《今日报道》栏目中的子栏目《新闻点评》更名为《今日谈》，从《今日报道》中单独出来，每天在《今日报道》之后播出，时长 15 分钟。《今日谈》栏目是一档新闻脱口秀，以谈话的形式对当下最热门的新闻事件进行评论，推崇最有见地的新闻观点。

这一年，湖南卫视的经济类节目《今日财经》于 2000 年初改版，更名为《财经》，该栏目吸引了中国众多股民，成为当时股票证券节目的领头羊。

2000 年 5 月 1 日，直播节目《娱乐无极限》整合了原有的娱乐新闻资讯节目，在湖南卫视开播，成为国内第一档常规日播的娱乐新闻资讯节目。随后，贴近生活、服务消费者的《周末生活》停播，取而代之的是文化旅游节目《湘女出行》。和国家体育总局合办的年度赛事《散打王》也在这一年播出，成为省级卫视体育节目娱乐化的试点。

2001 年数据分析：这一年，湖南卫视新闻资讯类节目数量有所减少，但由于栏目总量的减少，其比重上升到全部栏目数量的 45.2%，社会生活栏目的比重也上升到这一时期的最高值 35.7%，娱乐节目数量减少幅度较大，比重则到了最低值 19.0%，这说明该年度，娱乐节目创新力度降低，推出新栏目较少。

突如其来的第一个拐点让湖南卫视的新闻资讯节目有了大幅度的调整，节目类型以消息播报类为主，加上一些行业性质的专题栏目，节目内容非常杂，这也体现了当时宣传频道、以新闻为主的综合频道的定位。在拐点到来后，湖南卫视还是全面执行"以主攻新闻为重点"的宣传战略，娱乐优势和特色并没有被及时强化和锁定。

2001 年推出的新栏目中，湖南卫视自制的综艺娱乐节目只有 2 月 5 日开播的《中国本土歌手 MTV 大奖赛》。湖南经视打造的《真情》栏目在中央电视台国际频道播出一年之后，这一年开始在湖南卫视播出，使得《真情》这一情感谈话类节目迅速在全国走红，也成就了日后湖南卫视的"一哥主持"汪涵。

这一年，湖南卫视遇到了第一个拐点。如下所示是 2001 年 2 月 11 日星期日 12：00—23：00 的节目表：

12：00　《音乐不断》

13：26　《玫瑰之约》

15：10　《快乐大本营》

16：50　《乡村发现》

17：32　《男孩女孩》

18：30　《湖南新闻联播》

20：20　《玫瑰之约》

21：55　《卫视中间站》

由这张节目表可以看出湖南卫视自办节目已经各具特色，周末节目全部是自办节目，既有新闻资讯节目《湖南新闻联播》《乡村发现》，又有社会生活节目《玫瑰之约》《男孩女孩》《卫视中间站》，更有综艺娱乐节目《音乐不断》《快乐大本营》。但是在拐点之后，有5档新闻资讯栏目和6档社会生活栏目停播，湖南卫视进入调整期。

（二）调整期（2002—2004）：从新闻到快乐的转型

在第一个拐点之后，2002年，湖南卫视启动第二轮创新。

在当年召开的"湖南卫视战略定位研讨会"上，湖南省广播电视局在总结第一轮改革经验的基础上，坚持宣传创新，明确提出"全局保卫视"，将湖南卫视作为全局第一资源、核心竞争力来打造，确定了湖南卫视"强化娱乐特色、面向全国"的战略定位。同时提出"1—3—3"整合方案，1个卫视独立存在，退出本土竞争，争夺全国收视份额；经视、都市、生活3个频道紧密型打捆整合为新的湖南经济电视台；娱乐、电视、体育3个频道松散型打捆，这些频道的较好的节目可以在湖南卫视向全国播出。这次湖南广电内部的媒体资源整合，遏制了湖南电视资源内耗、恶性竞争的局面，地面频道成为湖南卫视的后援，湖南卫视初步确立了"以娱乐、资讯为主的个性化综合频道"的发展方向，开始主攻全国市场。

这一时期，综艺娱乐节目数量上升，新闻资讯栏目和社会生活栏目数量下降，节目总量呈下降趋势，说明湖南卫视在综艺娱乐节目的创新上投入较大。

2002年数据分析：与上星初期相比，这一年所有类型栏目的数据都急剧下降，栏目总量35档。年内新开播的栏目少，停播的栏目多。新闻资讯栏目15档，1档新栏目开播和6档栏目停播的差距，意味着新闻资讯栏目的缩减。社会生活栏目11档，有2档新栏目开播、有4档栏目停播；综艺娱乐栏目9档，有2档新栏目开播、有3档栏目停播。这些数据说明，这一轮湖南卫视的改革是大刀阔斧的。

湖南卫视的节目开始向着"快乐"转型，首当其冲的是一系列经济栏目。《财经》节目先是时长被压缩为7分钟，时段被移到晚上11点多，异地直播室被撤销，栏目一步步被边缘化，直至2002年12月25日，在播完最后一期报道后停播。这一年，由于频道整体定位的转移，湖南卫视先后停播了《体育新闻》《卫视经济报道》《零点新闻》等新闻节目。然而对时政新闻的重视并没有停止，2002年"两会"期间，湖南卫视在北京设立直播室，与长沙直播机房连线直播，每天两档节目对全国"两会"进行直播。

大型综合性经济周刊《入世中国》是这一年唯一开办的新闻栏目，也是湖南卫视寿命最短的新闻栏目。大型益智竞猜节目《得失之间》是当年播当年停、存活不长的综艺娱乐节目，与其命运相同的还有社会生活节目《我的2008》。

这一年湖南卫视最受关注的娱乐事件是由《乡村发现》推出的"美丽村姑选拔赛"，这场选秀活动也是湖南卫视选秀节目的发端，被业界评为年度十大最有创意的节目。

随着自办节目的调整，湖南卫视黄金时段播出的节目主要以电视剧为主，只有周末的黄金时间播出三档自制栏目：《快乐大本营》《玫瑰之约》和《真情》。而一档新的电视偶像选秀节目，依托电视金鹰节的强势品牌开始播出，这就是以打造中国电视新星的造星工场为己任的直播节目《金鹰之星》。

2003年数据分析：与上年相比，各项数据再度降低，新闻资讯节目比重为39.3%，第一次降低到了40%以下；综艺娱乐节目首次占到全部节目数量的30%以上，为32.1%，湖南卫视对节目进行大范围调整，与定位无关的节目全部退出频道，电视节目形态创新的重心开始从新闻向娱乐转移。

2003 年，伊拉克战争和"非典"报道曾掀起我国电视新闻节目的一个收视高峰，缺乏新闻信息源的湖南卫视并没有因为这些新闻而崭露头角。新闻已经开始在湖南卫视的屏幕中退缩，《潇湘晨光》《今日谈》等新闻节目"集体下课"。但退缩并不意味着放弃，取而代之是新闻性较弱的节目。杂志综合类节目《封面》《象形城市》和情感故事栏目《背后的故事》的开播意味着湖南卫视电视节目新闻视角的转移。如同栏目名称一样，《背后的故事》中没有大事件的正面报道，只有新闻背后、人生背后、爱情背后、生死背后的大情感、大境界、大感动。节目开播不到一年就被《新周刊》评选为 2003 年度最佳谈话节目，被国家新闻出版广电总局评为百佳电视栏目。同样纪实，但远离新闻现场的还有中国第一档现代商战拍案惊奇系列纪实栏目剧《商界惊奇》。

这一年，主流精英谈话栏目《新青年》改版为求职招聘真人秀节目，《中国本土歌手 MTV 大奖赛》并入《音乐不断》，年底，子夜一点档的体育专题节目《动感新 1 点》开播。这一年，《玫瑰之约》休耕停播。

也就是在这一年，湖南卫视的收视率开始在全国 38 个省级卫视中排名第一，在全国所有卫视中，仅次于央视一套、八套、六套、三套、五套。

2004 年数据分析：这一年的数据较上年有增有减，新闻资讯栏目和社会生活栏目数量下降，综艺娱乐节目数量开始超过新闻资讯节目，占全部栏目数量的 46.2%，社会生活栏目和新闻资讯类节目的比重分别降为 15.4% 和 38.4%。

2004 年，湖南卫视推出"快乐中国"的频道核心理念，改呼号为"中国湖南卫视"，力图实现"全国收视、全国覆盖、全国品牌、全国影响"，"打造中国最具活力的电视娱乐品牌频道"。为此，湖南卫视对栏目进行重新编排，对原有节目做加减法，强化频道特色。

财经新闻栏目《财富早七点》开播，面世不久的《封面》《象形城市》与《新闻 12 点》年底合并为《播报多看点》。除了《湖南新闻联播》，这一时期湖南卫视的其他几档新闻资讯栏目都淡化硬新闻，完成了向"快乐"定位的转移。

有了湖南地面频道作为后援，湖南卫视一口气推出六档娱乐节目：《玫瑰之约》再度起航，节目降低服务性，彰显娱乐化，由"红娘"变为交友俱乐部，节目类型也由生活服务节目转化为综艺娱乐真人秀；《新青年》全新改版为注重"新、奇、特"的大众娱乐擂台秀节目《谁是英雄》；以中学生为参与对象的《超级小英雄》携经视"超级"系列之高人气在卫视播出；集国际体育竞技和群众体育秀为一体，融民间海选、乒乓嘉年华和世界顶尖乒乓赛事直播为一身的高低端互动体育竞技节目《国球大典》正式开拍；最为重要的是开"大众选秀"先河的《超级女声》在这一年也从娱乐频道移师到湖南卫视。至此，湖南卫视开始了一轮横扫全国的快乐旋风。

以下是2004年11月28日星期日14：00—23：00的节目表：

14：00《金鹰之星》

15：00《快乐大本营》

16：45《天龙八部》（电视剧）

17：50《娱乐无极限》

18：15《音乐不断》

18：30《湖南新闻联播》

19：35《天龙八部》（电视剧）

20：30《金鹰之星》

22：10《背后的故事》

从节目表可以看出，电视剧再度回到了湖南卫视的黄金时段，周日播出的自办节目数量和时长都有所缩减。湖南卫视自2001年开始缩减新闻节目以来，晚间黄金时段播出的节目主要是电视剧，其次是综艺娱乐节目，如上节目表显示，湖南卫视节目重心顺利地从新闻转移到了娱乐，电视剧也成了湖南卫视节目编排播出考虑的重要因素。

（三）稳定期（2005—2011）：快乐中国的持续化发展

湖南卫视自2004年确立"快乐中国"的核心理念之后，从2005

年到 2011 年，湖南卫视电视栏目发展平稳，总量变化总体呈现上升趋势，其中新闻资讯类栏目年播出栏目数量逐年降低，其他两类栏目播出数量逐年提升，社会生活栏目变化幅度不大，综艺娱乐栏目数量远高于其他两类栏目，说明湖南卫视在坚持"快乐中国"的核心理念的进程中，并没有不思进取吃老本，而是一直致力于综艺娱乐的节目的创新和研发。

2005 年数据分析：这一年湖南卫视播出的电视栏目是上星 17 年中最少的，只有 22 个栏目。在"娱乐中国"的定位统率下，新闻资讯栏目大幅减少，首次跌破到个位数，比重降到了 31.8%，这种局面一直延续至今；社会生活类栏目和综艺娱乐栏目数量与上年比变化不大。

从 2005 年到 2008 年，湖南卫视播出的新闻资讯栏目一直没有变化，老牌节目《湖南新闻联播》《天气预报》《晚间新闻》《乡村发现》《娱乐无极限》，以及上一年开播的《财富早七点》和《播报多看点》。栏目没增没减，但栏目的内容时时在发生变化。

经典栏目《湖南新闻联播》在 2005 年就宋楚瑜访问大陆"连续推出了五场直播、两场转播，还插播了 4 次共 70 分钟的特别报道"①，在所有媒体报道中脱颖而出。新开播的《播报多看点》并不想成为互联网时代单一的泛资讯栏目，而是通过阶段性的特别活动和特别节目来扩大栏目的影响力。

2005 年，社会生活类栏目《卫视中间站》停播，取而代之的是由杨澜的阳光文化公司制作的《天下女人》，该节目也是湖南卫视在 2005 年增加的唯一一档社会生活栏目。

2005 年，对湖南卫视而言，是一个新时期的开始。这一年，湖南卫视自制节目将七大自办节目一线打通，《真情》《背后的故事》《天下女人》《玫瑰之约》《音乐不断歌友会》《金鹰之星》《谁是英雄》安排在每晚 21：30 播出，打造晚间"快乐中国 930"栏目带，建立了"以

---

① 刘一平：《追梦·湖南电视 40 年·锋芒》（上），湖南人民出版社 2010 年版，第 14 页。

《快乐大本营》《玫瑰之约》为首的旗帜品牌栏目与其他新老栏目之间的内在联系，使它们能够相互支持，成为一个有机的品牌体系"[1]。这一年，湖南经视的王牌栏目《越策越开心》登陆湖南卫视晚间档，由市井话题、方言笑话、影片剪辑、音乐演绎等组成的《越策越开心》迅速成为风靡全国的"最具民间智慧电视脱口秀"[2]。这一年，作为一档无门槛的音乐选秀节目，草根海选的《超级女声》在短短时间内成为国内娱乐界、电视界最热门的话题和最引人注目的事件，让电视观众不仅仅是看客，更是成为这一超级造星事件的参与者。《超级女声》用最大众的方式把湖南卫视推向又一个娱乐巅峰，也调动了整个时代的情绪，《超级女声》冠军李宇春，登上美国《时代周刊》封面，成为世界眼中的"中国标志"。随后，《快乐大本营》栏目组策划推出的《闪亮新主播》，将《超级女声》中的PK延续到了每个周末，并为《快乐大本营》选拔出两位新主持人。

2005年，湖南卫视独家首播的韩国电视连续剧《大长今》再次引发收视高潮，也引发了新一轮的韩剧热潮和又一次的韩流，独家首播、自制独播成了湖南卫视播出电视剧的特制标签。

2006年数据分析：2006年湖南卫视电视栏目的变化主要是综艺娱乐栏目有所增加，新开播6档栏目，增幅为33%，所占比重上升到59.3%，远远高于新闻立台定位时期的新闻资讯节目比重，新闻资讯栏目和社会生活栏目既没有新栏目开播，也没有旧栏目停播，新闻资讯栏目在所有栏目中所占比重更是下降到了25.9%，但这并不是最低值。

这一年，湖南卫视新闻资讯栏目数量虽然没有变化，但节目的形态一直在发生变化。《晚间新闻》更名为《晚间》，以区别于一般的电视新闻栏目，更强化其杂志特性。《播报多看点》开始加大时政报道力度，每年针对"两会"进行重点策划，"火车快跑上北京""弯道超车

---

① 李水平：《电视湘军品牌战略研究》，湖南师范大学2005年版。
② 《新周刊》2006年中国电视节目榜所颁发的奖项。

之活力午餐会"等系列报道让两会代表应时应点地与观众互动。《播报多看点》也是湖南卫视的"创新试验田",一直致力于真实类节目的创新,其研发的角色互换真人秀节目《变形计》在2006年发展成独立的季播栏目。

2006年,湖南卫视开播了一档走出演播厅的大型歌会栏目《超级歌会》,制作了多场独具特色的大型演唱会。开播的另外两档娱乐节目各具特色:栏目反转剧《爱情魔方》是年度重点推出的创新节目,音乐真人秀节目《名声大震》是湖南卫视第一档按季播制作的节目,两档节目播出后都有较好的收视率。

为了迎接2008年北京奥运会,2006年,湖南卫视推出了两档全面健身的竞技节目:一档是成人户外竞技的真人秀节目《我是冠军》,另外一档是由教育部主办,湖南卫视和中国教育电视台合办的针对小学生的竞技节目《阳光伙伴》。

2006年,湖南卫视调整节目编排。将"快乐中国930"调整为"快乐中国730",多档自办节目于每晚19:35播出,时长80分钟,原来19:35播出的《金鹰剧场》调整到每晚22:00,打造出一个收视"后"黄金时段,也形成了《金鹰独播剧场》"时尚、轻松、欢快、青春、励志"的特质。这一时段,也变成了湖南卫视聚集年轻观众的一个具有战略意义的收视重地。

2007年数据分析:2007年的新闻资讯节目没有变化,社会生活栏目和综艺娱乐栏目分别比上年多了一档,综艺娱乐栏目的比重占到了58.6%,新闻资讯节目的比重继续下滑,为24.1%。

2007年春节,湖南卫视携同快乐购,推出了大年初一至元宵节每天三档直播互动派福送礼节目——《好运连年》,这也是这一年唯一增加的一档社会生活类栏目。

这一年湖南卫视节目变动较大,《真情》栏目改为季播,5档节目在上年停播,有6档新栏目在该年开播。《舞动奇迹》是英国BBC授权,湖南卫视和香港TVB联合打造的全明星舞蹈竞技节目,《超级女

67

声》变身为《快乐男声》,《想唱就唱》午间播出的"快男"特别节目,以最权威的官方视角为观众解读《快乐男声》的台前幕后。

由于北京奥运会的临近,湖南卫视越来越重视体育与娱乐的完美结合,这一年开播了三档与健身有关的栏目:《勇往直前》《足球小子》《瘦身魔方》,加上上一年的《我是冠军》,使得竞技变成该年度电视节目形态的主旋律。

2008年数据分析:这一年湖南卫视播出的各类栏目都有所增加,新闻资讯栏目多了1档,社会生活栏目年内停了1档,新开播了2档,新开播了8档综艺娱乐栏目,由于上年内有7档综艺娱乐栏目停播,所以总数量只多了1档。

由于2007年中国股票大涨,使得财经类节目再次受到关注,湖南卫视2008年新开播的新闻资讯节目就是以财富为主题的现场谈话栏目《听我非常道》。在这一年内,《晚间》停播,《财富早七点》停播。

这一年内新开播的社会生活栏目是《快乐心灵·说出你的故事》和《零点锋云》。《快乐心灵·说出你的故事》是《鲁豫有约》团队携手湖南卫视打造的名人访谈节目,《零点锋云》是一档原创高端文化节目,这档栏目的开播意味着湖南卫视打造夜间高端文化节目带的开始。

2008年,因汶川地震湖南卫视的综艺娱乐节目停播了两个月,也是湖南卫视自《超级女声》以来第一年没有选秀节目。

为了北京奥运会,湖南卫视专门打造了两档节目:《快乐2008》和《奥运向前冲》。《快乐2008》是国内第一档直播互动竞赛游戏节目。迎奥运特别节目《奥运向前冲》是一档大众参与、融娱乐与竞技于一身的大型户外竞技类节目,也是省级卫视中第一档以奥运为主题的节目。由于国家新闻出版广电总局7月28日的一纸限令①,在奥运会即将开幕时,《奥运向前冲》改名为《快乐向前冲》。北京奥运会结束后,湖

---

① 在该文件中,国家新闻出版广电总局要求除央视外,地方台节目尤其是娱乐节目一律禁用"奥运"字眼。

南卫视推出了《快乐向前冲》的"加强版"——《智勇大冲关》。这几档节目以其独有的亲民路线，掀起了一场全民大狂欢。

2008年，湖南卫视从荷兰购买全部版权，开播了一档益智类节目《以一敌百》，集中凸显1个人对垒100个人的智力对抗；年底推出全民K歌合唱节目《挑战麦克风》来应对浙江卫视的《我爱记歌词》；重点推出的礼仪公德脱口秀《天天向上》一经播出就成为周末黄金时段全国收视前三，也成为湖南卫视娱乐节目的又一经典栏目。

2008年，《汉语桥》世界大学生中文比赛落户湖南卫视，湖南卫视以专业的电视运作，将世界大学生中文比赛打造成了一档具有国际影响的电视节目，既扩大了比赛的影响力，又提升了电视频道的文化品位。

2009年数据分析：2009年，湖南卫视继续开发新的综艺娱乐节目，有7档新栏目开播，比重达到了58.1％；社会生活栏目第一次超过新闻资讯栏目，新闻资讯节目栏目比重再次下跌，为19.4％。

2009年的"两会"期间，《湖南新闻联播》将高清卫星转播车队开进了北京城，这支车队是地方台技术力量最为强大的新闻直播车"集群"，强有力的技术保障使得湖南卫视在重大事件的直播中不再失声。

《乡村发现》在停播了近一年后于2009年再次改版，和上一年停播的《晚间》原班人马一起打造改版后的《发现》，这是湖南卫视上星后，《乡村发现》的第四次改版，和往常改版的原因一样，是要与湖南卫视频道的快乐定位相符。改版后的《发现》内容趋于大众化、视角趋向都市化，呈现出明显的娱乐化倾向。

2009年，湖南卫视推出的几档娱乐节目依然掀起收视高潮：《超级女声》连续三届之后在2009年更名为《快乐女声》，10期节目都是同时段全国收视第一；独家引进英国电视模式《take me out》版权的真实交友节目《我们约会吧》，打造了一场拥有快乐氛围和开放结局的单身潮人互动真人秀；趁刘谦近景魔术火爆央视《春晚》的余威推出的刘谦与汪涵合作主持的大型互动型魔术节目《金牌魔术团》，让魔力持续散发；为了延续奥运期间大型户外竞技节目《快乐向前冲》和《智勇大冲关》的收视佳绩，又一档家庭竞技趣味节目《全家一起上》吸引了从少年到老年广泛的收视群体。由于汶川地震和北京奥运，2008年制作的《瘦身魔方》第二季在 2009 年 11 月才得以在湖南卫视后晚间时段 0：15 分播出，并取得同时段收视第一的好成绩。

2009 年起，湖南卫视加大了社会生活类节目的创新力度，接连推出两档节目：聚焦青少年成长情感故事的栏目《8090》和生活智慧类脱口秀节目《百科全说》。两档节目，不同的受众，却获得观众一致好评。

2010 年数据分析：2010 年，湖南卫视播出的新闻资讯节目继续减少，5 档节目在当年全部播出栏目中的比重只有 15.6％；年内新开播了 3 档社会生活栏目，其数量和比重继续增高，比重为 28.1％；综艺娱乐节目继续保持旺盛的创新能力，年内有 3 档新栏目开播。

2010 年，湖南卫视新开播的 3 档社会生活节目都是生活服务类节目：《我是大美人》是湖南卫视首档大型女性时尚美妆类栏目；《锋尚之王》是国内首档高品质的时尚、高端男性品位节目；《越淘越开心》是国内首档电视网络互动的娱乐综艺秒杀购物节目。三个栏目，不同的题材，不同的目标受众，彰显湖南卫视电视节目形态创新的勃勃野心和无限能力。

新开播的 3 档综艺娱乐节目都是真人秀节目：《芒果训练营》用纪实的方式记录了普通人成为明星的幕后培养过程；《我要拍电影》则是全民甄选导演；《我在你身边》是一档全新理念的开放式互动情感真人秀节目。同样的真人秀，不同的涉猎范围，不同的议程设置，却无法重现《超级女声》的辉煌。

这一年中，经历了数次改版的《发现》最终停播。到年底，新闻资讯栏目缩减为 4 档，成为历史最低数据。

2011 年数据分析：2011 年，没有新的新闻资讯节目开播，所以数量维持在上年年底的 4 档，在所有播出栏目中的比重降低到 10.8％，这是湖南卫视上星后播出新闻资讯栏目数量和比重最低的一年；这一年有 9 档新的生活服务类节目开播，使得本年播出的社会生活类栏目达 17 档，比重为 45.9％，首次成为三类栏目的最高；这一年新开播的综艺娱乐节目少于停播的该类节目，使得年播出 16 档综艺娱乐栏目，这也是自 2003 年以来，综艺娱乐节目数量首次少于社会生活节目。

2011 年，湖南卫视打造播出季：新年合家欢季、幸福生活季、青春偶像季、金色梦幻季，在打造王牌节目的同时，以众多的社会生活节目丰富 730、830 节目带，展开零点主流人文带。

元旦刚过，湖南卫视就推出了中国第一档趣味解读姓氏文化节目——《非常靠谱》；中国第一档代际相亲情感互动节目《称心如意》是"幸福生活季"的开端，生活方略体验类节目《好好生活》则是"幸福生活季"的继续。零点开播的《博物馆奇妙夜》是一档围绕博物馆文物和历史谜案的大型文博类电视节目。《岳麓实践论》则是一档高端谈话类节目，名为《最高档》的其实是引入英国 BBC 的一档汽车节目。中国第一档民生公益慈善微帮助节目《帮助微力量》先是以直播的方式播出，后来改为录播播出。

也就是在这一时期，民间盛传国家新闻出版广电总局将要发布"限娱令"，湖南卫视改变节目编排策略，青春偶像季改为红色偶像季，金色梦幻季改为和谐感恩季。在节目的创新上，继续加大社会生活节目的创新力度。

9 月的"和谐感恩季"主推两档社会生活类节目：一档是中国第一档代际沟通伦理道德节目《那是我妈妈》，另外一档是家政服务真实选择节目《把谁带回家》。

在全力打造新的社会生活类节目形态的同时，湖南卫视并没有停下综艺娱乐节目创新的脚步。新年伊始，就推出了周日大型新概念新玩法的综艺节目《给力星期天》。对这档节目，湖南卫视寄予厚望，想打造成湖南卫视周末档的又一王牌节目，与《快乐大本营》和《天天向上》形成三足鼎立，无奈生不逢时，只播了一季就杳无踪影。

《喜剧之王》是湖南卫视在 2011 年初推出的一档全新综艺娱乐节目，也是国内第一档全新的创意喜剧秀。《少年进化论》则是湖南卫视对综艺娱乐节目形态的又一新的尝试，但其过于超前的节目形态也影响了整个栏目的收视效果。

由于"限娱令"的颁布，到 2011 年底，湖南卫视有 8 档综艺娱乐节目和 5 档社会生活类栏目停播，保留的一些栏目，也转移到了零点以后播出，黄金时间被越来越多的电视剧所占据。表 4 是 2011 年"限娱令"后两个周日中午到晚间的湖南卫视节目播出表。

**表 4**             **湖南卫视 2011 年节目表**

| 2011 年 7 月 10 日，星期日 | 2011 年 12 月 11 日，星期日 |
| --- | --- |
| 12：00　电视剧 | |
| 13：00《快乐大本营》 | 12：40《快乐大本营》 |
| 15：30《青春独播剧场》 | 15：00　电视剧 |
| 17：20《越淘越开心》（重播） | 17：20《越淘越开心》 |
| 18：30《湖南新闻联播》 | 18：30《湖南新闻联播》 |
| 19：00《新闻联播》 | 19：00《新闻联播》 |
| 19：30《智勇大冲关》 | 19：30　电视剧 |
| 20：25《少年进化论》 | 22：00　电视剧 |
| 22：00　电视剧 | |

从两张节目表可以看出，湖南卫视节目安排在"限娱令"前后变化较大的是晚间黄金时段，"限娱令"前以自制娱乐节目为主，"限娱令"后以电视剧为主，显然电视剧这一中国电视媒体应对各种政策、危机的万灵药再次发挥了作用，在播出电视剧的缓冲之下，湖南卫视面临新的选择，是娱乐到底，还是回到"新闻立台"的老路上来？

（四）限娱令后（2012—2013）："新闻立台"回归中的娱乐反击

早在"限娱令"正式颁布前，坊间就有传闻国家新闻出版广电总局要限制娱乐节目，所以湖南卫视在 2011 年就推出了 9 档社会生活栏目，但收视效果不容乐观，9 档节目中有 5 档当年停播。在"限娱令"后的 2012—2013 两年当中，湖南卫视先是把节目创新的重心放在社会生活节目上，所以 2012 年湖南卫视播出的社会生活栏目是最多的，但叫好不叫座的收视状况，再加上 2012 年浙江卫视《中国好声音》引发的收视狂潮，让湖南卫视开始了又一轮的娱乐反击。

2012年数据分析：2012年之于湖南卫视来说既有"限娱令"的束缚，又有束缚之下的创新和收获。这一年，播出的新闻资讯节目开始增多，7档节目的数量是稳定期播出新闻资讯节目的平均值；综艺娱乐栏目开始减少，栏目播出数量与社会生活类栏目持平；社会生活类栏目仍然是节目形态创新的主要阵地。

2012年元月一日，"限娱令"开始实施，为了满足国家新闻出版广电总局"每个电视上星综合频道每日 6：00—24：00 新闻类节目不得少于 2 小时；18：00—23：30 必须有两档以上的自办新闻类节目，每档新闻节目时间不得少于 30 分钟"①的要求，湖南卫视的节目向"新闻立台"回归，但是这次回归不是回到传统电视新闻的老路上，而是坚持不断研发创新，一批优秀的电视新节目在获得了较高的收视的同时，也引起了社会和观众的好评。

新年伊始，湖南卫视一口气推出了三档以新闻命名的新栏目：每周一至周五 18：00—18：30 播出的《新闻公开课》是一档由大学生亲手操盘的新闻评论栏目；《新闻当事人》则是全国第一档"80后"青年发声新闻节目；《新闻大求真》虽然有"新闻"之名，却是一档传言求证节目。与此同时，湖南卫视重新打造早间新闻资讯带，新开播出的《播报早看点》是湖南卫视午间新闻节目《播报多看点》的早间版，填补了自《潇湘晨光》之后湖南卫视早间新闻节目的空缺。

2012年，湖南卫视社会生活类节目的创新力度降低，2011年播出的节目有 7 档在 2012 年内停播，这一年只推出了三档新栏目：《平民英雄》是 2012 年岁首重磅推出的公民道德节目；《办法三人组》是一档以典型案例为载体，普及法律知识，让老百姓在精彩的故事中了解法律知识的法制节目；《完美释放》则是一档全民身心减压励志节目。

---

① 《广电总局将加强电视上星综合频道节目管理》，http：//www.sarft.go v.cn/articles/2011/10/25/20111025170755801010.html，2011－10－25。

虽然有"限娱令"的限制，湖南卫视并没有放弃娱乐节目，而是利用一切可能进行综艺娱乐节目的创新，除了赢得无数好评的《变形计》再度播出之外，这一年，湖南卫视又有7档新栏目开播：首档大型直播音乐竞赛类慈善节目《天声一队》是2012年开年第一档直播的综艺娱乐新栏目，《女人如歌》是全新打造的音乐表演秀，《百变大咖秀》是又一档引进国外版权的明星模仿秀。

2012年，湖南卫视虽然没有快男快女的选秀节目，但在暑期播出了《向上吧！少年》才艺表演秀，全国首档技艺探索对决秀节目《谁与争锋》是湖南卫视9月创新升级推出的又一综艺娱乐节目。在2012年伦敦奥运会期间，湖南卫视还应景推出奥运竞技类节目《快乐向前冲》双子星栏目《一座为王》和《全力以赴》。

湖南卫视曾经一度在黄金时间不播电视剧，只播出自制节目，取得良好的收视效果。2012年，为了遵守"限娱令"要求的"黄金时间段每家上星频道只允许播出两档娱乐节目"，湖南卫视在黄金时间只留下《天天向上》和《快乐大本营》两档老牌综艺节目，《我们约会吧》《称心如意》等节目调至午间播出，同时停播了一批节目。在不得已的情况下，电视剧成为湖南卫视2012年上半年播出的主战场，推出双剧场（黄金档的金芒果剧场和晚间档的金鹰独播剧场），这也是湖南卫视自2005年之后首次在转播《新闻联播》后播出电视剧。从2012年4月开始，湖南卫视双剧场收视率急剧下滑，导致湖南卫视拱手让出老大位置，由江苏卫视接手领跑。截至2012年5月底，湖南卫视收视排在江苏、浙江、天津、东方、山东卫视之后，名列省级卫视第六。

经历了两个月的收视败退后，湖南卫视停播了金芒果剧场，金鹰剧场前移至黄金时间播出，晚间十点推出三档娱乐节目：《百变大咖秀》《我们约会吧》和《谁与争锋》，在周五、周六的《天天向上》《快乐大本营》节目之后接档"周播剧场"，重新打造晚间自制节目带。通过这些举措，湖南卫视还是在2012年实现了省级卫视收视和创收第一，但与排列第二的江苏卫视差距甚小。很多媒体认为，这一年，"湖南卫视遭遇十年最大挑战"，"遭受前所未有的冲击，遭遇多次争议，也经过多次调整"①。但是湖南卫视内部却从没丧失自信，也没有停下创新的步伐。

2013 年数据分析：2013 年是湖南卫视推出新节目最少的一年，新闻资讯节目有两档栏目在上年停播，本年没有推出新栏目；社会生活节目有 10 档在上年停播，本年只推出一档新栏目；综艺娱乐节目在上一年停播了 6 档节目，本年只推出了 4 档新栏目。综艺娱乐节目比重达到 56%，再度遥遥领先于新闻资讯节目和社会生活节目。

2011 年、2012 年两年，积聚了很大气力推出的一档又一档社会生活类栏目都是叫好不叫座，让湖南卫视实在是有点灰心。2013 年，创新力重新回到了综艺娱乐的主阵地上。《我的中国梦》是 2013 年湖南卫视推出的唯一一档非综艺娱乐类节目。

中国首档平民创意舞蹈奇趣秀《奇舞飞扬》是湖南卫视重磅打造的 2013 年开年迎新之作，着力挖掘各种奇舞。

2012 年，浙江卫视音乐选秀节目《中国好声音》取得了极高的收视率和超高的赞誉度。面对音乐选秀这一强势阵地的失守，湖南卫视在 2013 年接连推出三档选秀节目：《我是歌手》《中国最强音》和《快乐男声》。实力歌手出战的《我是歌手》收视率一路飙升、"神剪辑"让《中国最强音》和《快乐男声》"冰火两重天"：前者虽有"逆袭"的好主题，但无奈收视率不见升高；后者虽有多场尽善尽美的直播，但依然没有抵制住《中国好声音》第二季的攻势，只是输得不太厉害。

2013 年底，一档引进韩国 MBC 电视台的明星亲子户外真人秀节目《爸爸去哪儿》在湖南卫视登场，零差评让《爸爸去哪儿》在第四季度一炮而红，又一次营造了社会性热点话题，湖南卫视乘势打造的

———————

① 《2012 年湖南卫视全天平均收视率稳居省级卫视第一》，http：//news. 059a. com/article/2012－11－26/tv news 26766. html，2012－11－26。

同名大电影在 2014 年 1 月 31 日上映，也创下多项票房纪录。

湖南卫视凭借《我是歌手》《爸爸去哪儿》等娱乐节目，在 2013 年中国全媒体卫视收视率排行榜中，"以全年全媒体收视率 6.060 雄居榜首，并全年 12 个月蝉联全媒体收视月度冠军"[①]，再次成为年度电视传媒[②]，被誉为是中国电视的娱乐风向标。至此，湖南卫视的娱乐反击取得全面胜利。

## 第三节　湖南卫视三大形态电视栏目演变分析

上一节针对湖南卫视每一年播出的电视栏目数量变化分析了新闻资讯节目形态、社会生活节目形态和综艺娱乐节目形态三大形态栏目数量变化趋势，本节主要对这三大节目形态第四层级节目形态栏目变化进行分析。

### 一　新闻资讯节目形态

省级卫视做新闻节目，上有央视的垄断，下有地面频道的围追，可谓是既缺乏核心资源，又没有核心竞争力。"正因为如此，在央视新闻节目继续保持强势，地面台民生新闻风行一时的大背景下，省级卫视新闻节目被认为是'上不着天，下不着地'。"[③] 就是在这种夹缝中，湖南卫视努力探索自己的新闻道路，从 1997 年到 2013 年 17 年间，一共播出了 46 档新闻资讯栏目。

---

① 《2013 年全媒体收视率揭榜　湖南卫视雄居榜首》，http://zixun.hunantv.com/hntv/20140115/1621059402.html，2014 - 01 - 15。
② 《2013 中国年度新锐榜》，《新周刊》2013 年第 24 期。
③ 唐俊：《论省级卫视新闻节目的三种竞争战略》，《新闻大学》2009 年第 1 期。

　　湖南卫视开播的 1997 年，以 1993 年《东方时空》开播为发端的电视新闻改革已经卓有成效，包括《新闻联播》在内的传统电视新闻节目开始用镜头说话，强化新闻的现场感；新的电视新闻节目形态不断出现，新闻节目开始占据早、中、晚各个时段的黄金时间，经济、体育、国际、娱乐等专业化的新闻节目日趋增多；以《焦点访谈》《新闻调查》为代表评论类和深度调查节目充分发挥舆论监督功能，电视新闻节目的社会影响力有了一个质的飞跃。这一时期的中央电视台已经拥有 32 个新闻栏目，仅央视一套播出的新闻节目每天超过十次，以央视一套《东方时空》《新闻 30 分》《新闻联播》《晚间新闻》领衔的新闻节目在综合性分时段新闻节目中一枝独秀，分类电视新闻节目中，央视二套的《经济半小时》《中国财经报道》成为经济新闻节目的翘楚，央视一套《晚间新闻》的《世界报道》和《体育新闻》也成为国内观众了解国际新闻和体育资讯的窗口，而《东方时空》《焦点访谈》《新闻调查》《实话实说》更是成为中国电视新闻节目中新闻杂志节目、新闻评论节目、新闻调查节目、新闻谈话节目的代名词。

　　面对强大的中央电视台，中国各个卫视频道并没有放弃新闻节目，"新闻立台"是大多数电视台的共同追求，"新闻才是未来电视业竞争的真正战场"，CNN 总裁特纳的这句话成为中国电视媒体的共识，上星初期的湖南卫视也不例外。但与中央电视台的霸主地位相比较，刚上星的湖南卫视显然在电视新闻方面没有什么竞争力。上星初期，湖南卫视新闻资讯节目设置几乎是照搬中央电视台的节目，分时段新闻有《潇湘晨光》《午间新闻》《湖南新闻联播》《晚间新闻》分别与央视的《东方时空》《新闻 30 分》《新闻联播》《晚间新闻》遥相呼应；分类新闻有《财经快讯》《财经》《经济观点》《卫视经济报道》等经济类新闻，也有《新闻观察》《有话好说》这样的调查评论类、谈话辩论类节目，更有《体育新闻》《全球娱乐通》对文体新闻的有益尝试。

　　湖南卫视在上星 17 年间播出了消息播报类栏目 27 档，占总量的

58.7%；新闻评论类栏目 4 档，只占总量的 8.7%；谈话辩论类栏目 5 档，占总量的 10.9%；杂志综合类栏目 10 档，占总量的 21.7%。将新闻资讯节目各类栏目每年播出数据统计如图 3 所示。

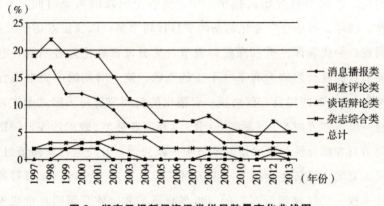

**图 3　湖南卫视新闻资讯类栏目数量变化曲线图**

　　从图 3 可以看出，湖南卫视新闻资讯栏目总量和各类别栏目数量总体变化趋势是下降的，在不同时期有不同的变化特点，我们把四条曲线的变化按照特点也可以分为四个时段，这与本章对湖南卫视电视栏目变化时段的划分是相吻合的。

　　上星初期（1997—2001），消息播报类栏目呈总体下降的趋势；调查评论类栏目没有变动，一直是 2 档；谈话辩论类栏目由无到有，呈上涨趋势；杂志综合类栏目在 1998 年多了 1 档之后没有变动，一直保持 3 档。

　　调整期（2002—2004）的三年，消息播报类栏目、谈话辩论类栏目和调查评论类栏目数量都有所下降；调查评论类栏目更是从 2002 年开始连续 10 年为零；只有杂志综合类栏目增加了 1 档。显然，2001 年的两起事故让湖南卫视心有余悸，湖南卫视节目创作的重心已经不再是新闻资讯节目。

　　稳定期（2005—2011），消息播报类栏目在一年 5 档的水平上维持了 4 年之后于 2009 年减少到了 3 档；调查播报类栏目持续为零；谈话辩论类栏目 2004—2007 年四年为零，2008 年、2009 年两年有 1 档栏目播出；杂志综合类栏目一直有 2 档，到 2011 年缩减为 1 档。数据表明，这一时期湖南卫视在新闻节目上，虽有创新，但力度不够。

限娱令后（2012—2013），消息播报类一直是 3 档，没有变动；调查评论类在 2012 年由零变为 1 档，且持续到了 2013 年；谈话辩论类只在 2012 年播出了 1 档，2013 年回归为零；杂志综合类 2012 年增加到 2档，2013 年又缩减为 1 档。数据的先升后降意味着限娱令之后，湖南卫视在新闻节目上还是有所创新，但收视率和影响力的式微，使得湖南卫视对新闻资讯节目的创新热情有所下降。

以上分析只是显性的数量变化分析，事实上，同一类型栏目随着时间的变化，其形态也会发生较大的变化。

（一）消息播报类栏目

消息播报类节目的结构特点是消息汇总，其话语特点是快速短小活泼，是电视新闻资讯节目的主要类型。这类节目既有综合类新闻节目，也有体育新闻、娱乐新闻、经济新闻、国际新闻等分类新闻节目。

1997 年，湖南卫视播出了的 15 档消息播报类栏目，既有对以前节目的沿用，如《湖南新闻联播》《天气预报》《晚间新闻》《新闻汇报》等栏目，也有专为上星创办的《财经快讯》《午间新闻》《卫视商讯》等栏目，还有外来信息汇总的《中国电视报道》《中国体育报道》《大片采风》《国际体坛珍闻》《国际影坛珍闻》《一周世界体坛》《海外新科技》等文体新闻栏目。这些栏目可谓是大而全，虽然囊括了财经、电视、体育、国际等全方位的内容，但缺乏自己的特色，也无法形成自己的特色。

面对全国观众，《湖南新闻联播》一马当先，率先实施"新闻出省"战略：香港回归，派记者奔赴香港，独家采访；长江三峡工程截流，七组记者赴三峡、武汉和洞庭湖采访。1997 年 11 月，湖南电视台新闻中心建起了新闻直播室，湖南卫视的新闻王牌节目《湖南新闻联播》一马当先，湖南卫视开始进入直播时代。为了增强时效性，《湖南新闻联播》即便在重播时也保证直播，每天的两次重播，每次都有新的信息增加。1998 年夏天,湖南遭遇百年不遇的特大洪水,湖南卫视抢先策划、掌握主动、集中报道,多个新闻节目早中晚滚动播出抗洪报道,共计播出报道时长 8000 分钟。洪水退后,《湖南新闻联播》推出 20 集大型系列报道《'98 抗洪纪实》,在观众中产生了巨大反响。

1998 年,《午间新闻》更名为《今日报道》,并改为直播,将原来 15 分钟的时长扩大为半个小时的节目总量,节目的内容主要锁定在民生新闻。同年推出财经类栏目《卫视经济报道》和体育类新闻栏目《体育新闻》。至此,湖南卫视自办新闻消息播报节目基本涵盖了当时电视新闻的方方面面。

真正让湖南卫视新闻节目引起社会广泛关注的是 1998 年 11 月改版后的《晚间新闻》。作为一档非黄金时段的民生类信息播报栏目,早期的《晚间新闻》以社会新闻为主,改版后,另辟蹊径,内容上重视趣味性和人情味,幽默风趣、嬉笑怒骂皆成新闻,形式上打破传统新闻播报的"八股腔",开创了国内新闻节目说新闻的先河。《纽约时报》称《晚间新闻》为"中国最流行电视台的'怪味豆'"[1],称总制片人潘礼平为"中国电视新闻传统表现手法的突破者"[2]。

1999 年,湖南卫视在停播了大部分外来信息汇总的文体新闻资讯栏目之后,开播了娱乐新闻资讯节目《全球娱乐通》。同年 9 月,《湖南新闻联播》改版扩容,时长从 15 分钟扩大到 20 分钟,每天节目新闻播出数量增加到 30 条以上。岁终年末,《湖南新闻联播》组织"跨越 2000"大型报道,派出多个采访组到全国各地,33 个小时不间断新闻直播,是栏目开办以来规模最大的一次直播。

2000 年,《卫视经济报道》时间由每期 15 分钟压缩为 12 分钟,栏目由以前的信息播报类改版成为采用周刊式编排方式的杂志综合类栏目。另一档经济类节目《今日财经》也于 2000 年初改版,更名为《财

---

① 宁耕:《解析湖南卫视的"怪味豆"》,《新闻通讯》2002 年第 7 期。
② 刘一平:《追梦·湖南电视 40 年·锋芒》(上卷),湖南人民出版社 2010 年版,第 38 页。

经》，报道"正在发生的机会、正在进行的财经"。

同年 5 月 1 日，《全球娱乐通》改名为《娱乐无极限》，每天直播 25 分钟，以独特的视角报道一切与娱乐有关而又让人愉悦的现象、事件。由于受本土娱乐资源的限制，栏目先后在北京、上海、广州、成都、香港等地设立记者站，真正实现了省级卫视娱乐新闻自采，也是湖南卫视延播至今的品牌栏目。

2001 年 7 月，替代《今日报道》的午间日播栏目《新闻 12 点》开播，8 月，夜间周播的《零点新闻》开播。

2002 年，湖南卫视进入频道定位调整期，继《卫视商讯》《卫视经济报道》《数码在线》在上年停播之后，《体育新闻》《财经》《零点新闻》于本年停播，《今日报道》于次年停播，《新闻 12 点》于 2004 年停播。

2004 年，湖南卫视播出了由控股公司远景东方制播分离栏目《财富早七点》，在周一到周五的早上七点播出，主要受众是证券投资者，这也是远景东方制作的京、沪、深异地同步直播的《财富中国》系列财经节目的一个栏目。

这一时期，湖南卫视播出的消息播报节目基本稳定，变动甚少，节目播出时间遍布全天，而且分工明确：早上 7 点是财经资讯节目《财富早七点》，18：00 左右播出娱乐新闻资讯栏目《娱乐无极限》，18：30 是时政新闻为主的《湖南新闻联播》，之后是《天气预报》，20：00 以后播出民生新闻为主的《晚间新闻》。

2006 年，为了区别于一般的新闻节目，《晚间新闻》改名为《晚间》，同时减少新闻条数，加大节目深度。2008 年，《晚间》和《财富早七点》停播，《湖南新闻联播》《天气预报》《娱乐无极限》这 3 档节目一直持续播出至 2013 年底。

消息播报类节目一直是湖南卫视新闻资讯节目的重头，虽然栏目数量一直递减，但创新力度不减，尤其是《娱乐无极限》将消息播报节目形态与"快乐中国"定位完美结合，成为具有湖南卫视特色的新闻栏目。

（二）调查评论类栏目

调查评论类节目是对新闻事件或社会现象进行挖掘、调查、分析、评论的电视新闻节目，比消息类新闻资讯节目层次更深、范围更广。这类新闻节目除了提供事实性信息之外，还需要提供评论性信息或者分析性信息，节目的观点往往代表电视媒体自己的声音。

刚上星的湖南卫视并没有调查评论类栏目。上星不久，在黄金时间开播了以央视《焦点访谈》为模板设立的调查评论类栏目——《新闻观察》，开篇之作6集系列政论片《湖南大趋势》一经播出，就备受关注，社会反响异常热烈，获1997年湖南电视奖特别奖，奠定了其在评论性新闻深度报道栏目中的地位。

同一年，湖南卫视将深度报道的触角延伸到了老百姓的经济生活当中，推出了时长只有8分钟的经济评论节目《经济视点》。

这两档调查评论类栏目于1998年分别改版，《经济视点》改版为以新闻资讯为主的《卫视经济报道》，15分钟的栏目分为三大板块：省内经济信息、国内国际消息和深度报道。《新闻观察》改版后致力于舆论监督报道，纪实与思辨结合，强调主题事件化、事件故事化、故事人物化，最高收视率达到22％。这一时期也是电视新闻评论栏目舆论监督的黄金期，在这样的背景下，《新闻观察》备受关注就不难理解。

1999年1月，中央电视台在央视一套推出的法制栏目《今日说法》产生较大反响。在此情形下，湖南卫视于1999年4月创办了一档法制类节目《零点追踪》，栏目以纪实手法强调现场感和真实感，通过文学化的悬念设置强调故事性，同时突出法理的严密性，强调节目的警示性，播出后赢得了广大观众的普遍认可，一度成为湖南卫视最受观众欢迎的栏目之一。

2000年，《新闻观察》栏目首次让记者和主持人一起出镜主持、点评新闻，还凭借一辆改装的建议转播车，"10天之内辗转四州市，完成了四地市州长与老百姓的四场大型谈话节目录制，每场人员上百人，创下了新闻大制作录制纪录"①。

2001年3月，受湖南卫视第一个拐点的影响，《新闻观察》和《零点追踪》停播。之后10年间，湖南卫视调查评论类栏目空缺。

2012年，湖南卫视在经历了第三个拐点之后，推出了一档全新的调查评论类栏目《新闻当事人》，节目核心调查记者群全都是"80后"。每期节目选择"一周内两个或三个最具新闻价值的新闻人物或者新闻话题"②，以新闻当事人为核心，以事件各相关人、围观者为话题支撑，当事人不分高端低端，只要求还原新闻背后的真实，强调"在时代的棋局中，没有人是旁观者，我们都是当事人"。

上星初期和"限娱令"后，一前一后两个时段是调查评论类节目的创新高峰期，但是前期的节目如《新闻观察》更注重题材，强调舆论监督；后期的节目如《新闻当事人》更注重叙事，追求娱乐视觉效果。这种差异和湖南卫视彼时此时的定位是相一致的。

（三）谈话辩论类栏目

谈话辩论类节目是由节目的主体就某一新闻事件或当下社会问题进行讨论、辩论，其目的是引发观众的思考，也能为观众提供一些解决问题的方式方法。这类节目以人际口语为主传播信息，画面和音乐音效起到丰富信息传播、强化视听效果的作用，对某一新闻事件往往没有固定的结论。

1999年，湖南卫视推出了一档周播的大型现场谈话节目《有话好说》，这也是湖南卫视历史上第一档谈话辩论类栏目。每期节目以一个真实的新闻事件形成话题焦点，通过新闻事件当事人和嘉宾、观众、主持人之间思想和情感的碰撞，显现出较为清晰的事件本质和社会问题。栏目关注社会、民生和人性，针砭时弊、扬善惩恶，一经播出，

①  刘一平：《追梦·湖南电视40年·锋芒》（上卷），湖南人民出版社2010年版，第150页。
②  葛营营：《新闻故事化中的新闻和故事的关系——以〈新闻当事人〉和〈60分钟〉为例》，《现代视听》2013年第5期。

就引起较大反响，成为湖南卫视的名牌栏目，也成为湖南卫视高端发力的先声。2000 年 12 月 20 日，《有话好说》播出"走近同性恋"，邀请男女同性恋者各一名和社会学家李银河来到现场，和观众一起探讨对同性恋的认识。节目播出后，湖南卫视遭到国家新闻出版广电总局通报批评，并被勒令停播整改。节目于 2001 年停播，此事件也成为湖南卫视由"新闻立台"转向"快乐中国"的导火索之一。

1999 年 9 月，湖南卫视又一档访谈类节目《新青年》开播，节目定位于青年一代，采用主持人、嘉宾、现场观众对话讨论的形式，通过讲述嘉宾奋斗历程中的困惑与抉择，为青年观众提供人生参考。《新青年》和随后开播的《新青年千年论坛》一起让观众看到了湖南卫视在文化类节目中的无限潜能。2002 年，《新青年》停播，2003 年 8 月，《新青年》改版，受众定位仍然是青年，节目将职场竞聘搬上电视荧幕，主题由青春梦想改成了求职择业，节目形态由谈话辩论类变成了职场竞聘真人秀。

2000 年 1 月，《今日报道》栏目中的子栏目《新闻点评》更名为《今日谈》，从《今日报道》中单独出来播出，时长 15 分钟。《今日谈》以谈话的形式对当下最热门的新闻事件进行评论，推崇最有见地的新闻观点。栏目打破常规地方台新闻的地域限制，聚焦于当天发生的国内外大事，当日事、当日评、当日播。2000 年 8 月，《今日谈》正式入住北京，既提高了节目的时效性和嘉宾的影响力，也为栏目和湖南卫视的节目生产提供了全新的模式和思路。2004 年，在打造"快乐中国"的进程中，《今日谈》停播，湖南卫视的谈话辩论栏目进入真空时期。

2008 年，湖南卫视着力打造零点高端文化节目带，其中之一就是引进制播分离的财经类访谈栏目《听我非常道》在午夜 24：00 播出，节目追求形式随意而观点不随意，主持人和嘉宾说实话、真话、白话，以晚间三人谈的形式，从小的新闻由头引出一到三个热点话题，通过大事件背景下的非主流信息，寻找可能带给投资的启示。《听我非常道》栏目是一次财经论坛与娱乐品牌较好的亲密接触，于 2009 年底停播。湖南卫视的谈话辩论栏目再度空缺。

2012年伊始，湖南卫视一档创新型电视新闻谈话辩论栏目《新闻公开课》开播，"节目每期邀请三名来自全国知名高校的大学生，和一名具有多年从业经验的资深媒体人，组成一个新闻课堂，对节目组准备的10条当日新闻的重要性进行盘点，并从中选出各自心目中的新闻头条，就热点新闻话题进行对话和讨论"①。把课堂搬进演播室，有大学生与资深媒体人和谐互动对话，也有"90后"与资深主编激烈辩论PK，把话语权让步给青年人，让更多的年轻人关注新闻节目。这档由大学生亲手操盘的谈话辩论类新闻栏目从题材、主体、叙事等各个方面都有所创新，在学界和业界创下较好的口碑，但也只播了几个月就停播了。

湖南卫视的谈话辩论栏目一度风光无限，但拐点事件导致该类型节目在调整期后，一度低沉，偶有新节目，其题材也都是偏离时政、远离热点。

（四）杂志综合类栏目

杂志综合类节目是板块化结构，多元化的话语表述，不同类型的新闻子栏目，借鉴杂志的编排方式由主持人串接成一个整体。一般来说，这一类节目中以新闻资讯节目为主，同时也会夹杂生活服务节目，甚至包含综艺娱乐节目。

《乡村发现》和《315广角》是湖南卫视上星前开办的两档杂志综合类栏目。

1995年创办的《乡村发现》是湖南省唯一面向农业、农村、农民的节目，栏目以亲和力、贴近观众见长，用纪实的手法，真实客观地见证了湖南乡村乃至全国乡村的变化。1997年湖南卫视上星时，定位为"记叙百姓生活，关注农业发展，趣谈实用技术，闲话乡村奇观"；

① 郭艳民、张瑜珂：《电视新闻评论节目创新策略探析——以湖南卫视〈新闻公开课〉为例》，《东莞理工学院学报》2012年第4期。

1999 年，改版为"村寨农家""遍地黄金""直来直去""乡村大篷车"等板块结构；2000 年，再度改版，加大了各板块之间的联系，增强了整体感；2004 年，栏目被要求停播改版为日播节目，时长 7 分钟，"不再是以前的板块式结构，而是采取'边走边发现'的行脚式记录方式，用城里人的眼光到乡村去'发现'，记叙农村百姓故事和趣闻奇观，让观众尽享乡间野趣，近似随笔散文"①。之后，由于与湖南卫视频道的快乐定位，以及湖南卫视娱乐立台的理念相悖，栏目多次停播、改版、复播，2009 年 11 月更名为《发现》，栏目离开"农村"，成为类似《晚间》报道奇趣怪事的栏目。2010 年，栏目彻底停播。

《315 广角》是一档传播经济信息、维护消费者正当权益的杂志型新闻栏目，以贴近百姓生活为特色。《315 广角》1998 年 11 月改版为《周末生活》，节目由原来一周一期 20 分钟改为三个 10 分钟的小主题板块。2000 年 5 月，《周末生活》停播，取而代之的是文化旅游节目《湘女出行》。

1998 年 1 月 30 日，新闻杂志类栏目《潇湘晨光》在湖南卫视播出。作为湖南第一档早间新闻节目，《潇湘晨光》一开始采用的是《东方时空》的电视新闻杂志模式，60 分钟的全程直播，内容涵盖了新闻、娱乐、时尚、服务。"本台凌晨 X 点收到的消息"是栏目的标志性语言，"昨夜今晨"是栏目报道题材的时间范围，首播、独家是栏目一直的追求，省外、国外更是栏目的题材视野。根据"新闻出省"的战略构想，栏目率先在北京、上海设立记者站，成为湖南最早实现跨地域采访常规化的电视栏目。但是早间电视新闻节目投入成本大，观众收视热情不高，加上湖南卫视定位调整，2003 年，《潇湘晨光》和《新闻12 点》《零点新闻》等新闻节目"集体下课"。

《城市语文》是湖南经视 2000 年初开播的一档号称"智性电视化

---

① 彭菊华、毛震：《〈乡村发现〉12 年——对农电视节目的生存与发展探讨》，《新闻界》2007 年第 5 期。

杂志"的栏目，2001年7月15日在湖南卫视每周一、三、日13：05播出，时长20分钟。栏目的定位是城市的"口语和书面语"，分城市议论文、城市说明文以及城市记叙文三大板块，每个板块又分成了二至三个小环节，节目融专业评论家与栏目评论员之精短点评和新鲜奇趣的民间语文于一体，被称为中国电视界一缕清新的风。

2001年12月11日，中国正式成为世贸组织成员。2002年4月，为了庆祝中国加入世贸组织，湖南卫视开播了阶段性栏目——大型综合性经济周刊《入世中国》。

2003年，《城市语文》改版为城市文化地理节目《象形城市》，"开设了'城市观象台''城市生剧院''城市斗兽场'三个板块"[①]。"观象台"专门观察城市中最潮流的休闲资讯，"生剧院"轮流播放"市场电影""职场电影"和"生活电影"，"斗兽场"关心城市的命运，演绎城市的话题。和《城市语文》一样，《象形城市》集文化、时尚、潮流于一体，依然在节目里融合了人文性和娱乐性，并存着思想性和可看性，是一档充满人文趣味的城市潮流资讯周刊。

2003年，湖南卫视推出的另一档杂志综合类栏目是以深度报道、人物故事、组合报道、专题片或纪录片为核心的《封面》，报道人性内涵丰富的曲折案例和社会背景广阔的热点事件，强调新闻超然于大众的使命感和责任感。为观众"提供软硬适中的切合重大社会背景的新闻人物故事；梳理当日重要资讯，筛选出每天最重要的新闻以供备忘"[②]，力求凭理解和贴近，做社会大众的舆论中心；用专业和纯粹，做最好的电视新闻杂志。

2004年底，《象形城市》和《封面》并入《播报多看点》，湖南卫视杂志综合类栏目进入"2时代"。《播报多看点》是一档大型原创资讯

---

① 张慧：《荔荔在目：睁双慧眼看世界——李泓荔和她的三档"城市专栏"》，《新闻天地》2003年第12期。

② 湖南卫视新节目《封面》，http：//www.hn.xinhuanet.com/cmjj/2003-11/19/content_1218869.htm，2003-11-19。

生活类栏目，在每天午间播出。栏目一直致力于创新资讯的电视表达和传播方式，创造了"走向街头，向人们面对面播报资讯"的户外播报模式和"喊话式评论""角色扮演式评论"和"资讯聊天剧"等室内播报模式。自开播以来，改版数次，多元化的题材和多元化的环节设置是栏目的一大特点，内容既有常规的新闻板块，又有重大时政新闻特别报道，环节设置既有早期的"播播事务簿""H3街头报报""重案看点""专案看点"等板块，也有中期的"新闻摇翻你""大王小王新闻牌""红心羽志愿者响应行动"等板块，还有后期的"热点资讯""求真科学秀""早起读经典"等板块，其中"变形计""蓝领无敌""兄弟""愿望漂流"等阶段性环节颇受观众喜爱和好评。

2012年，湖南卫视推出《播报多看点》早间版《播报早看点》，节目由"资讯""求真""安全第一""暖流2012""追锋令"等多个板块构成。"求真"用严谨的科学实验验证传言，"安全第一"从真实事故入手打造安全生活指南，"暖流2012"聚焦普通生活中的平民英雄，"追锋令"则寻找做好事不留名的无名英雄。栏目播出半年后停播，相关内容则转移到《平民英雄》和《新闻大求真》两档生活服务类栏目中。

2013年中，《播报多看点》移到早上7：30播出，每个版块不再冠有固定的名称，成为湖南卫视唯一的一档杂志综合类新闻节目。

新闻、文化、娱乐、服务一直是湖南卫视杂志综合类节目的题材，正是由于题材杂，这类节目才在湖南卫视一直没有间断播出过，只是各个时期随着频道定位的变化会有不同的侧重点。

## 二 社会生活节目形态

社会生活类节目脱胎于我国电视媒体传统的专题节目，随着电视技术的更新和电视艺术的发展，现在有的社会生活类节目中含有新闻资讯的成分，也有的节目包含娱乐的内容。本书对电视栏目的划分并不是一个绝对的分类，而是看节目的主要形态是什么类型。比如《玫瑰之约》，在 2003 年停播之前，以介绍对象为主，注重服务功能，所以归类为社会生活节目，而 2004 年复播之后，主要是男女嘉宾的个人秀，所以归类为综艺娱乐节目。

社会生活类节目第四层级的分类与新闻资讯节目和综艺娱乐节目略有不同，其分类的依据是电视节目形态中构成要素中的题材和主题，以及组合方式中的叙事与抒情。生活服务类节目的题材是现实生活，主题是服务，抒情为叙事添彩；知识教育类节目的题材是文化知识，主题是教育，叙述多于抒情；情感故事类节目的题材是真实故事，主题是抒发情感，故事为抒情服务。

湖南卫视上星 17 年播出了 53 档社会生活栏目，多于新闻资讯栏目，少于综艺娱乐节目。在社会生活栏目中，生活服务类栏目是最多的，知识教育类次之，情感故事类最少。社会生活节目各类栏目每年播出数据统计如图 4 所示。

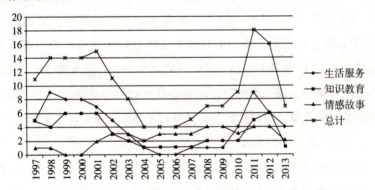

**图 4　湖南卫视社会生活类栏目数量变化曲线图**

从图 4 曲线变化可以看出，湖南卫视播出的三类社会生活节目数量的变化基本与社会生活节目总量的变化同步。2011 年的数据远高于稳定期的数据，与"限娱令"是在颁布前就有传闻，且是年中正式下发有关。在这样的情形下，湖南卫视在 2011 年中就加大了社会生活栏目的创新力度，使得各项数据远高于 2010 年。

上星初期（1997—2001），生活服务类栏目先升后降，1998年达历史最高值9档，占当年总量的69.2％；知识教育类栏目先降后升，1999年后稳定在6档，这也是该类栏目的历史最高数值；情感故事类栏目降到零后又有反弹。

调整期（2002—2004），知识教育类栏目、生活服务类栏目降幅较大，知识教育类在2004年降到1档；生活服务类栏目在2005年跌为零；只有情感故事类栏目下降缓慢，在2004年从3档下滑为2档。可以看出，湖南卫视的重心为了向娱乐转移，社会生活类栏目创新力度大大降低，逐步边缘化。

稳定期（2005—2011），这一时期，除了2011年之外，其他年份各项数据都在低位运行，各类栏目和总量的趋势是增长的，但增长幅度不大。2011年，社会生活类栏目总体呈现创新的井喷状况，总量达到了历史最高值17档，生活服务类和知识教育类栏目数量都有较大幅度提高，情感故事类栏目数量增幅仅为1档。

"限娱令"后（2012—2013），湖南卫视社会生活类节目的总量在2011年井喷之后开始下降，生活服务类栏目持续走低；知识教育类先升后降，到2013年跌为零档；其他两类连年降低。从数据上看，"限娱令"之后，湖南卫视一度把创新的重心放在社会生活类节目上，但收视率和影响力的式微，使得湖南卫视把节目创新重心重新转向了娱乐。

（一）生活服务类节目

生活服务类节目是指为特定的对象提供生活资讯和指南、精神辅导和观念的电视节目，其主要目的是为特定的观众群体服务，所以这一类节目要针对特定受众的心理需求，同时也会兼顾其他受众群体。其中，少儿节目、老年节目、女性节目是针对特定受众的电视服务节目，而美食节目、购物节目等则是就某一主题服务受众的电视节目。生活服务类节目主要体现服务性，有时也会强化新闻性和娱乐性。

湖南卫视的生活服务类栏目数量最多的有两个时期，一个是上星初期，另一个是"限娱令"前后。

上星初期，湖南卫视的生活服务类栏目大多没有自己的特色：《荧屏导视》是频道下周节目介绍，《男孩女孩》和《苏莎开心乐园》是儿童节目，《生育生活》《名医坐堂》和《健康人生》都是健康服务性栏目，《周末创意》《完全新时尚》《世界时装之林》《旅行杂志》都是时尚生活服务栏目，《真心风采》是福彩节目，只有《卫视中间站》和《玫瑰之约》有自己的特色。

《卫视中间站》一直以联系沟通观众为宗旨，是一个让观众了解湖南卫视的窗口。栏目主要介绍卫视的各个栏目和主持人的生活工作，观众也可以从中预先获知即将播出栏目的信息；栏目也将触角伸到娱乐圈，追踪访问观众喜欢的明星，采访正在摄制的电视剧；栏目既会将观众请进直播室，倾听心声，也会走进观众的家庭，征询意见，真正起到了卫视与观众桥梁的作用。

1998年，为了打造"黄金周末战略"，湖南卫视的编导们看了一期《非常男女》后，就模仿做出了第一期《玫瑰之约》，当时没有任何的宣传炒作就一炮走红，掀起了一股"玫瑰狂潮"，首开了大陆电视媒体婚恋节目之先河。虽然这一时期国外的情感真人秀节目已经较为成熟，但是《玫瑰之约》并没有多少个性的展示，更为注重服务性，男女嘉宾在节目中真真实实地相亲，节目后踏踏实实地恋爱。"263期节目，促成了200对男女嘉宾走进婚姻殿堂，催生了50多个'玫瑰宝宝'。"[①]2003年，由于同类栏目较多导致收视连年下滑，暂时停播。

2004年中，《卫视中间站》停播，2005、2006年两年，湖南卫视没有生活服务类节目播出。2007、2008年两年，湖南卫视在春节期间播出节日派福送礼节目《好运连年》，该节目由湖南卫视创意制作，"快乐购"负责提供奖品赞助与配送，节目做到了快乐购、湖南卫视、中奖观众三赢的结果。

---

① 刘一平：《追梦·湖南电视40年·锋芒》（上卷），湖南人民出版社2010年版，第187页。

2009 年，湖南卫视重点打造推出"第一档职业生活智慧脱口秀"《百科全说》，栏目以快乐互动、简单实用为己任，采用嘉宾访谈和现场互动相结合的方式，从观众的需求出发，邀请国内顶尖专家讲解生活实用知识，立意虽小，却非常实用，"亲民但不愚民、娱乐同时教育"，一经播出即受到各个年龄层次观众的热烈追捧，收视率节节高升，2010 年 2 月 1 日播出的《百科全说》邀请了号称高级营养专家的张悟本谈养生，节目播出后，"喝绿豆汤""生吃长条茄子"等一时间成为人们治病、养生的方法。但卫生部却表示，张悟本并不是什么"高级营养专家"，央视新闻频道《新闻1＋1》节目也以"神医是怎样炼成的"为题，揭批了张悟本行骗的本质，并点名批评《百科全说》。随后《百科全说》遭停播。

2010 年，湖南卫视推出三档生活服务类节目：

《锋尚之王》是由《零点锋云》团队继《零点锋云》《电影锋云》后全力打造的又一"高端零点档"节目，每期邀请一位社会名流、精英嘉宾，分享他们的生活、文化、品位，重点阐述现代社会魅力男性应该具有的独特品质，引导更多男性拥有时尚、高品质生活。

《我是大美人》致力于培养美妆平民达人，平民达人与艺人嘉宾就各种女性话题、潮流资讯与解决方案进行交流，为女性观众解答潮流品位精髓。

《越淘越开心》以"淘"为主题，与网购对接，根据网友的需求让淘宝网站的设计师展示商品，最后进入秒杀环节，观众可以边看电视边上网购物。2011 年，该节目改版，内容改为"明星展示时尚、专家传授时尚、会员体验时尚"①。

《我是大美人》由"快乐购"出品，《越淘越开心》则是"快乐淘宝"制作，两家公司都属湖南卫视，这两档定位于"消费型娱乐"的节目播出后，收视购物互相促进，节目一直播出至今。

---

① 王慧：《〈越淘越开心〉以"消费"关联观众》，《金田（励志）》2011 年第 11 期。

2011 年，湖南卫视推出五档生活服务类节目，是历年来最多的一年。

《称心如意》一改往日单身男女约会的形式，提出"带着妈妈来约会"，男方和女方的父母都亲临现场，不仅让妈妈亲自把关，更表达了对感情的认真和诚意。准婆婆、准丈母娘的介入，让节目不只是单身男女的个人秀，更是强调对婚姻的慎重态度和对嘉宾的服务性。

《好好生活》全面提供新鲜有趣、好玩实用的生活攻略，尽情呈现健康积极、环保低碳的低成本生活方式，围绕"省成本、省时间"的"省"字而展现的方法、发现、创意，教观众省心、省力、省时、省钱地生活。

《把谁带回家》把"选保姆"搬到了演播室里，每期 4—5 个幸运家庭，现场 20 位全国甄选的优质家政人员供嘉宾挑选。节目还为一些缺乏生活常识的观众设置了"麻利大讲堂"这一环节，用生动活泼的形式教授必备生活常识，让大家了解生活中的各种禁忌，加强对一些潜在危险的预防意识，从而安心乐享优质生活。

《最高档》通过趣味娱乐化的创意理念，以全娱乐的方式、手法来展现汽车，将汽车测试平易近人地带给广大观众，但节目播出后反响不尽如人意。

《好奇大调查》号称是一档娱乐纪实类节目，实际上是通过娱乐、趣味的方式，借助多种手段，对生活中各种各样大家感兴趣的话题和问题进行验证，最后找出答案。这些问题既有"可乐会溶化你的牙齿吗"，又有"神马是'神曲'"，帮助观众搞清楚很多似是而非的问题。2012 年，节目改名为《新闻大求真》，与过去相比，节目话题以新闻事件为由头，验证的方法集中于科学实验，少了趣味性，多了知识性，虽有"新闻"之名，但内容仍然是涉及老百姓生活的各个领域，让观众从中获取健康、实用的服务性知识。

湖南卫视的大部分生活服务类节目都强化了娱乐性，以致很多人在分类时，都将这类节目归到综艺娱乐节目类里。这些多样化的生活服务类节目形态，丰富了这一类节目形态，也为这一类节目的创新提供了可以借鉴的模式。

（二）知识教育类节目

知识教育类节目是指向受众传授某种知识的节目，包括政治、经济、自然、文化等。这类节目既包括军事节目、法制节目、外语节目、科教节目等按照学科分类的专题节目，也包括世界各地、动物世界、读书节目等这样的文化知识性节目，还包括知识竞赛、百家讲坛等将课堂延伸到社会的电视节目。其实"所有电视都是教育的电视，唯一的差别是它在教什么"，所以对教育节目概念的界定，只是把电视节目中强化教育功能的那一部分节目分离出来而已，只能算作是狭义上的电视教育节目。知识教育类节目以传授知识为主，现在的教育节目越来越注重娱乐性。

刚上星的湖南卫视知识教育类栏目很多，这与当时我国电视媒体比较重视电视教育有关。这些栏目很少有特色的，有介绍湖南风土人情、建设发展的《中国湖南》《湘女出行》；也有介绍国外人文景观的《洋洋大观》《世界杂志》《世界奇观》等，还有介绍自然和科技的《与动物为伴》《裕兴电脑讲座》和《科学万花筒》，更有介绍文化艺术的《爱晚书亭》《经典与我们》和《艺术玩家》。这些栏目中，只有《艺术玩家》播出时间最长。作为一档长期在零点以后播出的栏目，《艺术玩家》以介绍艺术精品为内容，让艺术走进生活，让观众理性投资艺术品，唤起人们对艺术品的欣赏、传承和保护意识。

真正具有特色的知识教育类栏目是 1999 年开播的《新青年千年论坛》，这档以《新青年》子栏目的形式播出的栏目开创了中国论坛节目先河，节目采用高层次专家现场播讲的方式来传播知识性较强的学术思想，这种新鲜的节目形态在一定程度上催生了之后其他媒体的《世纪大讲堂》和《百家讲坛》等栏目。《新青年千年论坛》当年是湖南卫视收视率和影响力都较高的栏目之一，2002 年 4 月更名为《千年论坛》，2003 年停播。

2008 年开播的《零点锋云》，打破了湖南卫视 5 年没有推出新的知识教育类栏目的零纪录。《零点锋云》不设访谈主持人，两位聊天嘉宾在咖啡厅、茶馆等公共场所自由交流，打破了演播厅的常规，从而催生出更多的思想火花。节目通过"70后"、"80后"乃至"90后"的民间新锐精英与主流名人对话，在交锋中展示精英立场和草根思想，用新锐的思想启迪更多的观众。

2011年，湖南卫视推出了三档知识教育类栏目：

《非常靠谱》背靠与人人相关的姓氏，解读姓名，追溯家谱，邀请名人参与点评和互动，讲述百家姓里的家族故事、传奇和文化，节目将中国传统文化与当代文化对接碰撞，是湖南卫视创新节目的又一发力点。

《博物馆奇妙夜》用戏剧化的手法，将历史谜案用四人侦探小组揭秘推理的形式逐层递进剥茧抽丝展现出来。以解密历史谜案为起点，在揭秘历史谜案的过程中又掺杂了很多人物关系和文博历史知识，既有电视剧感又不乏科普真实感，拉开了湖南卫视打造零点主流人文带节目的帷幕。

《岳麓实践论》选择在具有"经世致用""知行合一"的湖湘文化特色的岳麓书院录制，每期节目邀请一位某个领域做出探索的实践者作为主讲嘉宾，讲述他的行动和探索，以及对这些行动和探索的思考。在节目中，实践者与专家学者们进行"论道"，专家学者和大学生组成的"青年实践调查团"一起探寻实践者的可执行之道，通过实践、调查、交锋、升华，《岳麓实践论》致力于提供面向现实问题的富有理性、建设性、可操作的解决思路，向推动中国进步的实践者致敬。

2012年推出的新栏目《辨法三人组》以案说法，既有情景再现，又有当事人亲临演播室。针对当期案例，着力打造"三人组"概念，主持人张丹丹提出法律疑问，两位知名律师陈旭、余婧做出专业解答，"三人组"分工明确，"辨"字当先，辨析法理，辨明案情，让观众尽可能在故事中轻松普法。

虽然湖南卫视的知识教育类栏目不算太多，但都成为观众深刻的記忆、学界研讨话的话题和业界超越的对象。

（三）情感故事类节目

情感故事类节目是指以真实人物为主体，以真实故事为叙事，以真实情感为诉求，以栏目为载体的电视节目。

《真情》栏目是湖南卫视最早引发大家关注的情感故事类栏目，其前身是湖南经视1998年开播的《真情对对碰》，因为收视率一路上升而于2001年在卫视播出。栏目播出过程中，主持人和节目样式都不断变化，但情感的主线没有变，节目选择生活中真真实实的普通人，从他们的视角讲述世间真情。每期节目，主持人都与当事人充分交流，并给当事人一个沟通的机会，让心灵深处袒露真情，加上情景再现短剧和出镜记者的调查采访，使得节目叙述完整，情感充沛，大多结局圆满。

《名人本色》也是来自地面频道的节目，前身是湖南文体频道的《湖南名人本色》，节目定位于当代名人名士，通过主持人与嘉宾、观众的现场谈话，以及外景采访的短片，来展现知名人士生动的个性特征和传奇的人生经历，从他们与普通人相似的生活中，挖掘不一样的精神世界，"以独特的镜头语言，叙说一段过往的'本色'情怀"①。

《背后的故事》是2003年推出的一档情感故事类栏目，栏目的嘉宾既有公众人物，又有普通百姓，早期的节目是通过个人去看新闻事件，后期的节目是挖掘新闻事件背后的人物，但不变的是"唯美的短片"和"感言式访谈"，更为重要的是贯穿始终的真情实感。

2005年，湖南卫视引进杨澜主创的《天下女人》，该节目是一档周播的演播室谈话节目，选择的嘉宾大都是文艺界的成功女性，每期节目围绕一个开放性的公共话题来探讨女性思维、分享性别体验、关注都市女性的精神世界。但由于节目既不煽情，又不猎奇，更没有好故事，所以播出后一直不温不火。

---

① 李耀武：《耐看的〈名人本色〉》，《当代电视》2002年第10期。

《快乐心灵·说出你的故事》也是制播分离的节目，是《鲁豫有约》的湖南卫视版，2008年4月14日开播，节目虽然定位于"以'抚慰'和'帮助'为要旨，从心灵出发，自我改善，为那些受到心灵折磨的人群开掘了一个出气孔"①。但节目只是在原来名人访谈的基础上，加大了明星人物的比重，所以一直收视不太理想，于次年9月退出湖南卫视荧屏。

同样的三档情感故事类访谈节目，虽然《快乐心灵·说出你的故事》持有《鲁豫有约》的品牌优势，《天下女人》拥有杨澜的国际视野，但最适合湖南卫视这个舞台的，还是精雕细作的《背后的故事》。

2009湖南卫视推出的《8090》是中国第一档聚焦青少年成长情感故事的栏目，也是第一档完全以数字命名的栏目，栏目以"80后"、"90后"为主人公，由不同身份不同职业不同年龄的成员组成的"8899情感观察团"为主人公分析情感走向，同时又构成一个交锋激辩的话语空间，为矛盾双方增加多元视点和选择方案。观察团激烈的辩论方式是《8090》的标志性模式，也引发了许多网络争议。

2011年湖南卫视推出两档情感故事类栏目：

《帮助微力量》是主打公益慈善的直播节目，与以往"娱乐节目明星＋公益"的模式不同，节目在直播过程中，以"微力量5元认捐计划"的帮助形式为观众呈现全新的互动创新模式，明星充当播报员和爱心接线员，观众在观看电视直播过程中，可以通过四种途径参与认捐和互动。5期直播节目中，筹到爱心善款超过了200万元。

《那是我妈妈》每期邀请4对母子（母女）依次参加，舞台上设有8个"家门"，每个家门后都有一位妈妈，其中一位是孩子的妈妈，其余七位是"假妈妈"，孩子要通过四轮考验，依靠对妈妈的了解程度，最终打开家门找到自己的妈妈，回到自己的家，为妈妈赢得感恩金。节目嘉宾

---

① 《快乐心灵——说出你的故事》栏目公告，http：//ent.hunantv.com/v/hunantv/klxl/index.html。

既有十几岁的孩子，也有 30 岁左右的成年人，通过母子（女）之间的互动，呼吁大家了解母亲、关爱母亲，把对母亲的爱说出口。

2012 年，湖南卫视继续推出两档栏目：

《平民英雄》主要讲述普通百姓的传奇故事，通过一个个发生在我们身边的真实案例，歌颂不畏强暴挺身而出、用自己的生命在危难时刻向他人伸出救命之手的"平民英雄"，向观众传递爱和坚强的正能量。节目组还为一些草根英雄解决生活中的实际困难，让散落在民间的平民英雄不会孤独寂寞，让正义的光芒普照四方。

《完美释放》是一档全民身心减压励志节目，节目邀请在生活等各方面承受巨大压力者来到现场倾诉，由社会各界的"减压帮客"来点评，如果认可帮客和现场观众的指引，释放者当场体验个性减压方式。

"中国梦"是 2013 年最热的关键词，这一年，湖南卫视推出 70 秒超微纪录片形式的《我的中国梦》，每部短片讲述一个平凡的草根寻梦之旅，每天在黄金时段滚动播出。5 月 6 日晚 24：00，时长 30 分钟版的《我的中国梦》高端人物访谈版与观众见面，主持人在每期节目中追访节目嘉宾的一日行程，通过探访他（她）正在进行中的追梦故事，挖掘不一样的奋斗细节，与之进行深入、精彩的心灵对话。

从上述梳理可以看出，湖南卫视情感故事类栏目的形态早期是单一的访谈节目形态，到了后期，如《那是我妈妈》《平民英雄》《完美释放》等节目都呈现出综艺、新闻、生活等节目形态融合的势态，这也彰显出多种形态的融合是未来电视节目形态创新的重要手段。

### 三　综艺娱乐节目形态

湖南卫视以娱乐节目而走红全国，又以娱乐节目而定位"快乐中国"，所以综艺娱乐节目是湖南卫视中数量最多，也是知名度最高的节目类型。

同样是非表演类节目，综艺娱乐节目与其他两类节目的区别在于综艺娱乐节目是在人为设置的非现实的环境和情景当中展现自己的个性和才华，在这类节目中，或许参与节目的嘉宾有着一些目的，如奖金、奖品或某个职位，但更多的是展现自己的个人魅力。而社会生活节目中，嘉宾常常是为解决某一问题而参与节目；新闻资讯节目则是要辨明某种是非或证实某个观点。

在综艺娱乐节目中，也常常会有纪实短片和艺术表演，乃至与生活相关的求职交友减肥等环节，但是综艺娱乐节目的核心不是解决问题完成任务，而是在特定的环节中，在解决问题完成任务的过程中，通过节目主体个性和才艺的展现，让观众开心娱乐。

由于在综艺娱乐节目中加入了表演类节目中的文艺表演节目、音乐电视和栏目剧，使得综艺娱乐节目的类别较多，数量庞大。其中真人秀数量最多，达31档；竞赛游戏节目次之，为21档；其次是表演类节目中的文艺表演节目12档；其他类型栏目数量都只是个位数；栏目剧数量最少，只有3档。将综艺娱乐节目各类栏目每年播出数据统计如图5所示。虽然图中线条多，交叉也多，但是大致变化趋势依然与四个时段的划分相吻合。

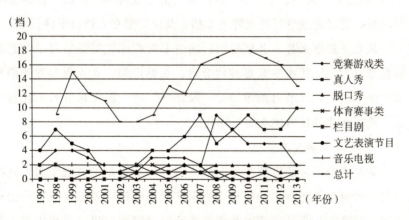

图5　湖南卫视综艺娱乐节目数量变化曲线图

上星初期（1997—2001），文艺表演类栏目、竞赛游戏栏目都是先升后降，到1998年达到最高值，其中文艺表演类节目占到当年总量的

46.7％，是历史最高值；体育赛事栏目在 1998 年由 2 档降为 1 档后保持不变；真人秀在 2000 年由前几年的零档增加为 1 档；音乐电视在 1998 年由 1 档提升为 2 档后保持不变，栏目剧一直为零。

调整期（2002—2004），大部分类型栏目的数量在 2 档以下，只有真人秀和竞赛游戏节目在 2004 年有所增长。从数据可以看出，湖南卫视在电视节目形态创新重心转移的进程中，先做的是减法，即便是综艺娱乐节目的创新力度也不大。

稳定期（2005—2011），两大主要类型（竞赛游戏节目和真人秀节目）总体趋势是增长的，只有个别年份数值会有突变。如 2008 年，由于北京奥运会的召开，竞赛游戏节目数量急剧增长为 9 档，占当年总量的 56.3％，奥运会后，该类栏目数量连年下滑。而汶川地震让真人秀和文艺表演类节目数量大幅度下跌，真人秀节目降为 5 档，是最高峰值的一半，2009 年开始反弹；文艺表演类节目更是在 2008 年跌为零档，2009 年又重回 1 档位。其他各类栏目在这一时期一直在 2 档以下徘徊。

"限娱令"后（2012—2013），真人秀栏目增至 10 档，占总量的 71.4％；竞赛游戏节目再次降为 2 档，其他类型在 2 档以下保持不变。

从总体数据来看，上星初期，湖南卫视的综艺娱乐节目以文艺表演类节目为主，其次是竞赛游戏节目；在稳定期，真人秀和竞赛游戏节目成了综艺娱乐节目的重心；"限娱令"后，真人秀节目的比重增大，竞赛游戏节目的比重逐年降低。

（一）竞赛游戏类节目

竞赛游戏节目是指按照一定规则进行游戏竞赛的电视节目，这类节目一般对获胜者有某种精神或物质奖励，有时对失败者也有一定的惩罚。竞赛游戏节目强调的是竞赛游戏的过程和结果，很少去着力刻画竞赛中的主体。主体可以是演艺明星，也可以是普通人。竞赛游戏的项目有以体育竞技为主的，也有以智力比拼为内容的，更有一些节目融合了智慧比拼和体育竞技。竞赛游戏节目以游戏竞赛为主，其中也会杂糅文艺表演和真人秀的成分。

上星 17 年，湖南卫视的竞赛游戏节目很多，可以分三大类：第一类是以综艺表演为内容，以游戏为主线的综艺竞赛游戏节目，包括《快乐大本营》《非常快乐》《快乐新战线》《快乐 2008》《给力星期天》；第二类是以体育竞技为题材的体育竞赛游戏节目，包括《极限争夺》《各就各位》《阳光伙伴》《奥运（快乐）向前冲》《智勇大冲关》《步步为赢》《全家一起上》《全力以赴》《一座为王》；第三类是以各种才艺为题材的才艺竞赛游戏节目，包括《得失之间》《超级小英雄》《谁是英雄》《挑战麦克风》《以一敌百》《汉语桥》《天声一队》。不同类别的节目在每个时期的数量和形态也不尽相同。

上星初期，湖南卫视的竞赛游戏节目中，以综艺类和体育类为主，这一时期，风头最劲的是《快乐大本营》。《快乐大本营》是湖南卫视的王牌栏目，播出 17 年不倒，是中国电视界的一个神话。可以说《快乐大本营》一个栏目的演变，就能集中体现出湖南卫视电视节目形态演变的趋势，至少在综艺娱乐节目中是这样。由于在其他章节里对《快乐大本营》有更多的分析和论述，在此不再赘述。而这一时期的另外两个综艺类栏目《非常快乐》和《快乐新干线》，从名字就可以看出，是对《快乐大本营》的延伸，但只是延伸而已，并没有更多的创新，也没有得到更多的关注。

调整期，上星初期的五档栏目除了《快乐大本营》之外都已停播，新开播的三档栏目全部是才艺类的，《得失之间》和《超级小英雄》都是益智竞猜栏目，两档节目的开播与当时央视二套的《开心辞典》的走红不无关系。《超级小英雄》是湖南经视当红节目《超级英雄》的系列节目，除了参加节目的嘉宾变为青少年学生之外，节目的规则流程有新变化，"《超级小英雄》从小学到大学设置了三道'保险线'，模仿每个人学习的不同进度而设置不同题目，重在引导学习"[1]。节目播出

---

① 戴新华、梅文慧：《试论知识型电视益智栏目的发展》，《声屏世界》2003 年第 2 期。

后，引发了青少年智力竞赛节目热潮。《谁是英雄》是原《新青年》制作团队推出的一档综艺娱乐节目，其目标是选出有绝技绝活的平民英雄，节目题材锁定"新、奇、特"，内容强调民族性、平民化，形态具有原创性、趣味性，叙事体现戏剧性、参与性，节目一经播出，就取得不俗的收视效果。

稳定期，湖南卫视推出了5档体育类、3档才艺类、2档综艺类共10档竞赛游戏节目：

在2008北京奥运会前后推出的体育类节目都有较好的收视率：《阳光伙伴》在六个城市分别选拔出10支小组每支小组28人参加29足绑腿齐步前进比赛，很好地增强了少年儿童的团队精神和集体荣誉感。《奥运向前冲》（《快乐向前冲》）强调的是全民参与的激情，体现的是普通人的奥运精神，节目连续创造同时段全国排名第一。《智勇大冲关》在保持《奥运向前冲》基本样式的基础上，创新关卡、放大趣味、展现选手精彩、提供朴素快乐。《全家一起上》以两个家庭竞技对决为主要线索，以家庭的个性展示、娱乐设计为辅助线索，贯穿了悬念迭起的奖品赢取方式和现场竞猜方式。

2008年开播的《挑战麦克风》《以一敌百》《汉语桥》三档才艺类节目，题材不同，各有各的特点，各有各的精彩。《挑战麦克风》不比唱得好不好，只比唱得走不走调，通过自主研发的I-FUN系统检测音准，选出"平民歌王"。从荷兰Endmoel公司购买全部版权的《以一敌百》集中凸显一个人对垒一百人答题的精彩。《汉语桥》则比拼哪个老外的汉语最好。

综艺类栏目《快乐2008》主持人"何马组合"每期都临场挑战神秘任务，即兴发挥；"超女""快男"组成快乐红队和快乐蓝队参加"快乐运动会"，比赛惊险的运动项目；主持人邀请观众参与爆料答题；既有快乐，又有运动，在全民娱乐的同时，也强调全民健身。2011年播出的《给力星期天》号称是全新偶像艺能榜样互动秀节目，启用天娱传媒旗下当红艺人组建明星互动团队，参与"给力问答军""给力实验室""给力大作战""音乐最给力"四大板块的比拼，节目新鲜有趣的冷门知识，好玩刺激的棚内游戏环节，还有亲民轻松的棚外减压突袭和好听的音乐，让年轻观众在放松身心的同时还能收获知识。

"限娱令"后，湖南卫视停播了除《快乐大本营》之外的所有综艺类竞赛游戏节目，推出了2档体育类和1档才艺类共3档竞赛游戏节目。

体育类节目《快乐向前冲之全力以赴》主打明星草根对抗PK，激情守擂明星队邀请全能艺人、个性明星、前奥运冠军等前来热血挑战，相较于《智勇大冲关》，该节目更注重挑战项目的趣味性。《快乐向前冲之一座为王》引进美国时代华纳公司大型音乐竞技类节目《Oh，Sit》版权，并加以本土化改进，集参与性、对抗性、娱乐性和奖励性于一体。节目以风靡全球"抢椅子"游戏为创意源头，斥巨资打造3000平方米的超炫立体环绕式水上赛道，选手在震撼的音乐声中穿过重重障碍，最终坐上王者之椅，赢取终极大奖。

才艺类节目《天声一队》每期邀请六位当红明星和草根同台，草根与明星1+1自由组合分成高调、低调两队，用自己的歌声向场外的观众募集善款，通过短信、微博等渠道汇聚多方力量，场外加场内的善款总额多的一方获胜，节目最后，把两队募集的善款用于捐助学校或者捐校车。

湖南卫视的竞赛游戏节目以《快乐大本营》为开端，到了2013年底，播出的竞赛游戏节目也只有常青树《快乐大本营》和阶段性栏目《汉语桥》。《快乐大本营》作为湖南卫视综艺娱乐节目播出周期最长的节目，在方方面面的创新是显而易见的，正是由于这种持续不断的创新，才使得该栏目持续至今，成为竞赛游戏节目的经典栏目。

（二）真人秀节目

真人秀是真实展现节目主体在规定的情景、预定的规则中，完成设定任务过程中的言行举止、内心活动的电视节目，这类节目采用纪录片的方法拍摄，电视剧的方法剪辑，以竞赛游戏节目的方式设定规则，但又不同于纪录片、电视剧和竞赛游戏节目。真人秀不同于纪录片的是，真人秀是在人为的环境规则下的真实记录；不同于电视剧的是，真人秀是真实人物真实情感的表现；与竞赛游戏节目不同的是，真人秀不但记录游戏过程和结果，更注重表现节目主体的个性特征，除了娱乐性之外，更强调社会学与人类学的意义。

17年间，湖南卫视播出了31档真人秀节目，是所有节目形态中最多的。真人秀按照节目形态的题材也可以分为两大类：以文体才艺表演为题材的文体类真人秀，以现实生活为题材的生活类真人秀。31档节目中，只有《新青年》《玫瑰之约》《变形计》《瘦身魔方》《我们约会吧》《我在你身边》《爸爸去哪儿》是生活真人秀，其他全都是文体真人秀。

上星初期，湖南卫视几乎没有真人秀节目。调整期，推出4档真人秀节目，文体类和生活类各两档。

2002年播出的《金鹰之星》是中国第一档全明星真人秀，节目邀请国内一流知名导演和最受瞩目剧组倾情加盟，打造中国影视界的造星工场。栏目总共举办了3届"影视新秀大赛"影视偶像选拔活动、"艺星制造""娱乐新掌门""美丽中学生"等12个主题的系列选拔活动。2004年的《超级女声》将"选秀"这个词印入中国人的脑海里，《超级女声》先是在湖南经视一炮而红，搬上卫视后打造《超级女声》外地选拔赛，把传播拓展到武汉、成都、南京等地。节目播出后风靡全国，被《新周刊》评为"年度创意TV秀"。而2005年的《超级女声》更是让"海选""PK"成为选秀节目的常规规则，也使这两个词变成了生活常用语。

《新青年》原是一档对话栏目，2003年改版为职场招聘栏目，是中国第一个人力资源栏目，观众定位于"上班族和准上班族"，既有残酷的淘汰，也有智慧的娱乐表达。然而央视随后推出的《绝对挑战》让《新青年》备受压力，无奈之下，招聘职业更侧重娱乐化，招聘内容比重减少，展示选手的特殊技能的内容增大，拉开与《绝对挑战》的距离，但同时也拉开了收视上的距离。2004年，栏目停播。另一档生活类真人秀其实是一档老节目,《玫瑰之约》在停播一年之后复播,这时候,爱情变成了游戏的一部分,相亲变成了交友,节目成了男女嘉宾展现自我特性的真人秀。

稳定期有 13 档文体类真人秀开播。这一时期,《超级女声》在2005 年达到巅峰。《快乐大本营》打造的《闪亮新主播》接过"选秀"的接力棒。之后的《快乐男声》《快乐女声》虽然没有超越《超级女声》,但也成为湖南卫视真人秀的保留节目。《快乐男声》变化的不光是名字和参赛的对象,更是在"想唱就唱"中强化"快乐唱歌、追求梦想"的精神,节目不仅展现了舞台上比赛的精彩,也用纪实手法呈现出选手们在专门设置的"男声学院"里艰苦训练的历程和生活中真挚的情感。2009 年《快乐女声》,首次接受外籍选手报名,口号为"想唱就唱,我最闪亮"。

《我是冠军》《勇往直前》和《足球小子》开辟了体育真人秀的另一片天空。2006 年的《我是冠军》通过"急速闯关"和"急速 48 小时"两个环节,选出两天内不间断行走里程最长的 20 位选手进入决赛,由 12 名明星在这 20 位选手中选择搭档,组成 12 对选手,在 30 天内急速穿越中国,成为 2006 年度最具影响力与时尚性的全民竞技真人秀;2007 年的《我是冠军》改版为亲子竞技真人秀,讲述亲子、沟通、交流和传承,从全国甄选的 12 对父子通过典型环境下的户外竞技,最后产生前三名。2007 年开播的《勇往直前》是一档明星挑战真人秀,有悬念有惊险有互动。《足球小子》则是一档以足球为主题元素的真人秀,选拔 14—16 岁、17—19 岁两个年龄组的业余足球爱好者参加训练营,最后有 7 名营员获得前往英超埃弗顿和博尔顿队免费参观、培训的机会。

2006 年开播的《名声大震》由 8 位专业歌手和 8 个不同领域的名人组成 8 对明星组合,每期学习并演唱经典歌曲,每周面临一次 PK,胜者为王。让名人们重新经历从"平民"到"歌星"的过程,以及在这个过程中台前幕后的表现,是节目的兴奋点所在。2007 年推出的

《舞动奇迹》不分舞种，由香港和内地20位知名艺人组成男女两大阵营，其优胜者男女搭档比赛，即表现了明星在舞蹈这个新领域奋进蜕变的历程，又加入慈善公益元素，将为个人而战变成为爱心奋斗，意义更加积极向上。2009年播出的《一呼百应》是一档明星人气挑战真人秀，每期把一位歌星在没有任何宣传的情况下，空降到一个城市，让明星想办法在4个小时内尽可能多地召集观众来观看自己的个人表演。这档全国首档考验明星人气的娱乐节目，既挑战明星的体能、智慧，又考验明星的心理承受能力。这三档节目都是明星真人秀，节目的题材主题都不同，呈现出来的节目形态也是完全不同的。

从2009年开始，平民真人秀再度出现在湖南卫视，不过，除了这一年的《超级女声》，其他节目比的都不是唱歌。刘谦让魔术节目风靡全国，2009年3月，湖南卫视趁热打铁，推出《金牌魔术团》，在全国选拔多位民间魔术师通过大会演、晋级赛和城堡升级三个阶段的比赛，决出前三名。《芒果训练营》在展示学员才华的同时，邀请实力演员为学员现场进行指导，是一档为"准明星"们全方位打造形象、磨炼技艺、聚集人气的"开放式自制剧艺人培训班"，也为湖南卫视储备了大量优质的演艺新人。《我要拍电影》在全国8000多名参赛者中海选出60名才华横溢的青年导演，在节目中通过命题创作的一部部作品展示自己的导演功底，合作网站全程视频直播了60进10的比赛，十强选手的八场决赛均取得不俗的收视率。《奇舞飞扬》节目不限年龄不限舞种，无论是个人还是团体，只要有创意的舞步和勇于Show出自我的决心就可以登上《奇舞飞扬》这一属于中国人自己的全民舞蹈狂欢舞台。

稳定期，有4档生活类真人秀开播。不同的年份，不同的题材，相同的是临时改变的生活，以及在非常态下主人公们的真性情。《变形计》是湖南卫视继《超级女声》后重点研发的一档角色互换真人秀节目。栏目结合当下社会状况，选择两位普通人进行7天的人生互换体验，全程24小时跟拍，剪辑后加上演播室里主持人的点评播出，真实和悬念是栏目的两大要素。节目播出后备受好评，获奖无数，被很多业内人士认为是湖南卫视最好的原创电视节目。2012 年第五季的《变形计》将每期的主人公限定在了青少年，以城乡学生角色互换为主。《变形计》第五季结束后，于 2013 年在央视二套（CCTV2）播出了第五季和第四季的节目，湖南卫视也在 2014 年开播了新一季的《变形计》。《瘦身魔方》是中国第一档健康励志节目，脱胎于《播报多看点》。两位教练带领 16 位瘦身队员，在云南高原进行了 21 天的减肥训练。节目全程记录高强度训练下选手的情感和心理变化，展现了所有胖姑娘们对梦想的坚持和迎接挑战之后的美丽新生，六期节目平均收视在同时段节目排名全国第四。《我们约会吧》是《玫瑰之约》停播 4 年之后，湖南卫视再度推出的交友节目，目的是服务当下社会"剩男""剩女"，打造一个零门槛交友平台，其实还是在煽情的氛围中继续展现嘉宾们更为直白真诚的个性。《我在你身边》每期选择一位明星走进一名普通女孩的真实生活，共同度过 24 小时，让生活极端不同的两个人相互影响，得到完全不同的体验感受。

"限娱令"后，真人秀节目再次勃发，两年时间，推出 8 档真人秀节目。

8 档节目中有 3 档是不同类型的明星真人秀，而且取得了较好的收视成绩。2012 年开播的《百变大咖秀》，节目名称在频道宣传中原定为《绝对大牌》，节目的内容是明星模仿明星，主要表演形式是演唱歌曲，节目中主持人、点评嘉宾都是模仿出镜，加上观摩团的明星脸们，树立起了节目"模仿"的品牌，也扩大了节目的影响力。《我是歌手》是国内首档顶级歌手音乐真人秀，引进自韩国 MBC 电视台，集结乐坛资深唱将、中流砥柱和新生代明星，共同打造顶级豪华音乐盛宴。一期节目 7 位歌手、7 首歌，以歌手之名，献上最诚挚的歌唱，展现最真诚的自我。《爸爸去哪儿》也是引进自韩国的节目形态，在尊重原版的情况下，节目将五位明星还原到爸爸的角色，五位明星爸爸跟子女 72 小时的乡村体验，爸爸单独肩负起照顾孩子饮食起居的责任，并和子女在不熟悉的环境中共同完成节目组安排的任务。三天两夜成为平日里很少有机会待在一起的父子（女）拉近距离的难忘时光。《爸爸去哪儿》也是"限娱令"后开播的唯一一档生活类真人秀。

其他几档平民真人秀只有一档与唱歌无关，这就是《谁与争锋》。节目每期邀请两个在不同行业内绝对顶级的人，用绝技进行对抗，只有一方能赢。《谁与争锋》不设主持人，用纪录片的方式把人物故事、双方挑战过程和PK结果简单明了地呈现给观众，让大家能真实地看到对决双方经历的过程和细节。

另外4档节目都是音乐真人秀。《女人如歌》节目原型是荷兰节目《The Winner Is》，每期节目8名选手都是有过婚姻经历的女性，节目没有晋级淘汰也没有评委，只设置奖金回报挑战者对擂，由50位男性观众、50位女性观众和一位明星大腕组成的101位大众评审投票决定去留，除了歌声之外，8位女性的故事也是节目的重要元素。《向上吧！少年》是由搜狐视频重磅出品、湖南卫视深度联盟互动的2012年"90后"中国少年热血成长秀，节目通过展现少年们在层层选拔中的励志表现，塑造出一群鲜活的少年榜样，展现了华人世界里"90后"的蓬勃风采。《向上吧！少年》不同于传统的选秀节目，搜狐视频每周五推出"决战24小时"，有比拼也有淘汰，比赛最终选出7个才华出众的"90后"组成的一支"梦之队"。《中国最强音》是湖南卫视2013年第二季主推的全民歌唱进取真人秀节目。节目不限年龄、不限性别，只要坚持梦想、热爱音乐即可，知名歌手、草根歌手都可以申请参与。节目在挖掘有潜质、声音优质的歌手同时，也关注他们在生活中对待音乐的态度。节目以"逆袭"为主题，用全新的选拔方式，打造出中国的草根音乐联赛季。2013年《快乐男声》在2007年、2010年举办两届之后，继《我是歌手》和《中国最强音》声震四方之力热血出关，总决赛现场，十年选秀的回顾视频以及各届选手上台演唱勾起了观众十年的回忆，也为湖南卫视2013年的选秀节目画上了圆满的句号。

湖南卫视的真人秀节目从早期单一的平民唱歌选秀，到现在千姿百态的明星秀、体育秀、生活秀，呈现出一个十分丰富而又多样的电视节目形态集合。

（三）脱口秀节目

脱口秀强调的是主持人口才、谈吐的表演和展示，注重的是娱乐性。脱口秀和真人秀节目的区别在于，前者表现的是主持人和嘉宾（更多是主持人）的话语和话题，后者凸显的是嘉宾的个性和性格。

《老同学大联欢》是湖南卫视制播分离的第一档综艺娱乐节目，也是从北欧引进模式的第一档电视节目。节目以"老同学"为嘉宾遴选方式，以"大联欢"为娱乐载体，以同学情谊为节目主题，让名人嘉宾和他的老同学们汇聚一堂，将怀旧忆趣的谈话与轻松娱乐的游戏融合在一起，重温旧日美好的学生时光真风貌，再现名人嘉宾与同学之间的真挚友情。这种将游戏节目和谈话节目融合的新形态在当时具有极高的创新价值。

《越策越开心》是由湖南经视研发、当时最具人气的娱乐脱口秀节目。每期节目分为前戏、越播越开心、歌舞秀、嘉宾访谈四个单元，通过影片桥段剪辑、方言笑话、幽默短剧、名人访谈、音乐演绎等形式，融合时下流行元素和热点话题，让节目笑料频出，将快乐和轻松传达给观众。

《津津乐道》是由湖南卫视于2006年创办的一档互动性极强的幽默脱口秀节目，现场互动板块中主持人与现场观众进行脑筋急转弯游戏，电话互动板块中开通热线让场外观众参与到游戏，动画板块负责幽默搞笑，每期节目围绕某一时尚话题和热门现象将各板块有机联系起来，主持人与场内场外的观众互相考答。但播出效果不佳，十几期后停播。

《天天向上》以传承中华文化、礼仪、公德为主题，邀请知名人士、行业明星来讨论礼仪公德，并用情景戏的方式幽默地诠释中国古代礼仪。节目以娱乐脱口秀为主导，在形态上不拘一格，打造复合型节目形态；在内容上不断创新，营造熟悉的陌生化效果。节目播出后，快速成为湖南卫视的又一周末支柱节目。

《电影锋云》栏目是由湖南卫视北京节目中心研发制作的中国首档

第二章 湖南卫视电视栏目数量变化分析

影评人评论电影的节目，节目原名为《零点锋云·联盟影评》，2010 年 1 月改名为《电影锋云》。节目由主持人串联，电影观众代表提出本周观看某影片后的思考和疑惑，现场多位影评人围绕观众观点进行交流和阐述。同时每周形成正在上映影片的"锋云影评人总评榜"，用多元化的视角去引导电影消费。

湖南卫视的这 5 档脱口秀，题材不同、主体不同、叙事不同，抒情也不同，但从演变趋势来看，总体主线不变，都是以脱口秀为主导，但对其他节目形态要素的融合越来越多，涉及的题材也越来越广泛，极大地拓宽了脱口秀这一节目形态的内涵和外延。

（四）体育赛事类节目

体育赛事节目是指对体育比赛的实况录像进行加工，重新组合而成的节目形态。这类节目是对体育比赛转播节目的延伸，既有直播也有录播，大多是对实况录像剪辑而成，也有对重大赛事的分析、点评：可以是视频串接，也可以是谈话节目。

湖南卫视早期的体育赛事节目大多没有频道的主动参与，都是对外来赛事的汇总精选。2000 年首届中国武术散打王争霸赛在长沙举行，湖南卫视以此为契机，与中国武协合作，推出《散打王》栏目，对赛事进行全程报道，收视率始终稳居湖南卫视前三甲行列。虽然由于种种原因，赛事停办，但留给观众的记忆却永不磨灭。

《动感新 1 点》是湖南卫视在 2003 年每晚 1 点播出的一档体育赛事栏目，节目以直播赛事为主，打通午夜时间段，欧洲冠军杯直播是节目大手笔的开端，树立了体育直播强势媒体的权威地位，也培育固定的收视群体，同时提升了非黄金时段收视率。除了直播之外，每天 1 个小时的大容量常规节目中，不仅有英超和欧冠军的详细报道，还有涉及足球、拳击和赛车等的专题节目，让体育迷们大饱眼福。

《国球大典》是湖南卫视创办的融观赏性、娱乐性、商业性为一体的乒乓球嘉年华，栏目延续"平民自我娱乐"的快乐理念，创造性地将娱乐元素融入乒乓球赛事中，谋求体育赛事节目化。节目内容中既有成就平民梦想的民间海选，也有世界顶级的乒乓大师擂台赛，更有民间选手挑战乒乓明星的乒乓嘉年华，播出后，有更多年轻观众开始喜爱国球。

《环塔征途》以2013年中国环塔拉力赛为题材，既有对8场激烈残酷的竞赛精心制作的8集环塔纪实，也有对冠军争夺战两小时的现场直播《王者之战》。湖南卫视出动两架空中航拍直升机，30辆地面拍摄越野车，以及150人的采编制作团队和卫星直播系统，让全国观众一睹大漠飞车，惊叹赛事的风云变幻，痛惜车手的时运不佳。这次直播是中国首次真正意义上的越野拉力赛电视直播。

湖南卫视的体育赛事节目不多，节目题材既有常规体育赛事，也有自己主办和参与的活动，而后者正是擅长打造各种大型活动节目的湖南卫视的拿手好戏，也都取得了较好的收视效果。

（五）栏目剧节目

栏目剧既有栏目的形态，又有电视剧的内容，有的是短剧集锦成栏目，有的是演员非本色参与栏目。

湖南卫视的栏目剧不多，只有三档，但各具形态，纪实、反转、偶像，各有各的精彩。

《商界惊奇》是一档反映商海故事的系列纪实栏目剧，将电视剧的艺术手法和电视栏目的表现形式有机地结合起来，通过演员演绎还原故事、采访原型人物、名人专家点评等形式，每周讲述一个精彩真实的商界案例，让观众体验商界的无奈和精彩。节目号称"中国第一档商界拍案惊奇系列纪实栏目剧"，演员以专业演员为主，湖南卫视的主持人也有客串。

《爱情魔方》的拍摄手法基本是室内情景剧，爱情是每一集节目的主体，故事有喜剧也有悲剧。节目最大的特点是反转，也就是说故事的开始、发展基本是按照观众预料的那样进行，但是结尾却峰回路转，总是呈现出让观众意想不到的结果，甚至反转了又反转，让人大吃一惊。

《少年进化论》是国内第一档"励志偶像剧情秀",节目形态既是周播偶像剧,又是明星访谈录,更是综艺表演秀;在独特的穿越剧情和大牌明星访谈中,不但展现了五位少年主持的人生进化历程,更是融合了天文地理、中外古今的各种人情事理;让观众在享受精彩剧情的过程中,既能从五位少年身上获得许多人生领悟,又能吸取丰富的知识和信息。在播出过程当中,《少年进化论》更名《少年成长说》。

(六)文艺表演类节目

文艺表演节目强调更多的是各类艺术表演本身,而不是演员的性格特征。

湖南卫视刚上星时,文艺表演节目很多,除了《灯火阑珊》(《星光灿烂》)是本台自制的综艺表演节目,其他全是各种演出节目荟萃。

1998年开播的《聚艺堂》是湖南卫视首档有自己特色的文艺表演节目,以"新、奇、特"为宗旨,融合戏剧、歌舞、曲艺、民间绝技绝活等多种艺术,以"无艺不聚、精品一流"为标准,不仅重点推介湖南本土文化,展示民间绝技绝活,表现我国艺术领域最高水准,还改编、移植、包装老歌老曲老段子,较好地解决了综艺类节目众口难调的矛盾。

《音乐不断歌友会》是《音乐不断》的延伸节目,是1999年开播的一档现场音乐表演节目,针对不同嘉宾量身定制演出环节,融歌舞、游戏、访谈为一体,以娱乐手段推介音乐,轻松愉快又不失音乐性。节目的创新点在于"歌友"一词,歌手以现场演唱会歌友,以互动拉近与歌迷的距离,节目成为华语歌坛歌手发片宣传的首选阵地。

2006年推出的《超级歌会》是一档大型演唱会形式的大众娱乐性音乐节目。节目以"新体验、精包装、巧选题、高互动"为主旨,以参与、交互为形式,以大众性和亲民性为主题,国内外超级明星、湖南卫视超级女声以及超级平民挑战者共同参与表演,是一档充满"欢乐、时尚、温情、活力"的大型音乐节目。

《节节高声》是一个音乐榜节目,各大唱片公司推荐的新人在节目

현장演唱新歌，音乐权威人士担任评审，每周一场演出，一季（9场比赛）为一个评榜周期。节目还会插播参赛选手准备期间的花絮和采访，为音乐新生力量打造了一个良好的传播平台。

《喜剧之王》旨在全力打造最为开放和自由的喜剧平台：整合全球最一流的表演团体，寻找现实当中的喜剧之王；挖掘年轻表演者和表演内容，使之成为未来的喜剧之王。节目除了邀请相声小品大腕和年轻表演者表演喜剧小品，还邀请一些即将上映的热门电视剧、电影剧集的演员参与到表演当中，将电视剧情提前"上映"，玩转于喜剧舞台。

在时下的电视节目形态中，单纯的文艺表演节目已经很少作为独立的电视节目形态而存在，更多的是成为其他节目形态的一个组成部分。单纯的文艺表演节目，即便像《同一首歌》《中华情》等曾经如日中天的节目，如今也是停的停，改的改。还有一些文艺表演节目，如2014年湖南卫视播出的《我们都爱笑》，在融入了其他节目形态的要素之后，仍然有较强的生命力和收视率。

（七）音乐电视类节目

音乐电视是指"充分利用电视的手段，根据对音乐歌曲的内涵和节奏的理解与处理来进行创作，设计和拍摄出包括演唱者在内的有感情与内涵联系、包括多组艺术形象的电视音乐节目"[1]。有专门播出音乐电视的电视栏目，大多音乐电视作品是许多综艺节目的构成要素。音乐电视节目是专门播出音乐电视的电视栏目，曾一度是我国综艺娱乐节目的主流节目形态。

《金曲贺卡》是早期湖南卫视播出的一档观众点歌类的栏目，以播放音乐电视作品为主要内容。

《音乐不断》是全国第一档常规节目和歌友会并行的综合音乐节目，作为常规节目的《音乐不断》以推荐新专辑、播放最新音乐电视

---

① 张健：《当代电视节目类型教程》，复旦大学出版社2011年版，第122页。

为主要内容，以时尚的包装形成视觉冲击，用不一样的视角解读流行，是许多歌手新专辑、EP 的音乐录影带发布的最前沿阵地。

2001 年推出的《中国本土歌手 MTV 大奖赛》，是湖南卫视打造的又一大型活动，节目定位于推动本土音乐电视创作、繁荣原创音乐、扶持内地歌手。每天黄金时间介绍一首本土 MTV 作品，包括作品赏析、歌手简介、创作访谈、拍摄花絮等；每季开展一次季选，在全年四个季度的季选获奖金曲中，由歌迷们投票选出《中国本土歌手 MTV 大奖赛》年度总评选年度金曲等奖项，每年的年度总评选活动都是对当年本土歌手实力的一次总结和检阅。

近年来，音乐电视类节目之所以数量少，是因为音乐电视作为歌手专辑的广告宣传品，在网络上随处可寻，单单播放音乐电视早已不能满足电视观众的需求，音乐电视只能成为组成其他节目的一个要素。

## 第四节　本章小结

本章将湖南卫视自制节目形态的栏目分为新闻资讯、社会生活、综艺娱乐三大类，对湖南卫视每年播出的栏目数量进行分时段分类别分析，主要有以下结论。

提出湖南卫视电视节目形态的三个拐点。湖南卫视自 1997 年上星到 2013 年底，按照湖南卫视影响电视节目形态的内外因，找出了三个拐点，拐点前后，湖南卫视电视节目形态变化趋势大不相同。这三个拐点的时间和代表性事件分别是：2001 年，《有话好说》的停播和凤凰卫视 "9·11" 事件直播；2004 年，湖南卫视提出了 "快乐中国" 的定位；2011 年 10 月 24 日，国家新闻出版广电总局颁布了《关于进一步加强电视上星综合频道节目管理的意见》。

湖南卫视三大电视节目形态每年播出电视栏目数量总体变化呈现

正弦波的变化趋势；新闻资讯类栏目呈现下降的趋势；社会生活类栏目也是正弦波变化趋势；但与总体趋势不同步；综艺娱乐栏目是持续增高的变化趋势。

根据三大类节目形态变化趋势并结合三个拐点，我们把湖南卫视的17年分为四个时段：上星初期（1997—2001）、调整期（2001—2004）、稳定期（2004—2011）和"限娱令"后（2011—2013）。对每个时段湖南卫视新闻资讯栏目、社会生活栏目和综艺娱乐栏目的数量变化进行分析，从图表可以看出：上星初期，新闻资讯栏目和社会生活栏目数量呈上升趋势，综艺娱乐栏目呈下降趋势；调整期与上星初期相反，新闻资讯栏目和社会生活栏目数量呈下降趋势，综艺娱乐栏目呈上升趋势；稳定期，新闻资讯栏目数量呈下降趋势，社会生活栏目和综艺娱乐栏目数量呈上升趋势；"限娱令"后，新闻资讯栏目数量呈上升趋势，社会生活栏目和综艺娱乐栏目数量呈下降趋势。显然这个变化是和湖南卫视的定位有关：上星初期，湖南卫视虽然是综合频道定位，新闻资讯节目和社会生活节目是湖南卫视电视节目形态创新的重点，但在全国具有影响力的却是以《快乐大本营》为代表的综艺娱乐节目；调整期，湖南卫视加大了综艺娱乐节目创新力度，电视节目形态开始从新闻向娱乐转型；稳定期，湖南卫视坚持"快乐中国"的核心理念，持续对社会生活节目和综艺娱乐节目进行创新，新闻资讯节目边缘化；"限娱令"后，湖南卫视加大了对新闻资讯节目的创新力度，在社会生活节目没有取得良好收视效果后，电视节目形态创新从注重数量转变到了注重质量，创新栏目数量减少，开始重点打造精品栏目。

对湖南卫视电视节目形态三大类别第四层级各类栏目的数量变化进行分析，我们发现：

新闻资讯节目形态中，消息播报类节目形态一直是该类节目形态的主力，虽然栏目数量一直递减，但创新力度不减，尤其是《娱乐无极限》将消息播报节目形态与"快乐中国"定位完美结合，成为具有湖南卫视特色的新闻栏目；调查评论类节目形态在上星初期大有作为，到了调整期，节目归零，直到"限娱令"后才有创新，上星初期和"限娱令"后两个时段是调查评论类节目形态的创新高峰期，但是上星初期的节目形态如《新闻观察》更注重题材，强调舆论监督；"限娱令"后的节目形态如《新闻当事人》更注重叙事，追求娱乐视觉效果；谈话辩论类节目在上星初期和调整期有过短暂的创新高潮，但2001年的拐点事件导致该类型节目在调整期后，一度低沉，偶有新节目，其题材也都是偏离时政、远离热点；杂志类的创新高潮出现在调整期，新闻、文化、娱乐、服务一直是湖南卫视杂志综合类节目的题材，正是由于题材杂，这类节目才在湖南卫视一直没有间断播出过，只是各个时期随着频道定位的变化会有不同的侧重点。

社会生活节目形态中，生活服务类节目形态和知识教育类节目形态变化趋势基本是同步的，上星初期和"限娱令"后是这两类节目形态创新的高峰期，这两类节目的形态非常丰富，创新性很强，大部分栏目都强化娱乐性，以致很多人在分类时，都将这类节目归到综艺娱乐节目类里；情感故事类节目自调整期后一直保持较为旺盛的创新，虽然播出节目有所变化，但是持续性较好，早期是单一的访谈节目形态，后期呈现出综艺、新闻、生活等节目形态融合的势态，这也彰显出多种形态的融合是未来电视节目形态创新的重要手段。

综艺娱乐节目形态中，竞赛游戏节目和真人秀是绝对的创新主力。竞赛游戏节目在上星初期，随着《快乐大本营》的走红，推出过几档同质的节目，在2008年北京奥运会期间达到创新高潮，接连推出数档体育类的竞赛游戏节目，《快乐大本营》作为湖南卫视综艺娱乐节目播出周期最长的节目，在方方面面的创新是显而易见的，正是由于这种持续不断的创新，才使得该栏目持续至今，成为竞赛游戏节目的经典栏目；真人秀节目自稳定期后，随着《超级女声》的极高影响力，成为湖南卫视综艺娱乐节目创新的重心，一直保持极高的创新度，从早期单一的平民唱歌选秀，到现在千姿百态的明星秀、体育秀、生活秀，呈现出一个十分丰富而又多样的电视节目形态集合；脱口秀节目自调整期推出之后，融合其他节目形态要素，数量不多，但保持稳定，《天天向上》成为湖南卫视另一档名牌栏目，其他几档脱口秀栏目，题材不同、主体不同、叙事不同，抒情也不同，但从演变趋势来看，总体都是以脱口秀为主导，但对其他节目形态要素的融合越来越多，涉及的题材也越来越广泛，极大地拓宽了脱口秀这一节目形态的内涵和外延；湖南卫视的体育赛事节目不多，节目题材既有常规体育赛事，也有自己主办和参与的活动，而后者正是擅长打造各种大型活动节目的湖南卫视的拿手好戏，也都取得了较好的收视效果；湖南卫视的栏目剧不多，只有三档，但各具形态，纪实、反转、偶像，各有各的精彩；文艺表演类节目在上星初期数量较多，但之后变成了其他节目的构成要素；音乐电视节目曾一度是综艺娱乐节目形态的主流节目形态，但近年来，音乐电视只能成为其他节目形态的一个构成要素。

第三章

# 湖南卫视电视节目形态构成要素和
# 组合方式演变分析

电视节目形态是指某一电视节目的构成要素和组合方式的固化，电视节目形态的创新是对已经固化了的构成要素和组合方式的创新。

本书对电视节目形态分类的标准是构成要素和组合方式，所以，上一章对湖南卫视电视栏目在第三层级和第四层级的类别变化进行的分析，其实也是对湖南卫视电视节目形态构成要素和组合方式演变的分析。比如第三层级节目形态新闻资讯节目减少，综艺娱乐节目增多说明湖南卫视电视节目形态中的题材和主题主要由新闻转向娱乐；再如综艺娱乐节目的第四层级几大类节目中，文艺表演类节目降低，真人秀节目增多，表明湖南卫视综艺娱乐节目形态组合要素中主体的作用由单纯的表演转向了个性的展示。

当然各类别的电视节目形态的变化表现出来的只是电视节目形态构成要素和组合方式一个总体的变化，当研究具体的节目形态时，会发现电视节目形态构成要素和组合方式的演变是千姿百态、五花八门的。所以本章中的分析或许是个例的、零碎的、不成体系的，但通过这样的分析，也能为电视节目形态的创新提供可以借鉴的依据。

# 第一节　湖南卫视电视节目形态构成要素演变分析

电视节目形态的构成要素既有内容要素，又有形式要素，题材和主题属于内容要素，画面和声音属于形式要素，主体和观众既是内容要素也是形式要素。对电视节目形态而言，有些要素是每个节目都必备的，如声音和画面、题材和主题，有些要素则是有些节目形态有，另外一些没有，如观众、音乐等。即便是每个节目必备的要素，在不同节目中，乃至在同一栏目的早期后期呈现出的形态和起到的作用都是不同的，也就是说随着时间的变化，构成电视节目形态的要素是会发生变化的。

## 一　画面与声音的演变

画面和声音是电视节目形态都不可缺少的要素，不同的节目形态中对画面和声音的限定是不一样的，甲形态向乙形态中所用元素的借用，其实也是电视节目形态创新的方法之一。

（一）更短　更多　更好

传统的电视画幅是 4∶3，湖南卫视目前有标清和高清两套电视节目播出，标清的画幅为 4∶3，高清传输的数字电视节目的画幅为 16∶9。与 4∶3 画幅相比，16∶9 更符合人眼的视觉比例[①]，让视角更广阔，结合前后景可以加强纵深的空间感。16∶9 的电视节目更多借用宽银幕电影电视剧的画面拍摄手法，在表现主体的同时，也强调环境和陪体。

---

① 人体工程学的研究，发现人的两只眼睛的视野范围并不是方的，而是一个长宽比例为 16∶9 的长方形，人体眼睛的瞳孔比例也刚好是 16∶9。

在画幅变化的同时，湖南卫视电视节目的画面质量也在发生变化，构成画面的诸多要素也在发生变化。以《快乐大本营》不同年代的两期节目做比较，一期是 2002 年 6 月 23 日播出的节目，一期是 2013 年 12 月 7 日播出的节目，从相隔 11 年之久同一栏目的两期节目可以看出湖南卫视电视节目形态中画面要素的变化。

1. 文艺演出类节目中画面的变化

两期节目的片头是不一样的，2002 年的节目片头是三维动画制作的，片头主体是一辆飞速行驶的流线型跑车和赞助商"芙蓉王"的标识"芙蓉花"，突出了赞助商，缺少节目特色。2013 年节目片头是 2010 年湖南卫视为《快乐大本营》的主持群"快乐家族"推出的第一支单曲《快乐你懂的》的 MV，整个 MV 以五个主持人的表演为主，画面唯美，尽显五人青春活力，与栏目青春向上的定位相吻合，作为每期节目播放的片头，也推广了该歌曲的知名度和传唱度。

两期节目的开场秀都是群舞，2002 年的节目开场舞蹈中，何炅参与表演，但只是作为舞蹈演出的背景；2013 年的节目开场舞蹈中，五位主持人都参与了舞蹈的表演，区别最大的是镜头的拍摄，表 5 是两期节目开场秀的分镜头。

表 5　　　　　　　《快乐大本营》两期节目开场秀分镜头

| 镜头编号 | 2002 年 6 月 23 日《快乐大本营》 | 2013 年 12 月 7 日《快乐大本营》 |
|---|---|---|
| 1 | 舞台正面全景，空舞台 | 舞台正面全景推拉推至演员全景 |
| 2 | 何炅中景，何炅侧坐打呵欠 | 演员中景推摇至近景拉至小全景 |
| 3 | 舞台正面全景，演员群舞 | 舞台正面全景 |
| 4 | 何炅中景，何炅侧坐伸出胳膊 | 左侧水平倾斜全景逆时针旋转 |
| 5 | 舞台正面全景，演员舞蹈 | 演员中景右移 |
| 6 | 舞台侧斜中景，演员舞蹈 | 左侧水平倾斜全景顺时针旋转推至中景拉至全景 |
| 7 | 何炅中景，何炅侧坐 | 演员上半身中景拉推 |
| 8 | 舞台正面全景，演员舞蹈 | 演员下半身中景摇拉 |

| 镜头编号 | 2002 年 6 月 23 日《快乐大本营》 | 2013 年 12 月 7 日《快乐大本营》 |
|---|---|---|
| 9 | 2 名演员中景 | 演员正面小全景 |
| 10 | 舞台侧斜中景 | 演员中景摇 |
| 11 | 1 名演员近景 | 舞台正面全景推 |
| 12 | 舞台正面全景 | 舞台正面推画面上下双画幅 |
| 13 | 2 名演员正面近景（微拉） | 舞台正面推画面上下三画幅 |
| 14 | 舞台正面全景 | 舞台正面推画面田字四画幅 |
| 15 | 1 名演员下蹲全景 | 舞台正面推画面上下五画幅 |
| 16 | 舞台正面全景 | 舞台正面推画面推至何炅近景幅 |
| 17 | 1 名演员特写 | 左侧水平倾斜全景左旋转右旋转 |
| 18 | 舞台正面全景 | 何炅特写拉推拉至何炅、维嘉、海涛三人全景 |
| 19 | 舞台斜侧中景 | 何炅、维嘉中景微摇 |
| 20 | 1 名演员近景摇至 4 名演员全景 | 何炅、维嘉、海涛三人全景 |
| 21 | 舞台正面全景 | 右侧三人左旋转右旋转 |
| 22 | 2 名演员中景 | 海涛近景摇推 |
| 23 | 舞台正面全景 | 何炅、维嘉中景摇 |
| 24 | 1 名演员全景 | 何炅、维嘉、海涛三人全景 |
| 25 | 舞台正面全景 | 左侧俯拍舞台全景摇推至正面三人全景 |
| 26 | 1 名演员中景 | 左侧演员全景 |
| 27 | 舞台正面全景 | 海涛全景摇推拉 |
| 28 | 1 名演员中景 | 海涛全景画面黑底左旋转（极快） |
| 29 | 舞台正面全景 | 海涛全景画面黑底右旋转（极快） |
| 30 | 1 名演员近景摇至 2 名演员中景 | 海涛全景推至近景 |
| 31 | 舞台正面全景 | 维嘉倾斜全景摇推拉推 |
| 32 | | 维嘉推画面黑底左旋转（极快） |
| 33 | | 维嘉推画面黑底右旋转（极快） |
| 34 | | 维嘉近景拉至中景 |
| 35 | | 何炅近景拉至中景 |
| 36 | | 何炅全景 |
| 37 | | 何炅中景推至近景 |

| 镜头编号 | 2002 年 6 月 23 日《快乐大本营》 | 2013 年 12 月 7 日《快乐大本营》 |
|---|---|---|
| 38 | | 3 名演员全景推拉 |
| 39 | | 俯拍舞台小全景推至谢娜、吴昕全景 |
| 40 | | 五人全景摇推拉 |
| 41 | | 三人中景摇 |
| 42 | | 五人左侧倾斜全景旋转推至五人中景 |
| 43 | | 谢娜中景摇谢娜、海涛中景，推谢娜近景 |
| 44 | | 维嘉、吴昕中景右移至谢娜、海涛中景 |
| 45 | | 舞台正面全景推至五人全景 |

2002 年的节目开场秀时长 2 分钟，一共有镜头 31 个，每个镜头平均 3.87 秒。舞台正面全景镜头用了 14 次，该机位为主机位，负责拍摄固定全景画面；舞台斜侧中景镜头运用了 3 次，此机位为固定机位，拍摄舞台斜侧镜头；拍摄人物镜头 14 个，为移动机位拍摄。在 31 个镜头里只有 3 个镜头是运动镜头，其他全是固定镜头，镜头的机位设置太过传统，画面墨守成规，没有新意。这和《快乐大本营》由直播改为录播不久有关，这一时期的镜头语言还是延续直播时的机位设置方法，加上当时的设备条件和摄像水平，所以镜头较为单调。

2013 年的开场秀时长只有 68 秒，却有 45 个镜头，每个镜头平均 1.51 秒，不到 2002 年平均镜头长度的 40%。拍摄所用机位较多，45 个镜头中只有 3 个镜头是固定镜头，其他镜头都是运动镜头，而且大多运动镜头都不是单一的推拉摇移，而是综合运动镜头，如开场第一个镜头就是推、拉、推、拉，四次快速运动让画面极具动感，与舞蹈快节奏音乐相配合，营造出强劲的动态效果。

两期节目的开场舞蹈都是快节奏的，舞台正面全景都是以观众的头部作为前景，但是二者之间的差异也很大。从上述数据可以看出，与 2002 年的节目相比，2013 年节目的镜头更短、运动镜头更多、镜头的运动也更多样化。除此之外，2002 年节目的画面构图虽然也是动态构图，但画面的结构关系及构图样式基本不变；画面构图大多都是横平竖直，而且大多是正面平拍，只有 3 个镜头是侧面拍摄；画面的景别也以全景为主，这样在拍摄运动场面时不至于漏掉重要的细节舞台；灯光也比较单调，蓝色的光束给画面营造出蓝色基调，和游戏《仙剑奇侠传》的主题略有不搭。2013 年节目的画面构图大多是多构图，在一个镜头内部通过摄像机的各种运动来变化构图形式；画面构图既有水平构图，也有斜线构图：画面景别变化多样，灯光配合动态背景，光效十分丰富。表 6 是两期节目画面构成要素的异同汇总。

表 6　　　　　　　《快乐大本营》两期节目画面构成要素比较

| 构成画面的要素 | 2002 年 6 月 23 日《快乐大本营》 | 2013 年 12 月 7 日《快乐大本营》 |
| --- | --- | --- |
| 镜头 | 31 个 | 45 个 |
| 固定镜头 | 28 个 | 3 个 |
| 运动镜头 | 3 个 | 42 个 |
| 画幅 | 4：3 | 16：9 |
| 构图 | 大多为单构图 | 大多为多构图 |
| 构图方式 | 水平构图为主 | 斜线构图、水平构图 |
| 景别 | 全景为主 | 景别变化较多 |
| 拍摄角度 | 水平拍摄 | 平拍为主，适当俯拍 |
| 拍摄方向 | 正面为主，侧面为辅 | 正面为主，侧面为辅 |
| 光线 | 各色灯束显现出蓝色基调 | 配合动态背景的各色光效 |
| 运动镜头拍摄方式 | 摇 | 推、拉、摇、移、旋转等 |
| 特效 | 无 | 黑底照片旋转，多画面等 |

在 2013 年节目中还出现了摇臂俯拍的画面，摇臂可以从目标主体上部掠过，产生很强烈的冲击力和动感。传统的电视节目以平视角度居多，现在用摇臂拍摄的镜头是越来越多，如《快乐男声》和《快乐女声》中常用摇臂俯拍镜头表现报名参加人数众多。最具有气势的俯拍是航拍，湖南卫视很早就把航拍当作《湖南新闻联播》的常规手段，影响最大的航拍是 2008 年 1 月的抗冰报道。2013 年的真人秀节目《爸爸去哪儿》中常用航拍来拍摄外景，交代拍摄对象与环境的关系。

以上比较虽然只是对同一栏目两期不同年代的节目开场秀的比较，

但是以管窥豹，可见一斑，两期节目的差异基本体现出湖南卫视在文艺表演类节目中画面的变化，那就是画面的手法日趋多样化，画面的表现力更为丰富。文艺表演类节目是许多电视节目形态，如真人秀、脱口秀的重要组成部分，以上分析中的变化也同样存在于很多电视节目形态中。

需要强调的是，除了摄影技术和手法的变化，在文艺表演类节目中，更为重要的还有光效的变化。电视用光最早是照明的要求，其次是完成画面形象的艺术造型。随着当代灯光技术的发展和投影设备的现代化，光被运用制成光景，灯光从幕后走到幕前，开始参与表演。LED新光源的出现，取代了传统意义的画景和舞美，如湖南卫视2009—2013年跨年演唱会等节目的舞台设计。而智能化灯具和数字投影灯的使用，更注重角度选择的多样性，采用分区布光，光效的变化快速而多样，可以用光色及其变化显示环境、渲染气氛、突出中心人物，灯光已经从外部形象的塑造走向内心世界的塑造。如湖南卫视的《我是歌手》从灯光设计到程序操作的各个环节都达到了国内的先进水平，立体的电脑灯阵列，强烈的光束效果，双边逆投追光的人物轮廓造型，注重整个空间的全景染色等，使节目光影千变万化，灯位、程序与节奏之间恰到好处的配合，得到了令人惊叹的画面效果。

2. 非表演类节目中画面的变化

非表演类电视节目形态中，除了表演类节目，更多的是主持人与嘉宾的访谈，我们依然以《快乐大本营》的两期节目为例，比较主持人介绍嘉宾的段落，看看这一类节目中画面是怎样变化的。见表7和表8。

表7 　　　　　　　2002 年 6 月 23 日《快乐大本营》片段

| 镜头编号 | 画面 | 声音 |
| --- | --- | --- |
| 1 | 三主持人中景 | 李湘：我为大家介绍的这位呢应该是大家非常熟悉喜爱的，陆毅，有请！ |
| 2 | 观众席摇镜头 | 何炅：欢迎！ |
| 3 | 陆毅特写摇陆毅、李湘近景 | 陆毅：大家好！何炅你好！李湘你好！<br>李湘：你好！陆毅今天穿得很花花绿绿哦！ |

| 镜头编号 | 画面 | 声音 |
|---|---|---|
| 4 | 四人中景拉四人全景 | 何炅：你看他跟李湘。<br>维嘉：哇…… |
| 5 | 近景从腿上摇至陆毅、李湘近景再推至陆毅特写字幕：陆毅 | 陆毅：说好的。<br>何炅：花样年华。<br>李湘：对啊，今年比较流行这个蓝色带花的衣服啊！<br>何炅：陆毅先跟我们的观众问好，来。<br>陆毅：观众朋友你们好，我是你们的老朋友了，陆毅。 |
| 6 | 观众拉镜头 | 众人：哈哈。<br>何炅：等一下，陆毅。<br>李湘：刚有介绍过啊！ |
| 7 | 四人中景 | 何炅：今天我们这个快乐大本营还很特别，因为它还在新浪网上直播。所以陆毅你还要对网上的朋友说好。<br>维嘉：问声好。 |
| 8 | 陆毅特写 | 陆毅：新浪网上的朋友你们好，相信你们还记得前不久在网上跟我聊天吧！<br>李湘：给自己做广告。 |
| 9 | 四人中景 | 维嘉：陆毅来我们节目绝对还是有一点点紧张，因为上次我跟何炅，不知道今天还会不会这样。 |
| 10 | 陆毅特写 | 何炅：今天他的日子也不好过。<br>李湘：没关系啊，有我在呢。我先问一下陆毅，（指何炅）你觉得他像不像李逍遥？ |
| 11 | 四人中景 | 陆毅：像。<br>李湘：哪里像？ |
| 12 | 陆毅特写 | 陆毅：很逍遥。 |
| 13 | 四人全景 | 全场哄笑<br>李湘：好，谢谢陆毅。<br>何炅：好，其实呢，陆毅还要给我们讲讲最近在拍哪部戏。 |
| 14 | 陆毅近景推至陆毅特写 | 陆毅：最近我在北京拍一部《海洋馆的约会》，所以呢，我今天把我们剧组的全部成员都带过来。 |
| 15 | 四人全景 | 李湘：其实想最后抖包袱的，没想开始就抖出来了，今天剧组所有的主要演员都来到这里，《海洋馆的约会》，谢谢陆毅。 |
| 16 | 七人全景 | |
| 17 | 四人全景 | 何炅：谢谢陆毅。 |

从表 7 所示 2002 年的节目中这一段落时长 88 秒，主要是三位主持人介绍嘉宾陆毅，这一段落一共 17 个镜头，平均每个镜头时长约为

5.2秒,"四人中景"镜头最多,有7个,几乎是每隔一个镜头就有一个"四人中景"镜头。这一段落中,运动镜头有6个,其中摇镜头2个,推拉镜头3个,先摇再推综合运动镜头1个。运动镜头多,而且这些运动镜头没有明显的起幅落幅,运动不稳,说明现场的机位少,各个机位的分工不够明确,只凭现场的调度和后期的剪辑组接镜头。

表8                                 2013年12月7日《快乐大本营》片段

| 镜头编号 | 画面 | 声音 |
|---|---|---|
| 1 | 舞台大全景推 | 张亮:哇塞,我也是第三次上《快乐大本营》了。 |
| 2 | 六人全景,局部放大张亮举起两只手指头的右手,动画:三个黄色大小不一的"?"缩放 | 音效:特殊音效 |
| 3 | 张亮近景,举起三个指头<br>字幕:傻傻分不清楚(红色字,从下方入画) | 谢娜:怎么就突然开始哇塞? |
| 4 | 何炅、谢娜中景 | 何炅:而且他的手还没举开。 |
| 5 | 张亮近景 | 张亮:我觉得真的是非常幸运。 |
| 6 | 何炅、谢娜、张亮中景 | 何炅:而且因为今天没有带天天嘛!所以这个爸爸也,这个穿得非常的青春。 |
| 7 | 张亮近景 | 张亮:对,对啊。那个"拖油瓶"。 |
| 8 | 六人全景<br>字幕:重获自由的爸爸(蓝色字从下方入画) | 音效:数次特殊音效 |
| 9 | 近景急下摇张亮的鞋再上摇至张亮特写 | 维嘉:你别这样。 |
| 10 | 五人中景,维嘉、海涛只有半边身体入画 | 维嘉:天天也在电视机前看啊!<br>音效:特殊音效 |
| 11 | 维嘉、吴昕中景 | 大家:对啊! |
| 12 | 张亮、何炅、谢娜中景 | 谢娜:你跟天天一起上街,叫谁的比较多? |
| 13 | 张亮近景<br>字幕:当然是叫我的多啦!<br>(绿色字体+天天大头像) | 张亮:其实大家都知道,实话肯定是……<br>大家:叫天天的比较多。<br>音效:特殊音效 |

| 镜头编号 | 画面 | 声音 |
|---|---|---|
| 14 | 五人中景，维嘉、海涛只有半边身体入画 | 张亮：对，然后。对，然后就是我之前努力了，那么辛苦的，十年的这个模特张亮这个名字，完全，就瞬间被天天爸爸给代替了。<br>音效：特殊音效 |
| 15 | 张亮近景，何炅、维嘉半边脸入画<br>动画：夸张的蓝色泪水从张亮双眼涌出 | |
| 16 | 五人中景，维嘉、海涛只有半边身体入画<br>字幕：这句开心好勉强（蓝色字。下方入画） | 何炅：你会有点失落吗？<br>音效：特殊音效<br>张亮：没有，没有，我觉得还是很开心的，就是证明就是有那么多的人喜欢我。 |
| 17 | 张亮近景，何炅、维嘉部分脸入画 | 音效：特殊音效 |
| 18 | 何炅、谢娜、海涛中景 | 谢娜：眼泪都快出来了。<br>张亮：还喜欢天天。<br>音效：特殊音效 |
| 19 | 张亮近景，何炅、维嘉半边脸入画 | 何炅：你知道，其实就是我特别要跟大家说一下，很多人都以为说那个，张亮是有了《爸爸去哪儿》之后才火的，其实他之前是焖火，你在模特界，做到的最高的一个位置是？ |
| 20 | 五人中景，维嘉、海涛只有半边身体入画 | |
| 21 | 张亮近景，何炅、维嘉半边脸入画 | |
| 22 | 何炅、谢娜、海涛中景，张亮半边身体入画 | |
| 23 | 张亮近景 | 张亮：圈内就是最高奖项应该是：莱卡风尚男模（音效：特殊音效）。就是一年只有一个。然后包括之前那个胡兵大哥，还有李学庆，都有得过这个奖。然后呢还有，2007《时尚先生》年度男模（音效：特殊音效）。观众欢呼声。 |
| 24 | 张亮、何炅中景。维嘉、谢娜半边入画<br>字幕：莱卡风尚男模（红白条纹做底＋张亮头像）<br>胡兵、李学庆照片 | |
| 25 | 张亮近景<br>字幕：2007《时尚先生》年度男模（红白条纹做底＋张亮头像） | |
| 26 | 何炅、谢娜、海涛中景，张亮半边身体入画 | 何炅：不是，你说的这些都是你得过的对不对？ |

湖南卫视
电视节目形态演变研究

| 镜头编号 | 画面 | 声音 |
|---|---|---|
| 26 | 张亮近景 | 张亮：对对对，在我们时尚圈，就是模特界来说，是比较权威，含金量最高的两个奖项。还有一点，我就是自己特别庆幸的是，我是中国第一位走上米兰时装周的男模<br>音效：特殊音效<br>大家：哇…… |
| 27 | 维嘉、吴昕中景 | |
| 28 | 张亮近景 | |
| 29 | 五人中景，维嘉、海涛只有半边身体入画<br>字幕：中国第一位走上米兰时装周的男模（红白条纹做底＋张亮头像） | |

　　表8所示2013年节目的这一段落时长90秒，是五位主持人介绍嘉宾张亮。这一段落一共28个镜头，平均每个镜头约3.2秒，"五人中景"镜头最多，出现5次。大部分镜头是固定镜头，只有两个是运动镜头，这两镜头都是针对现场突发状况，临时变化的镜头：一个是张亮说着第三次，而举着两个手指头，为了强调"两个手指头"，镜头1"舞台大全景推"的镜头推到一半就切为镜头2"六人全景"画面；另外一个是为了强调"张亮穿着青春"，而"近景急下摇张亮的鞋"。这两镜头，第一个没有落幅，第二个没有起幅，但在节目中并不感到突兀，反而增加了现场感和突发感。

　　和2002年节目的段落相比较，2013年的节目中，平均镜头长度比以前短了2秒，镜头更多、更短，一是扩大了单位时间的信息量，二是给观众以更多的视觉冲击，不至于在看访谈段落时视觉疲劳。

　　2013年的节目中镜头的景别比以前更丰富，但是由于高清节目16：9的画幅，拍摄两人、三人中近景镜头时，很容易拍到两边的人。所以节目中，两人、三人的近景、中景镜头中经常会有两边主持人不完整的身体入画，影响到了画面构图，但也会扩大单镜头的信息量，有时与旁边的人对话时，甚至不用切换镜头。

　　2013年节目和2002年节目最为明显的不同在于字幕和动画的使用上。2002年的节目中，只出现了一次字幕，就是嘉宾的名字。而在

2013 年节目中，字幕的使用非常频繁，不但有介绍嘉宾的字幕，还有为主持人和嘉宾说的话添加的唱词字幕，更有许多字幕为画面增添信息、带来幽默。如表 8 中的镜头 3、8、16 的字幕就是对嘉宾张亮言行幽默的评论和调侃，镜头 13 中的字幕"当然是叫我的多啦！"配上天天的大头像，则是充当了天天的画外音，镜头 24、25、29 中的字幕强化了声音信息。而小动画的添加更是让观众看了会心一笑，如镜头 2 中三个黄色大小不一的"？"在晃动，代表观众在发出疑问，镜头 15 中夸张的蓝色泪水从张亮双眼涌出，夸大了张亮的心情，给观众带来更多的欢乐。

以上对画面构成要素的比较也同样适合于湖南卫视的非表演类节目中的非表演环节。总体来说，湖南卫视电视节目中的画面，机位越来越多、镜头长度越来越短、单位时间的镜头越来越多、画面景别构图越来越丰富，尤其是虚拟画面的使用，既美化了画面的构图，又丰富了画面的内容。

如湖南卫视 2013 年《快乐男声北京唱区男声学院》中，编导多次用字幕给观众带来惊喜：张扬新鲜的草书和随选手同步运动的选手姓名编号，无不爆发出一种年轻的力量；选手刘也习惯用"独一无二"来形容自己的舞蹈，他每说一次，屏幕上都会出现"独一无二"四个大字；选手赵浴辰几乎每句话里都会带个"然后"，他说话时，屏幕上出现了一个计数器，他每说一次"然后"，都会响起"叮"的一声，计数器也跟着增加一个数字。这些字幕创造性地运用，非常吻合节目快乐的宗旨。而 2013 年《快乐男声》从宣传片、新设计的 Logo 到海选场景，满屏幕的红色与张狂的大字一起更是彰显出逼人的青春气息。

（二）活用　借用　混用

电视节目中的声音无外乎就是人声、音乐和音响三大类，传统的电视节目对声音的使用可谓是泾渭分明，不同的电视节目形态中对声音的使用都有不成文的限制。湖南卫视对声音要素创新的方法就是活用、借用和混用。

1. 活用

活用，就是把电视节目形态中现有的声音元素进行灵活应用，以电视新闻节目为例。

我国传统的电视新闻以央视《新闻联播》为代表，播报语态是一种居高临下充满宣传教化味道的"正说语态"，"播音员正襟危坐、不苟言笑，串读新闻稿"①。湖南卫视的《晚间新闻》一改传统的播报方式，除了在新闻内容注重故事化、情节化和细节化之外，在主持人播报、节目串词、解说等各方面都有所创新。

《新闻联播》的开场白是"观众朋友们，晚上好，今天新闻联播的主要内容有"，而在《晚间新闻》中，主持人李锐、张丹丹会以不同的方式开场："老朋友们好""各位观众大人好，盼望和你常见面""大家都到齐了，我们就开始吧"等，让人耳目一新。而在节目的播报过程中，一改解说词一统天下的电视新闻文风，充分利用电视手段，以人物同期声开场，"主体是现场同期声，记者的现场采访起穿插作用，推动新闻人物说新闻，主持人则在一条新闻之后加以点评"②。如 2006 年12 月 5 日播出的"高曙光创业"，一条近 8 分钟的新闻，解说词才 800字，只起到串联过渡、背景介绍、解释说明的作用，在新闻最后，解说词是这样："本片记者李杰也想对自己对不起的人说声 sorry，咱们东方人都比较含蓄，有时候心里觉着 sorry，但说不出口 sorry，所以这个抓住大家心理的 i'm sorry 公司，他的创意真的是 very good，OK！"简短的几句话，既贴心又有记者夹带的"私货"，恰当的点评具有积极的引导作用。

《晚间新闻》对人声语言的活用是对中国传统电视新闻的突破，现在这种说新闻、聊新闻、侃新闻的节目在国内媒体上已经屡见不鲜，而《晚间新闻》已经停播，但是湖南卫视对声音的活用并没有终止。

---

① 欧阳菁、田颖：《央视〈新闻联播〉与湖南卫视〈晚间新闻〉的叙事比较》，《湘潮·理论》2007 年第 1 期。

② 宁耕：《解析湖南卫视的"怪味豆"》，《新闻通讯》2002 年第 7 期。

《播报多看点》之《新闻摇翻你》的主持人杨铱，经常会以角色扮演的方式点评新闻。"2009 年 10 月 23 日，在播报索马里海盗的新闻中，杨铱穿着帅气的水手服戴着时尚的黑框眼镜双手交叉大骂海盗猖獗；在第二天的文强案新闻中杨铱飞舞着手中的教鞭大声指责文强'猥琐'；在一起医疗纠纷的新闻播报中杨铱身穿护士服手上拿着针管直批医院负责人'没有良心'。"① 这样的语言表达方式在传统的电视新闻中是绝无仅有的，在现在的新闻当中也是屈指可数的。

2. 借用

借用是把其他电视节目形态中的声音要素运用到自己的节目形态中。

音乐和音响本来是表演类节目的专属语言，但是现在越来越多地运用在湖南卫视的各种电视节目当中。

湖南卫视的《晚间新闻》节目除了灵活运用人声语言之外，还大胆使用音乐，使新闻显得非常活泼。"在新闻节目中插入音乐，甚至插入流行歌曲，这是《晚间新闻》节目的创新。"② 当然《晚间新闻》并不是滥用音乐，而是用音乐抒发情感或者增添娱乐性。如有一期节目播报湖南一"上访村"，村干部为村民办实事，改变了乡村面貌的故事，新闻结束时插入《为人民服务》这首歌，极好地抒发了情感。而另外一则报道一长期练习软骨功的老人，配上了范晓萱的《健康歌》，让人会心一笑。

另一档新闻资讯栏目《播报多看点》也是将音乐和音效贯穿始终，几乎在每一期节目中均有不同程度的运用。播报快讯时，经常会有音乐作为背景音乐，如 2013 年 12 月 30 日的节目中，即便是"李崇喜违纪""主席套餐"之类的时政新闻也都会加入轻快的电子音乐作为背景，而《求真科学秀》板块里，虽然是纪实拍摄，但在解说和同期声中也将音乐贯穿节目始终，营造一种轻松愉悦的氛围。

---

① 柳溪、刘琛：《消费社会中的新闻多元传播——以湖南卫视新闻栏目〈播报多看点〉为例》，《云梦学刊》2010 年第 6 期。

② 宁耕：《解析湖南卫视的"怪味豆"》，《新闻通讯》2002 年第 7 期。

除了新闻节目之外，还有很多娱乐节目用插曲来引发观众的联想，增加节目的笑点，如"2013快乐男声成都唱区男声学院"，众多雷人歌手信心爆棚，这时配着夸张的字幕响起无比洪亮的歌声，"勇敢的少年啊，快去创造奇迹——"，引发观众无数笑声。

而作为湖南卫视快乐中国的经典栏目《快乐大本营》更是在不同阶段，为栏目专门创作出一首首脍炙人口的主题歌。这些歌曲中，既有像早期李湘、何炅演唱《快乐如风》、剧组全体演唱的片尾曲《快乐英雄》、后期作为片头的《快乐你懂的》这样代表栏目定位的歌曲，也有根据特别活动而创作的歌曲，如《天南地北快乐情》《快乐之旅》《奔向欢乐谷》《快乐的朋友》《美梦成真》等，这些歌曲都与快乐相伴，旋律轻快，歌词简单，成为栏目快乐、温情的声音符号。

音响也是各类电视节目形态乐于借用的声音元素，同样是在《播报多看点》之"求真"板块中，有些字幕出现就会有特殊音效。如2013年12月30日的节目中，当"水壶里的水垢有毒吗?""应该怎样清洗呢?"的大标题字幕出现时，都会有"唰——"的人工特效音。节目中出现有个水壶用了四五十年时，出字幕"谢谢老爷爷"的同时也伴有特效音。

在娱乐节目中，特效运用更多，如上一小节分析的2013年12月17日播出的《快乐大本营》在表8所示段落中，短短1分半钟的时间里就出现了10次不同的人工特效音。

每次人工音响的加入，都仿佛给声音加上了各种标点符号，有的是问号，有的是感叹号，有的是省略号，或许有的还是"你懂得"。简简单单的音响，不但丰富了电视节目的声音元素，也扩宽了观众的想象空间。音响与其他声音元素以及画面元素的有机结合，无疑将会给电视节目形态增添许多亮点。

3. 混用

混用就是将自己节目形态中的声音元素和其他节目形态中的元素混合使用。

《播报多看点》之"早起读经典"板块中，常常会混杂使用音乐、朗读声、采访同期声等声音元素。如 2013 年 12 月 30 日的节目中，在小学生开始朗读《观潮》课文的读书声中，插入关于这篇课文对一些年轻人的采访，当出现一些精彩话语，或者用词不当、较为搞笑的词句时，会在出现夸张字幕的同时加入各种不同的人工音效，在朗读课文的间歇期会在音乐声中，继续加入采访的同期声，夸张的音效当然也是必不可少的。

这种混叠在娱乐节目中也越来越多。比如《我是歌手》中，在歌手演唱的音乐间奏中会混叠对歌手和专家的采访，这是在文艺表演类节目中混入了纪实节目中的同期声，而在主持人介绍下一个歌手时，会混叠上一位歌手返回休息间的同期声和自然音响，显然拓宽了节目声音的信息量，也丰富了该类电视节目形态的声音元素。

显然，对声音的混用是活用和借用的结合，非表演类节目可以借用表演类节目中音乐音响与同期声解说词相配合，而表演类节目也可以在表演过程中加入纪实手法的采访同期声。通过进一步的分析可以发现，混合使用声音元素，实际上是对声画关系的混用。

《我是歌手》中，主持人在介绍下一位歌手的过程中，插入演唱完毕的歌手回到休息室的画面和同期声。这时，画面是演唱完毕的歌手，这个画面和同期声是属于声画同步的关系。而此刻，主持人的声音并没有消失，这个声音与插入的画面又形成声画对位中的声画并行关系。所以这种声音混用的片段中，既有声画同步，又有声画并行，是对声画关系的混合使用。

在 2013 年 12 月 30 日播出的《播报多看点》之"早起读经典"中，混用的声画关系更多。在小学生开始朗读《观潮》课文的读书声中插入采访时，声音既有读书声，也有采访同期声，还有人工音效，某一段画面是双画面，左侧是小学生读课文，这个画面与读书声是声画同步的关系，和采访同期声是声画并行的关系，和人工音效是声画对立的关系；右侧是被采访者的画面，这个画面与读书声是声画并行的关系，和采访同期声是声画同步的关系，和人工音效是声画并行的关系。所以在这一段节目中，混用了六种不同的声画关系，在听觉和视觉上为观众提供更多的联想和潜台词，极大地扩大了电视节目在单位时间内的信息容量。

## 二 题材与主题的演变

电视节目形态构成要素中题材与主题的变化最重要的是体现在节目类型的变化上，这些在上一章中已有较多的论述和分析。在本节中，主要分析对象是每一档具体的栏目内部题材和主题的演变。

（一）新内容 新认识

不同形态的电视节目，其关注的题材是不一样的。每一档栏目，它的题材也是受限制的，正是由于这种限制性，才有了电视节目形态的可能。"限定性是电视节目形态的基本要义，没有限定性就谈不到节目形态，有什么样的限定，才会形成什么样的形态，所谓形态创新，其实也就是对限定方式的创新。"[①]

在广阔的现实生活中，不同形态的电视节目都有其特定的题材，没有一档节目会穷尽万千世界。比如新闻资讯节目报道的是新近或正在发生发现的事实，同样是湖南卫视的消息播报类新闻资讯节目，《湖南新闻联播》"以重要时政、重大新闻、主题性报道为主，同时注重新闻资讯和舆论监督"[②]，而《娱乐无极限》关注的则是娱乐新闻资讯。

但是电视节目的题材又是可以变化和创新的，一是因为随着社会生活的发展变化，总有新的生活内容出现，这些新内容既可以成为新节目形态的题材，又可以成为老节目创新的要素。二是随着人们对电视认识的逐步提高，一些原来认为不适合的题材也会成为电视节目关

---

① 张小琴、王彩平：《论电视节目形态的限定性》，《现代传播》2006年第6期。

② 张齐建：《省级卫视新闻联播的多元化表现形式——以〈湖南新闻联播〉为例》，《新闻世界》2013年第5期。

注的对象。源于这两方面的原因，我们在电视屏幕上才可以看到新题材的电视节目形态的出现，也可以看到旧的电视节目形态在题材要素上的创新。

以《湖南新闻联播》为例，上星之前，是以湖南省内新闻为主要题材，上星之后，将视野扩大到全国。1997 年 7 月 1 日，香港回归，《湖南新闻联播》派出记者奔赴香港，独家采访了湘籍驻港部队司令员刘镇武和香港特别行政区临时立法会主席范徐丽泰；之后的三峡截流、澳门回归等重大新闻事件中，《湖南新闻联播》的系列报道彰显大台风范。除了对省外重大事件的及时报道，《湖南新闻联播》还策划了一系列大型活动，把活动作为自己的报道题材：1999 年末，组织"跨越2000"大型报道，派出多个采访组到全国各地，33 小时不间断新闻直播；2000 年，前往新疆，举行全程徒步 200 千米的"天山车师古道探险活动"，为湖南卫视在西部地区赢得了更多的关注和观众。2000 年之后，《湖南新闻联播》逐步加大民生新闻的分量，对时政新闻、会议报道更是从民生题材入手，如 2007 年"两会"期间推出的《美丽馨年·小城故事》《富民强省·湘村纪事》《大家湘情·湘商》《咱们的老百姓》等系列报道，既生动又有宣传价值。到 2013 年，《湖南新闻联播》的民生新闻更是保持在每期 20 分钟左右[1]，占节目时长的三分之二以上。

对题材的创新不是电视新闻资讯节目的专利，湖南卫视的招牌节目《快乐大本营》虽然靠模仿起步，但"三月一调整，一年一大改"，屡次改版，数次创新，其中题材是变化最多的要素。

开播之初的《快乐大本营》走的是晚会式综艺节目的老路子，以明星歌舞表演为主要题材，晚会感明显，游戏环节较少；开播几期后，《快乐大本营》开始改版，歌舞表演退居为次要题材，节目主打"明星＋观众＋游戏"，众多当红的明星加上搞笑好玩的游戏，在全国刮起

---

① 张齐建：《省级卫视新闻联播的多元化表现形式——以〈湖南新闻联播〉为例》，《新闻世界》2013 年第 5 期。

了"快乐旋风";1998 年，推出"快乐小精灵"环节，用真人秀的形式展现"小朋友童言无忌、机灵可爱的特征";1999 年，联手各地电视台推出走进全国各地的节目，如《走进青海》《走进新疆》《湘豫情》等，还与凤凰卫视联合录制了《两地情 一家亲》;2000 年，推出"乐华IQ 无限"板块，以智力竞赛为主题，考验参与者的想象力和联想力;2001 年，推出"太阳计划"，录制外景片在节目中播出，将快乐延伸到了户外;2002 年，改为录播后的《快乐大本营》开始打造"快乐之旅":"快乐之旅——古城凤凰环保行""深圳欢乐谷快乐之旅""新婚快乐之旅"等活动，外拍的花絮在当时《快乐大本营》常规节目中播出，加上专门录制的《快乐大本营》"快乐之旅"特别专场，吸引了全国各地的观众;2003 年，推出"爱的速递"环节，《快乐大本营》来到观众的身边，帮助观众实现对亲人朋友爱人的愿望;2004 年，栏目组推出"你最红"系列活动:"夺宝你最红"让《快乐大本营》的忠实观众来现场参加游戏节目赢取大奖，"运动你最红"让大学生自组团队，参与"快乐滚不停"等大型竞技游戏，"冒险你最红"在全国 2 万名观众中，通过五花八门的才艺展示和一关关比耐力、比勇气、比智慧的冒险考验，选拔 6 名观众在宁夏参加节目录制，连续三期节目没有明星嘉宾，只有真实环境中的冒险大比拼，这是《快乐大本营》第一次把录制的题材全部放在外景地;2005 年的"和路雪快乐心相通"让参赛者自行组队，在游戏竞技比赛中考验参赛团队队员之间的心意相通，默契配合;2005 年，推出主持人"换血"行动，通过"快乐主持群挥泪告别"的演唱会、观众拉票会和主持人 PK 战，观众看到了一场隆重的"主持人下课秀"，三位主持人完成"化茧成蝶"的新突破;2005 年，推出的"仁和·闪亮新主播"是国内第一档零门槛的主持人选秀活动，通过层层选拔，可爱搞怪的杜海涛和美丽大方的吴昕脱颖而出和三位老主播组成"快乐家族"主持群;2006 年，将体育题材与室内综艺完美结合，打造"肯德基三人篮球赛"系列，推广"天天运动，健康一生"的生活理念;2008 年，推出"我爱奥运"系列活动，众多大牌明星回归舞台，五位主持人和小学生一起运动，助威北京奥运；2009年，推出"校花校草"主题系列，南北大PK，"365种美丽"，再掀校花校草大讨论；2011年，推出"神马都给力"，节目组从网络红人、特色草根、潮流达人、行业翘楚中选拔最具有娱乐精神的普通人组成"给力团"，并针对各自不同特点选择明星组成"帮帮团"，通过两两搭配参与竞争的方式，打造"全民来给力"的娱乐互动平台；2012年，全新推出"啊啊啊啊（ā á ǎ à）科学试验站"环节，将科学题材和综艺结合，给观众带来不一样的节目效果和科学实验，为节目增加了知识性和趣味性；2013年，《快乐大本营》继续更新游戏环节、增加特色板块。

《快乐大本营》之所以17年不倒，正是由于对节目题材和形式的持续不断创新。而湖南卫视还有些节目也会推出一些特别节目，进行题材上的尝试。比如《晚间新闻》（《晚间》）自1998年改版以来题材多年如一日都是"奇"闻"趣"事，在2006年底推出了为期一周的特别节目"洞穴之光"，讲述的是栏目举办的"以孩子影响孩子"活动中，7个城市里的孩子和洞穴村落的孩子一同生活、互相影响的故事，该系列节目成为影响了很多学生和老师的良心之作。除此之外，《晚间》也报道过"中国十大慈善家"的陈光标，还在2008年推出过专题节目《身边的袁隆平》，对这些人物，不是单纯的正面说教，而是去挖掘人物背后的喜怒哀乐，也丰富了这个栏目的题材范围。

为了配合正在热播的节目或正在举行的活动，湖南卫视经常在好几档栏目以相应的题材来做配合。在《快乐男声》《快乐女声》期间，经常让选手参加《天天向上》《快乐大本营》等节目，为节目宣传。早在2005年，湖南卫视播出《大长今》前，在《超级女声》"五进三"的比赛中，让五位超级女声演唱《大长今》主题歌，为《大长今》的播出宣传造势。

虽然上述节目只是湖南卫视诸多节目中的个案，但也显现出湖南卫视电视节目形态在题材创新上的不遗余力。

（二）不变之下的多变

所有的电视节目都有主题，对某一电视节目形态而言，也会有一个总体的主题，而每一期节目的主题则是涵盖于节目形态主题之下的。本节要分析的主题，既有形态的主题（也可以说是栏目的主题），也有同一形态之下不同节目的主题变化。

不同形态的电视节目主体大多是不相同的。比如湖南卫视 2012 年推出的三档以新闻冠名的节目，三档节目形态不同，主题也完全不同：谈话辩论类节目《新闻公开课》的主题是"倾听年轻人声音"[①]，调查评论类节目《新闻当事人》的主题是"还原新闻背后的真实，关注大时代的个体命运"[②]，而生活服务类节目《新闻大求真》主题是"用科学的方法关注社会热点，用实验的方式还知识于民"。

而同样的电视节目形态，不同的栏目，其主题也是有差异的。同是湖南卫视的音乐真人秀节目，《超级女声》《快乐男声》的主题是"想唱就唱"，《我是歌手》是通过厚重而又丰满的歌手们对音乐艺术孜孜不倦的追求来彰显求真、求美、催人向上的正能量，《中国最强音》则是通过草根歌手的不断逆袭上演了一出全民音乐进取真人秀。

对同一档栏目而言，每期节目的主题也是有差异的。《快乐大本营》栏目的主题是"健康快乐"，虽然这个大主题不变，但每期节目也会设定一个主题。早期节目的主题大多是时尚、健身、电影、爱国等，也有根据策划的活动而特定的主题，如"快乐之旅""冒险你最红"等。后期节目则是根据嘉宾的不同身份性格有不同的主题，也有一些是根据播出的日期推出节日主题。表 9 是对 2010 年 5 月、6 月播出《快乐大本营》节目主题的统计。

---

① 高静宁：《新闻课堂：电视新闻评论节目的新样式——以湖南卫视〈新闻公开课〉为例》，《青年记者》2012 年第 6 期（下）。
② 葛营营：《新闻故事化中的新闻和故事的关系——以〈新闻当事人〉和〈60 分钟〉为例》，《现代视听》2013 年第 5 期。

表 9　　　　　　　　　2010 年 5—6 月《快乐大本营》节目主题

| 日期 | 主题 | 嘉宾 |
|---|---|---|
| 5 月 1 日 | 劳动最光荣 | 张靓颖、黄靖伦、大嘴巴、项瑾、刘佳、韩火火 |
| 5 月 8 日 | 美人驾到 | 黄秋生、殷桃、李承铉、石小群、万妮恩 |
| 5 月 15 日 | 新名堂 II | 范晓萱、贾玲、白凯南、100％乐队 |
| 5 月 22 日 | 3 位真火 | S. H. E、刘力扬 |
| 5 月 29 日 | 哎呦，不错哦 | 周杰伦、杜国璋 |
| 6 月 5 日 | 今夜来踢馆 | 沈凌、马丽、大左、刘刚、谢楠 |
| 6 月 12 日 | 美了美了 | 郭静、丁当、张子萱、李斯羽 |
| 6 月 19 日 | 完美男人 | 《枪王之王》剧组（古天乐、吴彦祖、张杰、尔冬升、秦沛、杜汶泽、林雪）、米卢、祁宏、贝克汉姆、许志安 |
| 6 月 26 日 | 他们夏了夏天 | 《出水芙蓉》剧组（阿娇、冯德伦、方力申） |

　　从表 9 可以看出，9 期节目中，只有 5 月 1 日那一期的主题是配合国际劳动节的"劳动最光荣"，其他 8 期的主题都是根据嘉宾的身份特点量身定做的。

　　还有一些栏目的主题在播出季中也会发生变化。如《勇往直前》栏目 2007 年强调的是"挑战"，2008 年联动青基会融入公益元素，节目的主题增加了"慈善"的内容。而慈善这一主题也融入了湖南卫视后续的《阳光伙伴》《智勇大冲关》等体育题材的节目中，《智勇大冲关》"阳光、快乐、慈善"的模式 2008 年被国家新闻出版广电总局作为"典型节目形态"推介。

　　从上述节目主题的变化可以看出，不管是栏目大主题，还是每期节目的主题，其变化和创新是在基本主题不变的基础上的变化，如果一个栏目的主题有了突变，那么该栏目的形态就有了质的变化。

### 三　主体与观众的演变

　　电视节目形态诸要素中，主体和观众是最具有独特性的，尤其是节目的主体，很少有电视节目的主体是一模一样的。除了个别节目，大部分电视节目的主体也是可变性最强的。

（一）嘉宾多元化　主持人群体化

对一档成熟的电视栏目来说，不变的是主持人，常变的是嘉宾。

情感故事类栏目《背后的故事》2003年开播时，请的嘉宾大都是重大事件的当事人和亲历者，这和栏目偏向于新闻性有关。到了2004年，随着频道"快乐中国"定位的明确，主持人、本土笑星等明星资源开始进入到嘉宾行列当中。2006年以后，更是加大了明星比重。2008年为了配合频道定位，娱乐变成节目的主攻方向，嘉宾也变成清一色的明星。与《背后的故事》相反的是《金鹰之星》，最初的《金鹰之星》是讲述金鹰奖获奖明星的成长故事，嘉宾当然是红极一时的明星，播出不久才改为大型电视偶像选拔真人秀，嘉宾变为参赛的电视新秀。

以上两档节目由于嘉宾的变化致使节目形态的类型也发生了变化。而《快乐大本营》中嘉宾的变化并没有导致节目形态类型的大变动，早期的《快乐大本营》以明星歌舞表演为主，但也经常会邀请包括边防战士、下岗女工在内的普通人作为嘉宾。在"观众＋明星＋游戏"时期，参与节目活动的普通人开始成为节目的主角，到了"冒险你最红"，连续3期节目，没有一个明星嘉宾。现在的《快乐大本营》每期都会请来若干组嘉宾，有明星大腕，也有平民百姓，主持人与嘉宾进行谈话、游戏等互动。《快乐大本营》嘉宾的变化和每一阶段观众收视喜好是息息相关的：当观众看厌了明星的光鲜亮丽时，零门槛的《超级女声》吸引了观众的眼球，这一时期，《快乐大本营》的嘉宾自然也就偏重于普通百姓；而当观众不再满足于邻家小妹隔壁大哥时，《舞动奇迹》等明星真人秀应运而生，《快乐大本营》的嘉宾选择又回到了明星的老路上。从开播到现在，仍然有一个一直不变的嘉宾类型，就是当某电视剧或者电影上映时，剧组人员会成为《快乐大本营》的嘉宾，为新作造势。

除了嘉宾自身的身份、类型的变化之外，嘉宾在电视节目中的作用也在发生变化和创新。2013年，湖南卫视购买韩国"顶级歌手竞赛真人秀"节目《我是歌手》版权一年多之后推出的顶级歌手巅峰对决节目——《我是歌手》，对嘉宾元素进行了更进一步的创新："非实力唱将，此地危险，非天籁歌喉，无立锥之地"，这是《我是歌手》节目宣传语。《我是歌手》的主体是职业歌手，其中不乏"天王""天后"级的明星，7组选手各个都有一副好嗓子是肯定的，这么好的明星嘉宾参与的节目，首先是歌手的表演秀；但是在"草根变明星"的选秀节目重围中，《我是歌手》反其道而行，选择观众公认的唱将，让明星变"草根"，同台竞技，成为被观众评选和点评的对象，这让节目充满看点，于是嘉宾元素多了一层竞赛节目的选手的身份；《我是歌手》一期节目长达 90 分钟，只有 7 首歌，其他时间则是对歌手们彩排、表演期间台上台下的真实记录，每个歌手都配备了专门的编剧和摄像，负责记录和挖掘每周在音乐或个人故事上的冲突和买点，一期录制产生 1000 多小时的素材，再由主编剧进行系统计划，进行后期剪辑，将近 600∶1 的片比，呈现给观众除了音乐表演外还有 7 组歌手的真人秀，嘉宾又变成了真人秀纪实的对象；《我是歌手》没有设置传统的主持人，而是由嘉宾之一羽泉组合的胡海泉担当主持人，在总决赛中又启用歌手沙宝亮担任返场歌手演唱部分的主持。海泉的主持，不管是每期节目对自己组合演唱歌曲的过度铺垫介绍，还是两个"zhi"后必不可少的俯卧撑，都和传统主持风格大相径庭，也为节目增色不少，于是，在《我是歌手》中，嘉宾摇身一变成了主持。这样，《我是歌手》中的嘉宾就兼有文艺节目的演员、竞赛节目的选手、纪实节目的主体对象和主持人这四种特征。

《我是歌手》中嘉宾身份和作用的变化体现出的是节目形态的融合，《我是歌手》的节目形态中融合了文艺表演节目、竞赛游戏节目和真人秀三种节目形态，再加上歌手反串主持，这才让嘉宾的身份多样化。而节目形态的融合也是电视节目创新的一大趋势。

电视栏目中的主持人一般是很少变化的，但是也有例外，如《快乐大本营》就更换过好几次主持人。1997 年栏目开播的第一期是由李湘和李兵主持。第二期,电台播音员海波接替了李兵,海波主持了 8 个月因个人原因离开。戴军和赵保乐都和李湘搭档,做过代班主持,直到 1998 年何炅加入,才结束了"铁打的李湘,流水的男主持"的局面。1999 年,李维嘉担纲外景主持,2002 年,李维嘉和何炅、李湘一起担任现场主持,增加了阿鹏(杜家毅)、叶子(谢娜)两个外景主持人,这是《快乐大本营》第一次启用五名主持人,只是持续时间不长,节目仍由"铁三角"主持。2004 年 10 月 30 日李湘主持最后一期《快乐大本营》离开后,栏目一度由何炅和李维嘉主持。2005 年 5 月,谢娜和何炅、李维嘉搭档,第一次正式出任《快乐大本营》现场主持,10 期节目过后,主持人"大换血",何炅战胜了李维嘉和谢娜,一人留任主持《闪亮新主播》,谢娜和李维嘉留任担当"嘉娜评审团"。2006 年,"闪亮新主播"冠亚军杜海涛、吴昕与何炅、谢娜、维嘉组成"快乐家族"主持人群。

主持人群是"由多位(3 位及 3 位以上)主持人在同一节目现场以即兴交流的方式,共同主持节目的合作形式"①。传统的电视节目大都是一两个人主持,《快乐大本营》首创"主持人群"模式,从早期的"三人主持人群"到现在的"五人主持人群"。继《快乐大本营》之后,湖南卫视许多栏目都启用多名主持人,如《天天向上》《挑战麦克风》《天下女人》《智勇大冲关》等。主持人群一般都有一个核心人物,大家分工协作,多种风格可以满足多样化的需求,已经成为综艺娱乐节目的一个亮点。

除了主持人群,湖南卫视在节目主体的创新不少,早在 1999 年,《新闻点评》就特邀香港凤凰卫视主持人卜邦贻担当主持,是国内第一档邀请港台名嘴做主持的节目。在《挑战麦克风》中设置了歌声鉴定机器"Mr. Mic"作为评委,为选手的演唱进行分段打分。在电视新闻

---

① 赵俐:《浅析娱乐节目中"主持人群"的语言交际特点及其效果》,《中国电视》2010 年第 9 期。

节目中，湖南卫视也是独辟蹊径，在《湖南新闻联播》中设立了"胡湘平"这一虚拟姓名作为自主评论品牌，湖南卫视资深记者和编辑以这一名字撰写的点评式短评，拥有专属的文风和立场，以口播加字幕的形式配合新闻报道播发，鞭辟入里、掷地有声，具有较强的时效性和针对性。"胡湘平"名字虽属虚构，但其作为节目主体在电视新闻节目中所起的作用却不容忽视。

虽然有些人对诸如"主持人群"这样的创新并不看好[①]，但湖南卫视的试水还是为电视节目形态的创新提供了一种可能，多元的、丰富的，才是电视节目形态的重要特性。

（二）场内多元化　场外网络化

电视观众对电视节目形态的影响主要体现在对电视节目的参与上，观众参与节目的形式是多种多样的。

《快乐大本营》中一定会有现场观众，这些观众有的来自节目冠名企业，有的来自本期节目涉及的单位，也有的是某个嘉宾的亲友团、"粉丝团"，这些观众团一般都有独特的名称、统一的服装和口号等。随着媒体受众意识和观众主体意识的不断加强，现场观众的类型不断多样化，2013年《快乐男声》就采用百名美女观众团在海选现场呐喊助威，《我是歌手》的 500 名现场观众则是分别来自五个年龄段，每个年龄段 100 人。

现场观众不仅观看节目，还能与主持人互动，和嘉宾一起做游戏。早期《快乐大本营》中的现场观众还可利用座位边的按钮为嘉宾投票，也能进入表演区向嘉宾献花。从 2000 年开始，《快乐大本营》更是强化了观众对节目的参与性，让观众和明星配对参与游戏，有的环节甚至整期节目中，只有观众在参与游戏，现场观众已经成为节目的主体。相亲节目《玫瑰之约》中，男女嘉宾会主动听取亲友团的建议，亲友

---

①　宫兆敏、安立国：《电视综艺节目"主持人群"现象探析》，《新闻传播》2013 年第 6 期。

团也会对中意的嘉宾进行游说。《我是歌手》中，现场观众在歌手演唱结束后，根据歌手表演的精彩程度，为自己觉得唱得最精彩、与自己达到心理共鸣的三个歌手在投票单上画勾，由计票人员最后统计票数。观众离开后，导演宣布名次，每两期淘汰票数最低的一位明星，再由另一位神秘嘉宾顶替参加下期节目，7组歌手的命运由500位现场观众来决定。《我是歌手》还在舞台上方特意增加了2个提词器，正对着观众，让观众融入歌曲的情境当中，同时用15个机位全程拍摄观众的表情和动作，在后期制作中，将大量的镜头放在了观众身上，经典老歌让现场观众感动落泪、起立鼓掌，也感染了电视机前的观众，这些观众自身也成为节目的一个组成部分而被电视机前的观众观看。

场外观众的参与，在有些节目形态中是一个重要的节目环节，也是节目情节发展的推动力。《快乐大本营》早期的节目中，场外观众拨打热线电话支持自己喜爱的嘉宾，场外支持率越高，嘉宾获得的奖品就越丰厚。随着手机和网络的普及，越来越多的节目利用短信和网络让场外观众参与节目，不仅吸引了观众，也为节目带来商机节目，2005年的《超级女声》让短信投票到达巅峰，总决赛中，仅总冠军李宇春就赢得了352万条短信的支持，整个节目当年"获得3000万元左右的短信收入"①。2006年《超级女声》引入短信投票复活机制，但在比赛进程中，由于"短信门"事件频发，备受争议，栏目组终于决定取消所有短信投票方式，采用固话、移动梦网和QQ等方式进行投票。

场外观众通过网络和移动网络参与节目是网络时代的产物，尤其是智能手机的普及导致移动网络参与成为目前场外观众参与电视节目最重要的方式，二维码、微博、微信、APP，一个都不能少。

二维码的介入，开启了电视节目的"双屏互动"时代。湖南卫视播出的电视中，有时会出现好几种二维码。2013年《我是歌手》播出

---

① 《超级女声短信投票狂圈钱　今年短信收入3千万》，http：//net.chinabyte.com/65/2081565.shtml，2005 - 08 - 22。

时，有引导手机下载"呼啦"APP的二维码，也有引导到湖南卫视官方微信的二维码，还有连接到《我是歌手》微信号的二维码。通过二维码，观众可以同步参与节目游戏，实现电视大屏幕和手机小屏幕之间的互动，这让通过电脑和手机看电视的年轻观众重新回到电视机前成为一种可能。

微博是中国网民上网的主要活动之一。观众不但可以通过节目官方微博或者栏目编导、主持人的私人微博进行留言参与节目，还可以通过微博查看最新的节目信息。如2012年湖南卫视春晚直播过程中，湖南卫视官方微博每十分钟左右发布一条消息，图文并茂，28条微博满足了那些不能看电视直播的观众的需要，让他们通过手机就能感受到晚会现场的气氛。也有些媒体打造专属微博的电视节目，如湖南卫视与搜狐微博合作的《好奇大调查》，是国内第一档微博深度互动节目，主持人每期上网查看节目微博，从微博中寻找调查的题目，并通过微博实时分享节目拍摄过程中有意思的花絮，让电视观众和网民同时参与到解谜之中。

微信是近年增长速度最快的移动社交平台，观众可以和节目的公众微信号进行互动。如《我是歌手》栏目，2013年的微信公众号，每天发布四五篇关于该节目的图文并茂的文章，有节目歌单，也有每期结果，更多的是各媒体对该节目的分析报道，节目在播出时，还会用字幕游走的方式显示观众在微信上的实时文字留言表达对歌手的评价和喜爱；2014年，《我是歌手》的微信公众号功能再度升级，不仅提供节目资讯和精彩花絮的图文，让用户进行话题讨论，用户还能欣赏到精彩视频，聆听无损音质的全部歌曲，也能进入《我是歌手》微社区和其他观众交流互动，还能通过新浪微博通道直接进入《我是歌手》微博进行互动。

2012年，金鹰网推出的"芒果圈"APP，是国内第一个为粉丝量身定制的跨媒体互动手机客户端，用户在观看湖南卫视电视节目的同时，登录手机"芒果圈"，就可以同步参加与节目、剧集相关的竞猜、

145

讨论、转盘、投票、限时秒杀等活动。该年的金鹰电视节"最具人气男女演员"启用"芒果圈"APP投票渠道，首次将手机APP应用于电视节目奖项的投票评选之中，被网友称为"投票神器"。2012年底湖南卫视推出移动社交应用APP——"呼啦"，虚拟设计了"呼啦"星球，将电视与游戏、虚拟与现实相结合，吸引了不少粉丝。湖南卫视在节目的左下角插入二维码，供观众免费下载注册"呼啦"，只要完成任务就可以在"呼啦"星球中得到属性增长，也能获得奖品。所有用户可以在话题板块谈论节目的精彩，还能对电视栏目的形态创新、嘉宾人选提出自己的看法。"呼啦"自湖南卫视跨年狂欢夜推出后，紧贴湖南卫视的热播剧集、大型晚会，改变了许多观众的收视习惯。通过"呼啦"这个海纳百川的平台，观众提出的创意环节随时可能出现在湖南卫视的节目中。除此之外，湖南卫视还有"芒果TV手机电视""快乐购商城"等官方APP，也有第三方公司开发的"快乐大本营""芒果TV""何炅资讯台""我是歌手"等APP，通过这些APP，手机小屏与电视大屏之间亲密联动，也形成电视媒体对观众注意力的"包围圈"。

随着移动网络的发展，观众参与电视节目的方式一定会更多。

## 第二节　湖南卫视电视节目形态构成方式演变分析

相对于构成元素的变化，电视节目形态中构成方式的变化要少得多，大多也都是对其他节目形态构成方式的借用和混用。

### 一　蒙太奇与长镜头的演变

传统的电视节目中，节目的片头和宣传片大都采用快节奏的蒙太奇剪辑，一般快节奏的文艺表演类节目也常用快剪快切来体现节奏感。

从本书第三章第一节的分析中可以看到，湖南卫视电视节目形态演变的趋势是，画面时长越来越短，景别、角度越来越多，这种镜头的蒙太奇组接会使得叙事节奏加快、视觉刺激增强。从蒙太奇和长镜头的角度分析，表5、表7、表8所示例的段落大多属于连续蒙太奇，只有表7中镜头5是一个长镜头，时长10秒，镜头从没有起幅的近景开始，从陆毅、李湘腿部摇至陆毅、李湘上半身近景，再推至陆毅面部特写，先强调二人着装的不同，后引导观众的注意力到陆毅的说话上。在演播室谈话节目中，真正意义上的长镜头是不多见的，剪辑也只限于连续蒙太奇的剪辑。

在真人秀节目中，在故事片和电视剧中常用的蒙太奇已经成为组合电视画面和声音的主要方式。《变形记》经常采用平行蒙太奇来表现交换双方的生活场景，造成叙事的张力，也便于设置悬念和包袱。《我是歌手》中，经常将舞台、歌手休息室和走廊三个空间的画面交叉播出，营造出一种紧张的比赛气氛；在歌手演唱当中，还会插入对歌手及专业评审的采访，补叙选手当时的状态、心情和专业评审对歌手演唱的评价等，从而扩大节目的信息量。《中国最强音》"导师之家"中，导师选择选手时，经常会重复交叉导师与选手的特写镜头，强化了悬念，也凸显了导师纠结、选手忐忑的心态。《中国最强音》第5集导师宣布晋级结果时，将两组选手放在一起交叉剪接，导师或先抑后扬或先贬后褒的陈述，加上交叉蒙太奇的快速剪辑，使得选手和观众都产生了错误的判断，直到最后导师和选手同时出现在画面当中，观众才会恍然大悟，增加了节目的戏剧性。

除了叙事蒙太奇之外，湖南卫视的很多节目中还用表现蒙太奇来抒情。《中国最强音》中选手讲述面对挑战的心情时，插入海面上飞过海鸥的画面，选手演唱结束后的海浪冲刷海滩的空镜头，都与剧情没有直接关系，却恰当地体现出节目竞争的激烈和优胜劣汰的规则。

蒙太奇作为电视节目形态创新的重要手段之一，也是吸引观众的利器。2013年《快乐男声男声学院》以其独特新颖的蒙太奇手法被很多媒体笑称"神剪辑",节目一开播,就有人认为2013年的《快乐男声》,翻身全靠"神剪辑"。《男声学院》几期节目将大量的慢镜头、特写融入节目当中,无论是特色选手有趣的出场方式,还是奇葩选手蒙太奇的交叉剪辑,从搞笑段落和煽情段落相间的结构把控,到极具卡通感的后期效果,不仅流畅表达了比赛实况,更渲染了比赛过程中的笑点与料点。

表10是《快乐男声男声学院长沙唱区十强诞生记》中的片段之一。在这个片段中,镜头1—5初看是正说,用来表述选手的梦想,但镜头2、3、4用了升格慢镜头,对动作场面进行时间上的夸大处理,与香港电影中的恶搞慢镜头非常神似,所以这一段蒙太奇中也有戏说调侃的成分在里面。镜头7—13是对风格相似的四名选手的交叉蒙太奇拼剪,形成一种情绪的累积,目的是与后面的演唱形成反差。到14—17四位选手的演唱段落时,自述的梦想与演唱的差距自然就形成了喜剧效果。

表10　　　　《快乐男声男声学院长沙唱区十强诞生记》片段

| 镜头编号 | 画面 | 字幕 | 声音 | 画外音 | 时间 |
|---|---|---|---|---|---|
| 1 | 黑屏白字:<br>我有一个梦想<br>I HAVE A<br>DREAM | | | | 9′24″—<br>9′28″ |
| 2 | 场外众选手<br>俯拍中景左<br>移镜头(升格) | | | 人工音效声:<br>"嘀"<br>背景音乐弦乐<br>+女声哼唱 | 9′29″—<br>9′33″ |
| 3 | 场外众选手<br>俯拍中景右<br>移镜头(升格) | | | | 9′34″—<br>9′38″ |
| 4 | 场外众选手<br>俯拍中景移<br>镜头(升格) | | | | 9′38″—<br>9′42″ |
| 5 | 三选手全景 | | 选手:想唱就唱<br>听我的 | 音效"叮" | 9′42″—<br>9′45″ |
| 6 | 场内观众中景 | | 观众哄笑 | 音效声 | 9′45″—<br>9′46″ |

| 镜头编号 | 画面 | 字幕 | 声音 | 画外音 | 时间 |
|---|---|---|---|---|---|
| 7 | 参赛选手甲近景固定镜头 | | 甲选手：从小喜欢唱歌，这也是我的梦想 | | 9′46″—9′49″ |
| 8 | 参赛选手乙近景固定镜头 | | 乙选手：要做一名歌手是很困难的，但这是我的 | | 9′49″—9′55″ |
| 9 | 场内观众中景固定镜头 | | 梦想，我要追逐它，哪怕多么的艰难 | | 9′55″—9′56″ |
| 10 | 参赛选手丙近景固定镜头 | | 丙选手：因为相信自己，谢谢音乐，相信这个舞台能让我成长 | | 9′57″—10′00″ |
| 11 | 参赛选手丁近景固定镜头 | | 丁选手：我想改变自己，突破自我，展现不一样的我，听清楚了吗 | 现场观众和评委欢呼声 | 10′00″—10′05″ |
| 12 | 分屏画面尚雯婕、蔡国庆、陶晶莹近景固定镜头 | | 陶晶莹：好的听你的 | 现场观众尖叫声 | 10′05″—10′07″ |
| 13 | 选手丁近景固定镜头 | YES SIR!（白底红字） | 丁选手：好，YES SIR | | 10′07″—10′10″ |
| 14 | 选手甲演唱段落，被淘汰 | | | | 10′10″—10′23″ |
| 15 | 选手丙演唱段落，被淘汰 | | | | 10′24″—110′42″ |
| 16 | 选手乙演唱段落，被淘汰 | | | | 10′43″—11′00″ |
| 17 | 选手丁演唱段落，被淘汰 | | | | 11′01″—11′17″ |

　　《快乐男声男声学院成都唱区十强诞生记》更是把这一蒙太奇技巧做到了极致，见表11。

表11　　　　《快乐男声男声学院成都唱区十强诞生记》片段

| 镜头编号 | 画面 | 字幕 | 声音 | 画外音 | 时间 |
|---|---|---|---|---|---|
| 1 | 空镜头 | 成都我来了 | | 效果音"嘟" | 35′32″—35′33″ |

| 镜头编号 | 画面 | 字幕 | 声音 | 画外音 | 时间 |
|---|---|---|---|---|---|
| 2 | 选手甲全景中景快切 | | | | 35′33″—35′35″ |
| 3 | 评委陈坤近景 | | | | 35′35″—35′37″ |
| 4 | 选手乙全景固定镜头 | | 选手乙：大家好 | 背景音乐《奔跑》 | 35′37″—35′38″ |
| 5 | 评委陶晶莹近景固定镜头 | | | | 35′39″—35′40″ |
| 6 | 双胞胎选手丙 | | 选手丙：HELLO EVERYBODY | | 35′40″—35′41″ |
| 7 | 陈坤近景镜头 | | | | 35′41″—35′42″ |
| 8 | 选手甲近景 | | 选手甲：为了参加快乐男声，我准备了5年，在大学里是老师、同学们心中的歌神 | | 35′42″—35′45″ |
| 9 | 陈坤近景 | | | | 35′45″—35′46″ |
| 10 | 选手甲近景 | | | | 35′46″—35′48″ |
| 11 | 选手甲特写 | 歌神（白色大字） | 选手甲声音回音效果：歌神、歌神 | 效果音"嘟" | 35′48″—35′49″ |
| 12 | 陶晶莹近景 | | 选手乙：想唱就唱，我最闪亮，我觉得我的歌声是这次舞台上最嗨的 | | 35′49″—35′50″ |
| 13 | 选手乙中景推镜头 | | | | 35′51″—35′54″ |
| 14 | 选手乙特写 | 最嗨的！！（白色大字） | 选手乙声音回音效果：最嗨的 | 效果音"嘟" | 35′54″—35′55″ |
| 15 | 陈坤近景固定镜头 | | 双胞胎选手丙：我参加快乐男声的目的只有一个 | | 35′55″—35′56″ |
| 16 | 双胞胎选手丙中景固定镜头 | | | | 35′56″—35′57″ |
| 17 | 评委蔡国庆近景固定镜头 | | | | 35′57″—35′58″ |
| 18 | 双胞胎选手丙近景固定镜头 | 征服（白色大字） | 双胞胎选手丙：征服所有的人 | | 35′58″—35′59″ |
| 19 | 陈坤近景固定镜头 | | | 回音效果：征服所有的人 | 35′59″—36′00″ |
| 20 | 陶晶莹近景固定镜头 | | | 回音效果：征服所有的人 | 36′00″—36′01″ |

湖南卫视 电视节目形态演变研究

续表

| 镜头编号 | 画面 | 字幕 | 声音 | 画外音 | 时间 |
|---|---|---|---|---|---|
| 21 | 双胞胎选手丙中景固定镜头 | 字幕划入：勇敢的少年啊（白字） | | 女声歌声：勇敢的少年啊 | 36′01″—36′02″ |
| 22 | 选手乙近景固定镜头 | | | | 36′02″—36′03″ |
| 23 | 选手甲近景固定镜头 | | 选手甲：我要进全国十强 | | 36′03″—36′04″ |
| 24 | 陶晶莹近景固定镜头升格慢镜头 | 字幕拉出：快去创造奇迹（红字） | | 女声歌声：快去创造奇迹 | 36′04″—36′06″ |
| 25 | 蔡国庆近景固定镜头升格慢镜头 | | | | 36′06″—36′07″ |
| 26 | 陈坤近景固定镜头升格慢镜头 | | | | 36′07″—36′08″ |
| 27 | 陶晶莹近景固定镜头 | 陶晶莹：好听你的，来 | | | 36′08″—36′09″ |
| 28 | 选手甲演唱段落，晋级失败 | | | | 36′10″—36′28″ |
| 29 | 选手乙演唱段落，晋级失败 | | | | 36′29″—36′58″ |
| 30 | 选手甲近景固定镜头 | | | 陈坤：我看你的资料上写的是《飞得更高》 | 36′58″—37′00″ |
| 31 | 陈坤特写固定镜头 | | 我熟悉的是汪峰的《飞得更高》，你是唱的是谁唱的飞得更高 | 背景音乐 | 37′00″—37′05″ |
| 32 | 选手甲近景固定镜头 | 晋级失败 | | 效果音"咚" | 37′05″—37′06″ |
| 33 | 双胞胎选手丙中景固定镜头 | | 选手丙：各位评委老师，我准备好了，可以开始了吗 | | 37′06″—37′09″ |
| 34 | 双胞胎选手丙近景固定镜头 | 字幕渐大：快去创造奇迹（红字） | | 女声歌声：快去创造奇迹 | 37′09″—37′10″ |
| 35 | 分别陶晶莹，陈坤，蔡国庆近景固定镜头 | | | | 37′11″—37′13″ |

第三章 湖南卫视电视节目形态构成要素和组合方式演变分析

151

湖南卫视○电视节目形态演变研究

| 镜头编号 | 画面 | 字幕 | 声音 | 画外音 | 时间 |
|---|---|---|---|---|---|
| 36 | 双胞胎选手丙丁演唱段落，晋级失败 | | | | 37′13″—38′43″ |
| 37 | 双胞胎选手丙丁中景固定镜头 | | 选手丁：下一次我们会以组合的形式参加《快乐男声》 | | 38′43″—38′46″ |
| 38 | 双胞胎选手丙丁近景固定镜头 | 字幕渐大：快去创造奇迹（红字） | | 女声歌声：快去创造奇迹 | 38′46″—38′48″ |

　　同样是把雷人的歌手放到一起，但是声音蒙太奇的使用，让这一段落笑点频出。先是三位选手的参赛宣言中夸张的词语"歌神""最嗨""征服"都用白色大字做成醒目的字幕，让观众有期待感。在三位选手宣言之后，镜头 21—26 响起画外音：女声演唱的歌曲片段："勇敢的少年啊，快去创造奇迹"，配以白色和红色的大字，加上三位评委充满期待的升格慢镜头，既加强了期待感，又营造出第一个笑点。当选手丙说完"我可以开始了吗"，镜头 34 中，第二次响起了歌曲片段："快去创造奇迹"，既是对选手丙的回答，又让观众再次期待。"快去创造奇迹"第三次出现在歌手丙被淘汰后，对着画面说"下一次我们会以组合的形式参加《快乐男声》"，这一次调侃远远大于期待。在这个段落中，只是因为一首画外歌曲的使用，声画蒙太奇既增加了画面和声音的信息量，也使得节目更为生动、有趣、好看。这首来自日本动画《新世纪福音战士》的歌曲，也一夜走红，成为新神曲。

　　2013 年《快乐男声男声学院》中用了如《套马杆》《法海不懂爱》《让我为你唱首歌》等歌曲或引发观众笑点，或寄托对选手的希望，这些作用都是写实声音所不能实现的。

　　长镜头用于纪实节目和直播节目较多，如 2013 年《我是歌手》第二期中，黄绮珊演唱《离不开你》时，大部分镜头都是随着音乐节奏的快切，但在最后一段副歌部分，用了一个长镜头：这个镜头由歌曲间奏时黄绮珊手部的特写开始，镜头拉出上摇变成黄绮珊的中景，17 秒的镜头，让"我俩，太不公平"这句歌词的极高音一气呵成，让观众感觉过瘾。而在 2013 年《我是歌手》总决赛中，由于是直播，所以一反录播阶段的快切快剪，用了大段的长镜头。节目一开始，就是一个近 100 秒的长镜头：何炅和汪涵在休息室外的走廊里边走边说，介绍决赛的情况。接下来是何炅去每个嘉宾的休息室进行看望，虽然多了一台休息室内的机位，但是还是有不少长镜头完整记录何炅和嘉宾的交流。长达 7 分钟不间断对不同嘉宾的采访，彰显了何炅的主持能力。接下来是一个近 110 秒的长镜头，汪涵采访音乐制作人、偶遇最美小提琴手，还有沙宝亮的入画，显现出导演对整个流程的精心安排，也对沙宝亮做开场主持有了一个铺垫。在整个直播过程中，长镜头的拍摄也是十分丰富的：有跟拍的长镜头，有在介绍评审团和专家评审时用摇臂拍摄的俯视长镜头，也有汪涵在每个歌手演唱结束后的近 1分钟的访谈长镜头，还有何炅在歌手演唱开始前通知每位歌手演唱顺序时 30 秒左右的长镜头，这些镜头和舞台上歌手们精彩的演出相呼应，更是为大片式的歌手介绍短片添注脚。

## 二　叙事与抒情的演变

电视节目形态的叙事是显性层面的，抒情是隐性层面的。叙事是通过情节、细节和结构来实现的，而抒情只能依靠画面和声音去表达。不同的节目形态。其叙事和抒情的方法是不一样的。

早期的电视节目，大多是连续蒙太奇剪辑而成的线性结构。比如湖南卫视的选秀节目，早期的《快乐男声》《快乐女声》的海选播出都是采用线性结构，按照节目设置的比赛流程按照时间顺序剪辑播出。但是 2013 年《快乐男声男声学院》虽然总体上还是按照时间顺序进行的，但将同类选手或者有戏剧冲突的选手通过后期剪辑放在一起播出，起到了非常好的戏剧效果，有时还会刻意制造一些情节冲突。

表 12 是《快乐男声男声学院长沙唱区十强诞生记》中一个片段的分镜头：在这个片段中，将两个长得很帅，也都擅长跳舞的大男孩赛

前准备上场时的镜头，以及对双方的采访镜头进行交叉蒙太奇剪切，形成对比。两人一样叠加的白色大字字幕"SUPER BOY"，最后的分屏镜头和红色的"VS"都形成了强烈的 PK 感。

**表 12　　《快乐男声男声学院长沙唱区十强诞生记》片段**

| 镜头编号 | 画面 | 字幕 | 声音 | 画外音 | 时间 |
|---|---|---|---|---|---|
| 1 | 参赛选手居来提·库提来外拍跳舞全景固定镜头，升格 | | | 居来提·库提来自述：我的真名叫居来提·库提来，我从小到大，我的朋友，还有我的家里人，还有我的爷爷奶奶都叫我居来 | 12′45″—12′51″ |
| 2 | 居来提·库提来外拍远景固定镜头 | | | | 12′51″—12′52″ |
| 3 | 居来提·库提来外拍中景固定镜头 | | | | 12′52″—12′53″ |
| 4 | 居来提·库提来脚部到头部摇镜头 | | | | 12′53″—12′54″ |
| 5 | 居来提·库提来外拍近景固定镜头 | | | | 12′54″—12′55″ |
| 6 | 居来提·库提来外拍近景固定镜头 | | | | 12′55″—12′56″ |
| 7 | 居来提·库提来中景固定镜头 | | 居来提·库提来：我的性格和外形都挺一样的，我的性格也是讲义气，外形也是那种 | | 12′56″—13′01″ |
| 8 | 场外观众近景固定镜头 | | 观众：我是他的粉丝 | | 13′01″—13′03″ |
| 9 | 场外观众近景固定镜头 | | 观众：他好可爱蛮可爱的 | | 13′03″—13′05″ |
| 10 | 场外观众近景固定镜头 | | 观众：女生很喜欢的那种肌肉男 | | 13′05″—13′07″ |
| 11 | 居来提·库提来外拍跳舞全景固定镜头，升格 | SUPER BOY | | | 13′07″—13′13″ |
| 154 | 居来提·库提来特写固定镜头 | | 居来提·库提来：我跳舞，跳舞是在这里面是跳的最好的，我觉得我唱歌也不赖 | 背景音乐 | 13′14″—13′20″ |
| 155 | 居来提·库提来近景固定镜头 | | | | 13′20″—13′22″ |

| 镜头编号 | 画面 | 字幕 | 声音 | 画外音 | 时间 |
|---|---|---|---|---|---|
| 156 | 选手贺飞近景固定镜头 | | 贺飞：那个男的比较有范儿，然后我觉得是我一个很强大的敌人 | | 13′23″—13′29″ |
| 157 | 贺飞外拍近景中景各景别快切镜头 | | | 贺飞自述：我叫贺飞，这个舞台我准备了三年，我属于那种玩范儿的那种，我觉得唱跳型的选手，是我最大的对手 | 13′36″—13′40″ |
| 158 | 贺飞外拍中景固定镜头升格慢镜头 | SUPER BOY | | | 13′41″—13′46″ |
| | | | | | 13′47″—13′49″ |
| 159 | 候场区全景固定镜头 | | | | |
| 160 | 居来提·库提来近景固定镜头 | | 选手居来提·库提来：每次进场的时候，他穿的特别出众，就特别潮那种，长得也特别帅气，特别美男那种类型 | 急促的背景音乐 | 13′50″—13′51″ |
| 161 | 贺飞中景固定镜头 | | | | 13′52″—13′53″ |
| 162 | 居来提·库提来中景固定镜头 | | | | 13′53″—13′54″ |
| 163 | 贺飞近景摇镜头 | | | | 13′55″—13′57″ |
| 164 | 居来提·库提来特写固定镜头 | | | | 13′58″—13′59″ |
| 165 | 居来提·库提来近景固定镜头 | | | | 13′59″—14′00″ |
| 166 | 贺飞近景固定镜头 | | 选手贺飞：我相信我一定会战胜他，因为我只要站在舞台，听到音乐那一刻就属于我，我一定会胜过他 | | 14′02″—14′04″ |
| 167 | 居来提·库提来近景固定镜头 | | | | 14′05″—14′07″ |
| 168 | 贺飞中景固定镜头 | | | | 14′08″—14′09″ |
| 169 | 居来提·库提来中景景推镜头 | | | | 14′09″—14′11″ |
| 170 | 贺飞中景固定镜头 | | | | 14′11″—14′12″ |
| 171 | 居来提·库提来中景摇镜头 | | | 04368 号居来 | 14′18″—14′20″ |
| 172 | 居来提·库提来和贺飞分屏镜头画面 | VS（红字） | | 背景音乐 | 14′21″—14′23″ |

在《2013快乐男声男声学院广州唱区十强诞生记》中，将同在深圳某酒吧工作的两位歌手安排在一起比赛并放在一起剪辑，让原本没有太多关联的选手比赛变成了一个故事性很强的情节：郑永单是酒吧服务生，陶俊熙是酒吧驻唱歌手，故事是从郑永单抱怨"是谁把比赛规则搞得这么残酷"开始的，在郑永单的自我介绍短片中，从住宿的宿舍到工作的酒吧，他完全是一个"屌丝"形象。在酒吧里，在郑永单递送饮料的身影后面，聚光灯下，深情演唱的就是陶俊熙。郑永单面对镜头讲述对身为驻唱歌手陶俊熙的羡慕，以及自己难以言说的心情。陶俊熙在自述中认为自己从郑永单身上看到自己北漂做酒吧服务生时的影子。镜头回到了演播室外，陶俊熙在练琴，郑永单在诉说对他的"嫉妒羡慕恨"，思考自己的目标。陶俊熙演唱《外面的世界》，只唱了一个段落，就被评委尚雯婕喊停，因为唱法"太油"而遭淘汰，他一脸惊讶，郑永单抱着脸难受。郑永单唱完整首《梦一场》，成功晋级，场内掌声雷动。门口，陶俊熙复杂的表情，走出录影室后，郑永单和陶俊熙拥抱，然后走向街头。整个故事情节无论是矛盾设计、情绪渲染还是镜头运用，在蒙太奇手法的层层铺垫下，11分钟的长度像一部精彩的电影，讲述了一个"屌丝逆袭"的故事。而《中国最强音》更是将屌丝逆袭作为整季节目的主要情节，总决赛的前三名都历经了逆袭组的摸爬滚打，当然这也和该节目全民歌唱进取真人秀的定位是相吻合的。

《爸爸去哪儿》每期节目都会从一次行程当中，选出许多让观众或会心一笑、或鼻头一酸、或低头沉思的细节。如田亮听到女儿Cindy说"我给你说我的秘密吧，这个秘密是，祝爸爸生日快乐"后欣喜若狂。还有正在大哭的Angela突闻Cindy说"我爸爸掉水里了"，立马停止哭泣，关注掉在水里的田亮等。这些细节的选取得益于《爸爸去哪儿》栏目庞大的制作团队"全时段多机位全方位"的拍摄和后期素材精挑细选。正是有了这些细节，才使《爸爸去哪儿》叙事流畅，抒情自然，成为2013年最温情的真人秀节目。

有些节目在每一季都会改变叙事结构，不论是竞赛游戏节目还是真人秀节目，每季都会由于赛制的改变而改变节目的结构。《挑战麦克风》1、2、3、4季、季季有不同，《超级女声》《快乐男声》《快乐女声》，年年大变样。

　　而有些节目结构的改变也就意味着节目形态的完全改变，湖南卫视的《玫瑰之约》最早的模式是采取六男六女十二名嘉宾，通过节目现场的自我介绍、话题讨论和相互提问等环节，在征求亲友团意见后进行速配。节目播出后引起轰动，被各地电视台模仿。2003年7月，收视不佳的《玫瑰之约》推出"红丝带"特别节目，男女嘉宾由"一对一"改为九男和一女，20天的时间，有团队活动，也有单独的相处，男嘉宾使出浑身解数，求爱高招层出不穷，只为求得最后那条红丝带。节目在连续四天的时间播出，完整呈现了"九男追一女"的全过程。显然，在结构改变的同时，《玫瑰之约》已经从一档生活服务类节目变成了真人秀节目，但是仍然没有改变被叫停的命运。2004年7月，新《玫瑰之约》复播，议程设置再次改变，主持人变成了一男两女，嘉宾则为三男一女，主题由"婚恋"改为"交友"，节目的服务性消失了，成为主打娱乐的真人秀节目。2005年1月栏目再次改版，成立"交友特训班"，参加节目四男三女嘉宾是学生，两位主持人是校长和助教，情感嘉宾和媒体嘉宾是教授。户外课，男女同学做游戏增加了解；心理课，大家真实表述对某一嘉宾的喜爱或拒绝；选修课，让女生选择一位男生做游戏，其他男生也可报名参加选修课。三堂课后，是真情告白环节，男女生互相选择，配对成功的同学顺利毕业，失败的学生肄业参加下期节目。这种结构让节目形态再度变化，成为真人栏目剧。

　　抒情的手法较多，湖南卫视的电视节目越来越多使用电视剧的抒情方法，画面、蒙太奇、音乐、字幕，包括合适的情节，都能恰到好处地抒发情感。

　　从独特的角度拍摄的能够反映事物的本质的镜头可以抒情，如

《中国最强音》中选手不能晋级后远去的背影。在叙事镜头之后，恰当地切入空镜头也可以抒情，《中国最强音》第 5 集有很多海滩的空镜头，一是交代了环境，更为重要的是恰当抒发了选手与导师不一样的情感。在某一感人画面当中，适时的音乐更可以抒情，《爸爸去哪儿》Cindy 祝爸爸生日快乐时，画面是父女俩互相亲对方，此时响起的音乐更是让黑夜小屋里的爱意更浓。《爸爸去哪儿》第一季第 4 期，大家乘坐羊皮筏子过河，孩子们高兴得叫了起来，这时，音乐声中，出现一段字幕："和爸爸一起旅行，看祖国的大好河山，平日里为事业忙碌的爸爸，终于可以陪我从早到晚，其实我的愿望很简单，如果你有时间，请多陪陪我好吗？每个有你在的地方，都是我心中最美的港湾。"这段代表孩子们心声的字幕，让很多观众心头一酸。《快乐男声男声学院长沙唱区十强诞生记》，选手左立演唱前，关于他爱情故事的短片和现场讲述为演唱歌曲《董小姐》做了很好的铺垫，所以当左立演唱到"爱上一匹野马，可我的家里没有草原，这让我感到绝望，董小姐"时，引起观众的共鸣。而他演唱结束，走出录影棚，和女友拥抱而泣，他演唱的歌曲再度响起，更让一些观众潸然泪下。

## 三　编排与播出的演变

从广义上讲，电视节目结构的安排也是编排的一种方式。但是在本书中，我们把二者区分开来，将电视节目创作过程中，节目内部板块的顺序安排纳入结构的范畴；而编排只是指节目制作完成后，播出时的节目安排。看起来，编排和播出与节目关系不大，但实际上也会影响到电视节目形态的变化。

湖南卫视在电视节目的编排上创新很多，大都形成了自己的编播特色，也为很多非黄金时段培养了稳定的观众群体。

在以《快乐大本营》为代表的一系列娱乐节目抢占了晚间黄金档超高人气之后，湖南卫视从 2005 年开始，把电视节目编排作为电视节目形态创新的核心，"以电视节目编排为主导协调节目生产和经营推广"，对电视节目编排进行大调整，以自办品牌节目和大型活动为核心，打通21：30时段，周一至周四安排观众构成相近的谈话类栏目《真情》《背后的故事》《天下女人》和《玫瑰之约》，周末安排娱乐性更强、以年轻观众为主的《音乐不断歌友会》《金鹰之星》和《谁是英雄》，并将21：30栏目带统一冠名为"快乐中国930"，此举在培养观众准点收看湖南卫视节目习惯的同时，也集中了湖南卫视主要自制节目的定位。

2005年9月1日，湖南卫视独播韩国电视剧《大长今》，由于国家新闻出版广电总局规定引进剧目不能在黄金时段（19：00—22：00）播出，湖南卫视不得不对全台的晚间节目进行临时性调整，一些自办节目提前到黄金时段，该剧撤离黄金档，安排在晚间22：00这一尴尬的时段播出，未料到收视表现一直稳居全国同时段的第一位，除了首开独播风潮之外，还成功打造晚十点金鹰独播剧场，让很多女性观众养成了晚上10点看电视剧的习惯。

2006年，湖南卫视"快乐升级"，将"快乐中国930"调整为"快乐中国730"，以更富青春时尚气息的自办特色栏目取代了没有独特优势的电视剧，同时凭借《大长今》晚10点的良好收视，播出《金枝欲孽》，正式开辟晚间"后黄金时段"，打造"金鹰独播剧场"。

2008年4月，湖南台打造零点节目带，在零点档首播推出针对中高端收入人群的财经节目《听我非常道》和访谈节目《零点风云》，催生了湖南卫视高端节目形态的崛起，也为使湖南卫视在中青年城市男性和知识群体中有了一个较为稳定的收视群体。

2008年12月1日，《挑战麦克风》于每周周一至周四晚20：30分直播，将730时段分为两个时段，也开创了湖南台连续周间带状直播的先河。

"限娱令"之后，2012年，湖南卫视将电视剧回归到晚间黄金档，推出《金芒果730独播剧场》，每周日至周四晚19：30—21：00两集连播，每周五、周六 19：30—20：10 播出一集；原本黄金时间编排播出的自办节目时长缩减，娱乐节目减少，周一到周四的 920 晚间档播出《辨法三人组》《变形计》《平民英雄》三档分别定位于法制、教育和公民道德建设的节目，周末黄金档继续播出传统强势节目《快乐大本营》和《天天向上》，但节目时长都从 110 分钟缩减到 90 分钟，节目内容形式都有了相应的变化；零点档则推出一系列的人文社科节目，这些节目既丰富了湖南卫视的电视节目形态，也为观众提供了极具思想性、人文性和艺术性的优质节目。但是 730 剧场和晚十点的"金鹰独播剧场"过多的电视剧使得湖南卫视影响力降低。

2012 年 7 月，湖南卫视再度调整节目编排，综艺娱乐节目回归晚间黄金档，王牌栏目《快乐大本营》《天天向上》提前到周末晚间 7：30 播出，每周日至周四的晚上 10 点播出自办综艺娱乐节目；"金鹰独播剧场"取代"金芒果独播剧场"，每周日到周四的 19：30 分三集连播，全新打造的"第一周播剧场"在周末晚间播出周播剧。

湖南卫视是直播节目最多的省级卫视，电视现场直播的英语是"Live"，强调的是写实。同时，直播也体现着一个媒体综合实力。《快乐大本营》从第一期节目就是采用现场直播的方式进行，栏目组尽量发挥直播的特点，每期节目只有总体的控制，时间安排留有余地，有些内容故意不多排练，加上现场游戏环节的不完全确定性，节目不仅有游戏环节嘉宾洋相百出的场面，也有主持人的失误内容，呈现出很强的现场感，有很多自然朴素的光彩。后来随着外景采访的增多，《快乐大本营》改为直播当中插播外景片，使得内容有急有缓，操作有劳有逸。比如"快乐小精灵"环节中，先插播小朋友种种可爱有趣的外景短片，之后再请这些小朋友们到现场，观众的感受更加直观和鲜活。2002 年 3 月，《快乐大本营》改为录播，节目的录制时间变得灵活，嘉宾的时间也得到很好调配，后期编辑可以修改不必要的失误，还可以增加字幕、音效和旁白，使节目的内容更加丰富，后期制作也更加精美。

《超级女声》自 2004 年，除了海选之外，淘汰赛、总决赛都是采用直播的方式，这一方式持续了 3 年。2007 年，国家新闻出版广电总局对省级卫视选秀节目有了一系列的限制，这一年的《快乐男声》采用预选赛网络和地面频道直播，全国总决赛阶段电视直播的方式，这一方式在《快乐女声》和《快乐男声》中沿用至今。海选和预选赛改为录播，既加快了节目进程，又防止观众面对海选中众多演唱不佳的选手所产生的审丑疲劳；而全国总决赛近十场直播，既扩大了节目的知名度，也强化了观众的参与性，同时还让很多进入决赛的选手在比赛中充分展现了自己的个性，积攒了众多的人气。

2013 年《我是歌手》总决赛更是把直播做到了极致，除了别出心裁地将总决赛在全国 11 个城市的万达影城同步直播之外，内容上也是可圈可点：三个半小时的直播，只有 19 首歌曲，演唱时间不到节目时长的一半，其他大部分都是对演唱嘉宾场外情况的全景式真实记录。这一场可控难度高、流程烦杂的真人秀直播，无论是汪涵、何炅轮流进行的场内主持、场外采访，还是每个歌手台下的各种表现，都做得无比顺畅，可以和录播媲美，彰显了湖南台的直播水平和实力。

# 第三节　本章小结

本章对湖南卫视电视节目形态的构成要素和组合方式进行个例分析，得出以下结论。

电视节目形态的构成要素中，湖南卫视电视节目中的画面，机位越来越多、镜头长度越来越短、单位时间的镜头越来越多、画面景别构图越来越丰富，尤其是虚拟画面的使用，既美化了画面的构图，又丰富了画面的内容；声音的创新则是通过对原有声音要素的活用、对其他节目形态声音要素的借用、对其他形态声音和自身声音的混用实现的，非表演类节目可以借用表演类节目中音乐音响与同期声解说词相配合，而表演类节目也可以在表演过程中加入纪实手法的采访同期声。通过进一步的分析可以发现，混合使用声音元素，实际上是对声画关系的混用；题材的创新主要是将新的生活内容吸纳成为新节目形态的题材，又可以成为老节目创新的要素，而一些原来认为不适合的题材也会重新成为电视节目关注的对象，所以既有新题材的电视节目形态的出现，也有旧的电视节目形态在题材要素上的创新；节目主题则是在栏目大主题不变的情况下，保持每期节目小主题的多变性，不管是栏目大主题，还是每期节目的主题，其变化和创新是在基本主题不变的基础上的变化，如果一个栏目的主题有了突变，那么该栏目的形态就有了质的变化；主体的创新趋势是嘉宾身份和作用多元化、主持人群体化；电视观众对电视节目形态的影响主要体现在对电视节目的参与上，观众参与节目的形式是多种多样的，观众的变化趋势是场内观众表现多样化、场外观众参与日趋网络化，随着移动网络的发展，观众参与电视节目的方式一定会更多。

电视节目形态构成要素的组合方式中，蒙太奇的剪辑节奏加快，交叉蒙太奇、平行蒙太奇、表现蒙太奇、声画蒙太奇等技巧在录播节目中用得越来越多，画外音和字幕成了蒙太奇创新的新元素；长镜头在直播节目和纪实节目经常与蒙太奇结合使用，互为补充，展现了直播节目的魅力；叙事是通过情节、细节和结构来实现的，在录播的真实性节目中，通过不同的叙事结构来加大叙事的戏剧性，通过典型细节的抓取来增强叙事的趣味性，但是有些节目叙事结构的改变也就意味着节目形态的完全改变；抒情大多依靠画面和声音去表达，主要用空镜头、长镜头、蒙太奇和字幕、音乐等元素来实现，湖南卫视的电视节目越来越多地借用电影的表现手法抒情，做到抒情而不煽情；湖南卫视的编排主要是通盘考虑，首创了自制节目快乐中国930、730带状播出，打造零点非黄金时段的自制节目播出带，形成了自己的编播特色，为很多非黄金时段培养了稳定的观众群体；播出中直播与录播相结合，湖南卫视是直播节目最多的省级卫视，无论是重大活动，还是真人秀直播，从主持人的场内主持、场外采访，到演员嘉宾观众台上台下的各种表现，可以和录播媲美的无比顺畅，彰显了湖南台的直播水平和实力。

第四章

# 影响电视节目形态的外界因素分析

　　一个频道播出的电视节目形态的变化，有各种原因，既有外因也有内因。对于一个电视媒体而言，外因既有政治环境、社会环境、经济环境和技术环境这样的 PEST 分析的对象，也有其他媒体，尤其是媒体格局对它的影响；内因一方面是媒体内部的主动追求，另一方面是媒体内部人财物的力量变换。归根结底，电视节目形态变化的根本既是电视媒体对电视艺术的自身追求，也是电视媒体应对内因外因变化的一种博弈。

## 第一节　电视节目形态与政治环境

　　对于中国电视媒体来说，政治环境是所有外部影响因素中最敏感也最能起到至关重要作用的要素。对电视节目形态而言，也是如此。电视节目形态受政治环境的控制和影响极为明显，其创新和发展过程中无不刻有意识形态的烙印。

　　政治环境指的是一个国家或地区的政治制度、政治体制、政治形式、政治方针政策以及国家或地方政府颁布的各项法规、法律和条例。政治环境所包含的这些方方面面对电视节目形态都有一定的影响，其

中很大程度上是各项法规、法律和条例的影响。

　　"影视文化产业是文化产业的一个重要组成部分"，"在我国深入进行影视文化体制改革、大力发展影视文化产业，已经成为一项重要的工作。"① 但是本书无意于去分析研究政治体制和国家的大政方针，只是从湖南卫视上星以来电视节目形态发生的很多变化，来分析我国广播电视行业管理机构对电视节目形态的影响。

　　国家广播电影电视总局②是我国监督管理广播电视节目的最高管理机构，我国广播电视行业的法规、法律和条例大多出台于国家广电总局。

　　国家广电总局在 2000 年下发文件，要求"着手组建中央一级和省一级的广播电视集团，这些集团要做到广播、电视、电影三位一体，无线、有线、教育三台联合，省、地、县三级贯通，资源共享、人才共用、优势互补"③。在此政策的指导下，湖南广播电视总局于 2000 年12 月 27 日成立了中国第一家省级广电传媒集团——湖南广播电视集团，为湖南广电 2002 年的"1—3—3"整合方案奠定了基础。以前湖南卫视的电视节目形态是经常会模仿地面频道，在此之后，地面频道成了湖南卫视的坚实后盾，地面频道优秀的节目可以在湖南卫视播出，如《城市语文》《真情》《越策越开心》等，为湖南卫视带来了新鲜的节目形态。

　　2001 年，湖南卫视电视节目形态的第二个拐点，这个拐点的出现以及第三个拐点的形成都和上级主管部门的指示和规制有关联，本书已在第二章中对此有过详细的论述，此处不再赘述。

　　从 1997 年到 2013 年，国家广电总局出台的各种规制数量不少，

---

　　①　张智华：《影视文化传播》，文化艺术出版社 2004 年版，第 317、222 页。
　　②　简称"国家广电总局"，前身为广播电影电视部，1998 年 3 月，正式改名为国家广播电影电视总局，主要职能是：研究并起草广播电影电视事业管理的法律、法规；制定广播电影电视管理规章和事业的发展规划；监督管理广播电视节目、卫星电视节目收录和通过信息网络向公众传播的视听节目等。2013 年，国务院将新闻出版总署、国家广电总局的职责整合，组建国家新闻出版广播电影电视总局。本书中依旧使用原来的名称缩写：国家广电总局。
　　③　喻国明、张小争：《传媒竞争力：产业价值链案例与模式》，华夏出版社 2005 年版，第 4 页。

其中涉及电视节目的主要是针对综艺娱乐节目、电视剧和广告三大类，由于电视剧和广告不是本书研究的内容，所以只关注关于综艺娱乐节目的规制，从《广播电视电影法规汇编》和历年来《广播电视年鉴》所能查询到的有关综艺娱乐节目的规制，17 年间共有 33 个，其中影响到湖南卫视电视节目形态的有以下几个规制。

2006 年 3 月，国家广电总局发布了《关于进一步加强广播电视播出机构参与、主办或播出全国性或跨省（区、市）赛事等活动管理的通知》，提出"分赛区活动不得在当地省级卫视播出"；"参赛选手年龄必须在 18 岁以上"；"评委点评不搞令参赛选手难堪的责难"① 等细节性问题。4 月，国家广电总局对湖南省广播电视局申请举办 2006 年《超级女声》专门提出了要求。《超级女声》严格按照国家广电总局的要求，受到总局的通报表扬。

2007 年，在《广电总局关于同意湖南电视台举办 2007 年〈快乐男声〉活动的批复》中，要求节目"设计一些公益性内容，参赛曲目要积极健康"，"尽可能不出现落选歌手泪流满面、亲友抱头痛哭、歌迷狂热呼叫等低格调场面和镜头"②。《快乐男声》当年的表现也基本符合国家广电总局的要求。9 月 20 日，国家广电总局下发《进一步加强群众参与的选拔类广播电视活动和节目的管理》的通知，对播出时段、节目内容、选手、主持人、评委、嘉宾、投票方式都有详细的规定。

2008 年 7 月底，国家广电总局下发了《关于整顿娱乐节目竞相使用奥运名称的通知》。湖南卫视根据相关规定，将颇受观众好评的大型户外竞技节目《奥运向前冲》更名为《快乐向前冲》。

2009 年，国家广电总局下发文件《关于推进广播电视"制播分离"改革（修改稿）》，明确规定：各电视台除电视剧外，从市场购买节目

---

① 《广电总局关于进一步加强广播电视播出机构参与、主办或播出全国性或跨省（区、市）赛事等活动管理的通知》，http://news. xinhuanet. com/newmedia/2006 – 03/14/content _ 4303480. htm，2006 – 03 – 14。

② 《广电总局关于同意湖南电视台举办 2007 年〈快乐男声〉活动的批复》，http://tech. sina. com. cn/it/2007 – 04 – 05/1607281498. shtm，2007 – 04 – 04。

的比例原则上不低于播出总量的 30%。其实，湖南卫视 2005 年播出《天下女人》，2008 年播出《快乐心灵——说出你的故事》和《听我非常道》就已经尝试过了"制播分离"。国家广电总局下发文件之后，湖南卫视于 2009 年 10 月在北京成立首个进行"制播分离"试点的全资子公司北京快乐京林文化传播有限公司，公司定位为"中国电视原创高端内容供应商"，为湖南卫视连续推出三档零点高端人文带节目《零点锋云》《锋尚之王》和《博物馆奇妙夜》，同时为西藏卫视黄金档人文节目带制作《藏地密码》《西藏往事》《藏地飞鸿》等三档栏目。

2010 年 6 月 9 日，国家广电总局正式下发了《关于进一步规范婚恋交友类电视节目的管理通知》及《关于加强情感故事类电视节目管理的通知》两份正式文件，虽说对湖南卫视的节目影响不大，但是对于规范《我们约会吧》《背后的故事》等节目，还是起到了一定的作用。

2011 年《快乐女声》因为播出超时等原因，被国家广电总局通报批评，停止湖南卫视 2012 年举办群众参与的选拔类电视活动。

2011 年 10 月，国家广电总局下发了《关于进一步加强电视上星综合频道节目管理的意见》的通知，被网上戏称为"限娱令"。湖南卫视电视节目形态出现第三个拐点。

2013 年 7 月 24 日，国家广电总局下发《关于进一步规范歌唱类选拔节目的通知》，再度对歌唱选秀节目进行调控，要求歌唱类选秀节目控制总量、分散播出，要少而精。虽然湖南卫视 2013 年度的《中国最强音》和《快乐男声》的播出没有受到多大影响，但也促使湖南卫视在后续播出的《快乐男声》中严格把关，提高了节目质量。

国家广电总局的上述规制的出发点是好的，但是一经推出就备受吐槽，其原因在于中国广播电视媒体存在的问题是一个产业结构根本性的问题，我国广播电视体制属于国有公商并营体制，既有对政治宣传的过分重视，又有对经济利益的贪婪追逐，很难做到中立、公正、公益。国家广电总局作为广播电视行业最高管理机构，理应对这个行业的发展起到引导、监督和规范作用，促使电视媒体创作出更多的优质节目满足人民群众的收视需求，通过优秀的文化产品来引导国民形成正确的价值观道德观和伦理观。但国家广电总局的行政调控往往缺乏相关的法律作为基础保障，缺乏引导治理的持续性和科学性，大多是头痛医头脚痛医脚，所以表面上看貌似能解决一些当下出现的问题，但都是治标不治本，治了东边丢了西边。有些规制忽略了市场的优胜劣汰，其过度的行政干预往往会成为电视节目形态创新的裹脚布。

对电视媒体而言，国家广电总局每一项规制的出台都是挑战与机遇并存。以湖南卫视为例，每当国家广电总局出台新的规章制度，湖南卫视都能凭借成熟的节目制作体系和强大的节目创新团队，积极迅速地对节目制作和播出进行调整，谋划并启动新一轮的电视节目形态创新，制造并形成新一轮的收视热点。从这个意义上来讲，湖南卫视具有强大的政策解读能力和节目创作能力，才在瞬息万变的电视媒介变革中与时俱进，独领风骚。

在现有的政治环境中，如何在各种规制的约束中寻求机遇，如何戴着镣铐跳出最美的舞蹈，湖南卫视的博弈方式，无疑是很多地方台学习的榜样。


# 第二节　电视节目形态与社会环境


社会环境是指社会构成、社会文化、生活方式等，影响电视节目形态的，主要是社会文化。社会文化决定着电视创作者的审美意识，也决定着电视观众的欣赏心理，从而影响着电视节目形态的创新。

每个国家的社会文化都不是单一的，而是多元并存的。在我国，体现党和国家意识形态的政治文化一直是社会文化中的主流文化，政治文化和大众文化、精英文化一起构成我国的社会文化。这三种文化对电视节目形态的影响并不是非此即彼，也不是平均作用，而是三元并存，此消彼长。当然这三种文化对电视节目形态的影响也是不一样的，"主流文化对精英文化和大众文化起着主导作用，精英文化和大众文化是主流文化的有益补充。三者相互影响、互相渗透、形成一种互动关系"①，从而影响到电视节目形态。

政治文化曾经是我国文化的唯一形态，一元文化下的电视节目形态相应也比较单一。到如今，虽然社会文化呈现出越来越多的多元性，但以政治文化为核心的主流文化在电视节目形态创新中始终处于主导地位。"这种主导地位，是通过法律、法规、政策导向、日常管理、审查、体制传播、奖励引导与财政支持等各个层面的体制力量得以充分保证和具体落实的。"② 关于规制的影响我们在本章第一节中已经有所论述，但除了规制之外，政治文化和电视媒体也是相互渗透，电视媒体会成为主流文化的助力器。1997 年 12 月 29 日，李鹏总理视察中央电视台时，为《焦点访谈》题词"焦点访谈，表扬先进，批评落后，伸张正义"。1998 年 10 月 7 日，朱镕基总理专程来到中央电视台，与《焦点访谈》的编辑记者座谈，赠言"舆论监督，群众喉舌，政府镜鉴，改革尖兵"。随后，各级电视台都以此为导向，加强了新闻舆论监督节目制作和播出的力度，几乎所有的电视台都有诸如《焦点访谈》的新闻评论节目，掀起了我国电视新闻评论节目形态热，而这些以深度报道为主的新闻监督、述评节目也促使我国的舆论监督日益走向成熟。《焦点访谈》也成为我国主流文化的代言人，2010 年 6 月，《焦点访谈》以江苏卫视《非诚勿扰》为例，痛批婚恋节目，国家广电总局下发《广电总局关于进一步规范婚恋交友类电视节目的管理通知》，对相亲类节目泛滥、造假、低俗等倾向着手整饬。通知中被点名的《非诚勿扰》在嘉宾选择、身份确认、讨论话题选择、录制过程审查等方面对节目形态进行认真整改。

---

① 张智华：《电视剧叙事艺术研究》，中国电影出版社 2013 年版，第 6 页。
② 同上。

20世纪90年代以来，大众文化呈现出前所未有的活力。作为大众文化主力的电视媒体不仅成为大众文化的主要传播工具，自身的节目形态也开始向大众文化靠拢，"有意混淆雅文化与俗文化之间的界限，赋予通俗以一种新的内涵，在通俗的世界里流连忘返"①，大众文化成为中国电视文化的主体。除了一些坚持和强化主流意识形态的电视栏目、电视剧外，许多电视节目开始追求娱乐化、平民化、商业化，而这正是大众文化的显著特征。1998年，湖南卫视的综艺节目《快乐大本营》引发了中国电视的娱乐旋风，1999年央视经济频道的《幸运52》让各种企业商标名正言顺地成了节目的一部分，2004年湖南卫视的选秀节目《超级女声》在全国掀起了平民娱乐化的风潮。而从中央到地方各级电视台，模仿上述三个节目的栏目数不胜数，节目形态五花八门，质量也是良莠不齐，有的节目"化美为媚，甚至媚俗"②。对大众文化的追求使得电视节目形态的整体风貌发生了巨大变化，也影响到了一些原本属于主流的电视节目形态。2012年国庆期间，中央电视台《走基层百姓心声》特别调查节目"幸福是什么?"让全国各地包括城市白领、乡村农民、科研专家、企业工人在内的几千名各行各业的普通平民出现在央视的《新闻联播》等新闻节目中，对"你幸福吗?"这一问句的回答蕴含着每一个普通中国人对于所处时代的政治、经济、自然环境等方方面面的感受和体会，也体现出以主流文化为核心的央视新闻节目向大众文化的靠拢。精英文化普遍对电视持批评态度，"早在1944年电视还没有在世界上普及的时候，德国哲学家阿多诺就做出判断，电视将使人们丰富而深刻的审美活动变得单一和贫乏。此后，很多学者延续了阿多诺对电视的这一批评，认为电视不但是一种没有品位的文化，而且是一种应当拒绝的'坏'的文化"③。"电视甚

---

① 张智华：《影视文化传播》，文化艺术出版社2004年版，第309页。
② 同上书，第317页。
③ 娄可伟：《电视媒介传播精英文化的有效路径——谈〈百家讲坛〉的文化传播力》，《中国电视》2007年第12期。

至一度被认为是文化工业的代名词，备受知识精英群体的批判。"① 人类社会的发展进程证实，大多数精英阶层都是既有利益的获得者，往往对新生事物抱有敌意，电视的遭遇如此，网络也是如此。批评的姿态固然有利于新生事物的发展，但是并不能代表该新生事物就是与精英阶层相对立的。电视文化作为大众文化的重要组成部分，只是说明电视的受众群体永远都是包含精英阶层在内的人民大众，并没有刻意地把所谓的精英们从电视阶层中划分出去，虽然有些精英知识分子经常表示不屑看电视。精英文化也永远都是电视节目的主要内容，对电视节目的形态创新起着非常重要的作用。一些精英知识分子介入电视成为电视节目的策划者、创作者或参与者，许多电视栏目在开播之前往往会请一些学者专家进行共同策划，《艺术人生》《天天向上》等栏目会请一些精英知识分子担任嘉宾。而一些精英文化也会成为电视节目形态的题材，如湖南卫视的《新青年千年讲坛》《零点锋云》《城市语文》《象形城市》等栏目让精英文化走向大众，用具有文化内涵的精英语言表述当下社会，深受不同文化层次观众的喜爱。

大众文化的泛滥和精英文化的孤芳自赏是当下时代的潮流，但二者对主流文化都是不屑一顾的态度。对电视节目形态的创新而言，"不能主张一种文化形态，简单地排斥乃至否认另一种文化形态"②，而是要很好地利用三种文化，使电视节目在社会文化的发展过程中起到导向作用。主流文化对电视节目形态的引导更多的应该是对内容核心的掌控，应该是对价值观道德观伦理观的坚守，而不是此一时彼一时的政策法规。如果忽视电视节目的责任与担当，一味从节目类型去限制，无疑是缘木求鱼、舍本逐末。电视节目在对大众文化的追逐的过程中，要注意到娱乐化、平民化、商业化并不是低俗、庸俗、恶俗的代名词，大众文化也并不是与精英文化水火不容的二元对立。"在所谓的大众文

① 杨晖、唐剑聪：《中国电视人文价值的构建——以央视综合频道〈开讲啦〉节目为例》，《电视研究》2013 年第 4 期。

② 张智华：《电视剧叙事艺术研究》，中国电影出版社 2013 年版，第 6 页。

化当中，既有对文化传统潜移默化的坚守，也有对现实文化进行批判的期待；既有对人文的关注，也有对娱乐与享乐的追逐；既有对物质生活毫无忌惮的索取，更有对精神消费永无满足的渴望。"① 有人希望电视媒体要"以文化精英为主体"②，还有人要"打破单一的营利模式，创造精英文化营利产业链"③，这些希望固然是美好的，但对电视节目形态而言，我们不能盲目地去评判哪个节目形态是大众的，哪个节目形态是精英的。"影视播放的实践证明，尽管深受观众欢迎的大多数是高质量的影视文本，但高质量的影视文本却不一定都能为观众所接受，至少一些高质量的影视，没有产生相应的接收效果。"④ 事实上，所谓的电视精英化只是一种幻想，如果说大众文化是电视节目形态的外壳，那么精英文化的精华部分就应该是电视节目形态的核心。"今天的传媒环境，不应是精英与大众的二元对立，而是融合双方并将现代社会群体重新'部落化'之后形成的新型文化结构，这是电视作为媒介的社会作用，也是其历史使命。"⑤ 这个论点，现在如此，将来永远如此，电视节目形态一方面要做得好看，让节目面向大众；另一方面，必须时刻坚守对大众的导向性。对真、善、美的导向性未必是对主流文化的盲从，而是对精英文化和主流文化精华的体现。只有如此，电视媒体才能对社会文化的发展起到积极的促进作用。

由于各个国家之间存在文化传统、政治体制等诸多不同的因素，所以体现在电视节目形态中的文化因素也各不相同。我国的电视节目形态在内容和形式上或多或少都受到中国传统文化的影响，有的节目主动把中国传统文化作为主要内容。湖南卫视的《天天向上》定位是"大型礼仪公德脱口秀"，节目的主题固定为礼仪公德知识，每期有一

---

① 高小健：《国产电影的文化选择》，《中国艺术报》2008 年 1 月 29 日第 3 期。
② 陈晨：《论大众传媒时代广播电视的精英文化导向性》，《中国报业》2003 年第 2 期。
③ 崔平：《精英文化在电视传播中的缺失与出路》，《采编写》2006 年第 1 期。
④ 张智华：《影视文化传播》，文化艺术出版社 2004 年版，第 317、358 页。
⑤ 杨晖、唐剑聪：《中国电视人文价值的构建——以央视综合频道〈开讲啦〉节目为例》，《电视研究》2013 年第 4 期。

老一少演员表演诠释生活中常见的礼仪知识，讲述中国传统文化礼仪道德等，再加上形形色色的嘉宾秀、脱口秀，用娱乐的方式让观众了解中华礼仪知识，引导受众树立正确的价值观人生观道德观。

除了本国的社会文化会影响到电视节目形态，外国文化同样也会对电视节目形态起到一定的影响作用。对我国现阶段的电视媒体而言，外国电视节目形态能够直接影响中国电视节目形态的创新。我国的电视节目形态并不丰富，能产生较大影响的节目形态更是屈指可数，大部分国内的电视节目，尤其是娱乐节目，都存在互相借鉴模仿的现象。2000 年之前的电视节目形态，大都是内地模仿克隆港台，港台模仿克隆日韩，日韩模仿克隆欧美。2000 年之后，内地的电视节目开始直接向欧美取材，如红遍大江南北的《快乐女声》就是在 2002 年湖南娱乐频道"以英国《流行偶像》为创新概念"①策划的唱歌比赛节目《超级男声》的基础上延伸出来的节目。这些模仿的节目，不但可以让电视创作者取诸多境外节目的长处，还可以在原有节目形态的基础上进行本土化改造，增加很多新的元素。但是"这种模仿和借鉴也有先天的不足。由于不能与模板节目的创作者进行面对面的接触和交流，故而，节目研发只能进行'由外及内'的经验总结和结论推断，只是看到了成功节目的类型特征，但却'知其然而不知其所以然'，无法系统地了解域外节目独特创意的过程，对于节目制作的细节更是无从知晓，其准确性、科学性、模式特质以及引进效果都会大打折扣"②。为了避免版权纠纷，也为了得到境外电视节目形态的核心创意和制作方案，内地的电视台自 2001 年开始购买版权，合作制作。"节目制作宝典和模式指导，成为学习和消化域外电视节目的关键"，"宝典详细列示一个节目模式操作从创意、宗旨、环节、步骤、配合到财务管理上的逐一细节"③，从而保

①　刘一平：《锋芒》（下卷），湖南人民出版社 2010 年版，第 267 页。
②　郭艳民、刘培：《浅议电视综艺娱乐节目的模式引进与本土化改造》，《中国电视》2012 年第 9 期。
③　周欣欣：《模式类电视节目，将何去何从——省卫星模式引进类节目的发展现状及特征分析》，《收视中国》2011 年第 11 期。

证了节目的原汁原味。虽然购买版权需要一定的费用，但是比起开发全新的节目形态，还是要节约很多的时间成本、人力成本。2010 年，《非诚勿扰》《中国达人秀》的走红，让国内的电视媒体开始认识到严格按照节目制作宝典完全照搬的好处，那就是时尚。

境外电视节目的创作模式也能影响国内电视节目形态创新。1958 年，中国电视诞生之时，西方电视已经走过了 30 个年头。成熟的西方电视不光为中国电视提供了一个个可以借鉴和模仿的电视节目形态，也为中国电视提供了先进的制片模式和管理方法、鲜明的工业化生产流程，以及严格的质量控制模式。英国资深电视人金姆·戈登从 2007 年起，"就开始为湖南广电量身定制培训课程，主要给湖南一线电视人员讲授英国电视创意理论、思维方法和创意考评等课程"[①]。而 2010 年东方卫视引入英国的《Britain's Got Talent》，推出的《中国达人秀》，被认为是"中国电视制作团队第一次按照西方节目生产的标准体系来工作"[②] 的电视节目。在境外先进的电视节目创作模式的影响下，不仅是电视制作方开始学习实践境外电视节目制作流程、生产模式，一些电视模式代理公司也开始孵化中国自己的节目模式。作为"国内运营节目模式时间最长、运营节目模式最多的"北京世熙创意国际文化传媒有限公司，虽然"初尝节目制作即遭惨痛失败"，但在代理经营了诸多境外电视节目模式之后，也开始按照境外节目的创作模式，开始向境外进行节目输出，在 2009 年将湖南卫视自主研发的全民卡拉 OK 节目《挑战麦克风》销往泰国之后，融资"运营自己版权的模式"[③]。

外国文化价值还能对我国电视节目形态产生一定的影响。电视节目形态的诸多构成要素，如主持人的语言、节目的主题、嘉宾和选手的语言行为等，既是当下社会文化的折射，也都呈现出该节目的文化

---

① 赵萌：《"洋点子"怎样拯救中国娱乐》，《世界博览》2013 年第 6 期。

② 王晓红：《稳中求"变" 变中守"本"——英国电视节目生产机制创新探究》，《中国电视》2012 年第 5 期。

③ 肖湘女、刘熙晨：《孵化中国自己的节目模式》，《北京商报》2013 年 8 月 8 日。

价值。在新的历史时期，"全球化浪潮和改革开放也引发了中国当代社会的急剧转型"，"社会转型引发价值观念转变和社会价值冲突"①。也就是说，当下的中国社会文化不再是纯粹的、传统的中国文化，而是深受外来文化影响的多元化混杂文化，电视节目作为社会的一面镜子，其中所表现出的也是这种文化的多元性。如江苏卫视的交友真人秀节目《非诚勿扰》中诸多女嘉宾的言论明显表现出不同于传统中国文化的时代性和陌生感，但是这种时代性在西方文化里却是比比皆是；而天津卫视的职场真人秀节目《非你莫属》中，既有高高在上的 BOSS 团犀利的言语，又有主持人与选手的激烈冲撞，这些迥异于传统中国文人的做派加上"80 后海归"选手的西化思维，为栏目营造了众多的关注度。这两档节目和当年的《玫瑰之约》相比，无论是嘉宾的话语行为，还是主持人的陈词引导，或者栏目话题的设计等，都折射出电视节目受西方文化的影响越来越严重，这也是当下多元化的文化构成在电视节目形态中的体现。

同一国家不同地域由于文化传统不同，其电视节目形态也会有明显的差异。在我国，地域文化丰富了各地的电视节目形态，优秀的电视节目形态又展现了地域文化的发展。电视节目形态的地域性特征主要受到地域文化、题材和语言的影响。以湖南卫视为例，湖湘文化是我国内陆文化的代表，冬寒夏暑春秋多变的自然环境培养了湖南人认同天道变化无常的道理、不屈的奋斗精神和反抗精神，而元清两代大规模的移民进入，为湖湘文化提供了厚实多元的基础，形成了近代湖湘文化激越而有序、笃实而灵动、浪漫而实际、敢为天下先的鲜明地域特征。这些地域文化特质使得湖南卫视敢于打破僵局，在众多的省级卫视脱颖而出，成为与众不同、深受观众喜爱的电视媒体。而湖湘文化中的能歌善舞、多情浪漫、幽默诙谐的特点也成为湖南卫视电视

---

① 龙柏林：《"全球化背景下意识形态和价值重构"国际研讨会总结》，中山大学国际合作与交流处 2009 年版。

节目形态的核心，如《快乐大本营》《越策越开心》等节目。湖南卫视虽然定位于"快乐中国"，在题材的选取上往往具有全国视野，但湖南卫视的很多节目还是经常从湖湘文化中选取题材，如《恰同学少年》《血色湘西》等自制剧和众多的电视栏目，通过这些节目让全国观众了解到了湖南也了解到了湖湘文化。除了湖南本土的人文趣事会成为湖南卫视电视节目形态的题材之外，湖南卫视的部分电视节目中主持人会用到一些湖南方言，如《越策越开心》《天天向上》等。尽管我国电视荧屏倡导普通话，对方言节目有各种禁令，但方言节目是反同质化提高差异性的一个重要方式，一些特殊的方言可以更为精确地体现地域文化和特性，这是普通话所无法替代的。

自"限娱令"后，国内形成热点的电视节目形态大多是引进国外的模式。引进模式如何本土化，如何对待本土文化和外来文化，都是需要电视媒体人深入思考的大问题。电视节目形态的创新离不开我们所处的社会环境，离不开传统文化、外国文化、社会文化、地域文化的影响。"可以预见，在全球化与多元文化发展的语境下，21世纪世界影视艺术发展的新格局是不同影视艺术之间经过相互交流之后达到某种程度的共融，而不是什么'文化冲突'。"① 笔者认为，要想打造观众欢迎而又具有导向性的优秀电视节目形态，必须从悠久的民族文化传统中汲取文化滋养，向先进的国外电视模式借鉴思路，在当下的社会变革中与时俱进地寻求节目主题。

## 第三节　电视节目形态与经济环境

从理论上来讲，经济是基础，文化是核心。文化是经济的反映，

---

① 张智华：《影视文化传播》，文化艺术出版社 2004 年版，第 317、180 页。

文化由经济所决定，又反作用于经济，影响经济的发展。这种经济与文化的关系也同样适用于分析电视节目形态与经济环境。

首先，从宏观上看，从 1997 年起，我国 GDP 增长率一直在 7％以上，经济总量保持稳定增长，国家经济有能力去满足人民日益增长的物质和文化的需求，也会促使作为文化产品生产供应者之一的电视产业的大发展。"根据学者陆地的考察，一个国家的电视产业规模与该国的国家经济实力总量呈正相关关系。"① 而电视产业规模的发展，必然会促使其组成要素的电视节目形态的发展。但是从湖南卫视电视节目形态的演变分析来看，每一个拐点都和经济大环境没有太多的关联，显然这二者之间没有明显的正相关关系。

其次，从微观层面来看，经济环境对于电视节目形态的影响主要表现在广告和电视节目形态的题材上。

我国绝大多数电视台都是依靠广告收入来生存，"广告商们选择那些最能帮助他们销售产品或者服务的影视，希望能通过影视说服消费者改变消费习惯，进行新消费"②。"电视台通过高收视率而争取投资人、广告商，投资人、广告商和观众的参与意识也越来越强，电视作为大众文化、通俗文化的特性也越来越明显。"③ 电视媒体要获得较高收视率，必须吸引观众，喜新厌旧是人的天性，众多的电视观众也是如此，于是电视节目形态创新就成为电视媒体在经济利益驱动下追逐高收视率的主要策略。但是现在电视媒体和投资人与广告商的合作，尤其是冠名广告商的合作往往是在节目的前期就进行的，所以能不能在新的电视节目形态上押对宝，就得看广告商的眼力。而有了广告商的青睐，才会有大笔资金投入电视节目形态创新的实施当中。

对湖南卫视而言，省内的经济状况一般，全国知名的企业不多，单纯依靠省内企业的广告收入很难支撑发展。2002 年，湖南电视台明

---

①　李若菊：《我国电视媒体的外部战略环境浅析》，山东大学，2006 年，第 14 页。

②　张智华：《影视文化传播》，文化艺术出版社 2004 年版，第 375 页。

③　同上书，第 317、377 页。

确"锁定年轻、锁定娱乐、锁定全国"的战略定位，其中的"锁定全国"就是其市场定位。湖南卫视把广告营销视野"锁定全国"，在电视节目创新的同时，加大对营销方式的创新，将宣传资源、内部节目资源、广告客户媒介资源、延伸产品等进行全方位、多层次的整合，"在横向上相互联合、捆绑串带，在纵向上适时总结、提前预告"，使得整合营销的效果达到最大化。2005年，"蒙牛酸酸乳"依托于《超级女声》，与湖南卫视一道打造成了一个"超级品牌"。2013年，立白洗衣液独家冠名《我是歌手》，不但提高了消费者对产品的认知，还通过娱乐话题与粉丝互动，扩大了品牌影响力。同样是湖南卫视2013年推出的新节目形态，《爸爸去哪儿》在开播之前并没有被商家看好，还有厂家在节目开播前临阵脱逃，使得前几期节目有点举步维艰。但随着节目的火爆，很多的厂家蜂拥而至，众多广告商的加盟，使节目后几期的拍摄制作非常顺利，而广告商也借势迅速提升了知名度和销量。

经济本来就是电视节目形态的一个重要题材，经济环境的变化，必然会引起电视节目形态题材内容的相应转变。政府每次财政政策的调整，尤其是关乎人民生活的调整，都会成为新闻资讯节目、访谈辩论栏目的主要题材。比如每次存款利率的调整、油价的上涨与下调、房价的调控，都是电视节目的主要题材，网络时代的网络购物、手机支付、余额宝等也都成为现在许多电视节目的谈资。

从具体的节目形态分析，经济环境也会导致某一电视节目形态的变化。

1997年、1998年两年的中国股市上市热和1999年开始的又一轮股市牛市使得财经成为经济新闻节目的摇钱树。湖南卫视的经济类节目《今日财经》于2000年初改版，更名为《财经》，该节目利用自有资金在中国经济最发达的前沿城市深圳和上海建起两个直播室，三地联动，真正实现了财经新闻的时效性、资讯的快捷性、分析的深入性。栏目时长由10分钟急剧扩充到了88分钟。2000年7月，《财经》在北京开设演播室，节目实现京、沪、粤、湘四地联动，是全国省级电视

台第一家，栏目在长沙举办的"散户英雄会"吸引了无数投资者，这一时期，也是《财经》栏目最火的时期。但是自 2001 年中开始，股票连年下跌，使得《财经》栏目于 2002 年停播。

2010 年，随着网络购物的风起云涌，湖南卫视与快乐淘宝公司的嗨淘网站合作，推出了国内乃至亚洲第一档电视和网络互动的娱乐综艺秒杀购物节目《越淘越开心》，节目通过三个环节与现场观众和电脑前的网友进行互动，播出后立即在观众中间掀起"快乐淘宝"的旋风。

总体而言，经济环境对电视节目形态有一定的影响，主要是影响到电视节目创作的人、财、物，决定着电视媒体能否应用新技术新设备，能否请到大牌的明星、制作人和策划人，能否买来优秀的境外电视节目模式。经济环境也可以成为电视节目形态的题材，与其他题材相比，并不具有优越性。一些电视栏目通过传播经济新闻和经济信息，可以指导受众进行经济选择和经济决策，有时还会推动我国经济政策和法令的出台，规范经济环境，形成了新的经济意识。而经济的市场化成为电视媒体追求利益的动力，广告为电视媒体提供了一个巨大的经济财源，为了追逐更多的经济利益，电视媒体需要争夺有限的广告市场，竞争的逐步升级导致电视媒体要么打造优秀的电视节目形态，要么以媚俗的姿态去迎合大众、迎合广告商。这就导致电视媒体自身的经济效益与电视节目形态之间形成一个正相关关系：优秀的电视节目形态带来良好的收视效果，吸引更多的广告费，从而产生良好的经济效益；良好的经济效益又会促使电视媒体将更多的财力投入到电视节目形态的创新当中，打造优秀的电视节目，如此反复，形成良性循环。反之会形成恶性循环。

湖南卫视的实践证明，非发达经济地区完全可以打造优秀的电视节目形态。经济环境固然与电视节目创作的人、财、物有关，与题材的选取有关，但对电视节目形态而言，更为重要的是人，是电视人的创新意识和创新能力。

# 第四节 电视节目形态与技术环境

技术环境主要是指科学技术水平、政策以及发展的动向等。科学技术的发展，改变了电视节目的采集、制作、播出和接收等技术和方式，尤其是数字化技术，改变了传统电视节目的生产模式，使得电视节目的质量达到了以往难以达到的高指标，给电视艺术创作带来了全新的思想理念和全新的节目形态。

科学技术的发展，使得高清晰度电视①可以为观众提供极高清晰度分辨率的电视画面和高保真立体声的电视音响。但超高清晰度也对电视美工、化妆、置景、灯光等工种提出更高要求，各个环节只有更加精美逼真才能满足高清晰度电视对细节的高要求。高清、宽屏、大屏的电视技术，也促使电视节目内容发生变化。传统的电视系统由于屏幕小、分辨率低，更重视声音，电视节目画面灯光要求不高，多使用中近景和特写。高清数字电视系统打破了模拟电视的创作观念，画面和声音开始向电影靠近，开始较多地用全景、远景拍摄，也相应提高了对灯光舞美的制作要求。比如高希希导演的新版《三国》战争场面宏大，视觉效果被媒体评论为更像大银幕上的电影大片，但是很多观众对片中过多地运用电脑特效制作的战争场面很有看法，尤其诟病片中的一些电脑特效镜头，如万马奔腾、两军对垒的场面被反复使用。这种情况要是放在传统电视的年代肯定不会引起观众的注意。

科学技术的发展，使得摄像设备广泛普及。越来越多的电子设备都具有摄像功能，使得越来越多观众拍摄的镜头、制作的短片出现在

---

① 杜百川：《高清晰度电视和数字电视的由来》，《瞭望》1998 年第 45 期，"高清晰度电视应是一个透明系统，一个正常视力的观众在距该系统显示屏高度的三倍距离上所看到的图像质量应具有观看原始景物或表演时所得到的印象"。

电视节目当中，为更多的话语表达提供了可能。各种监控设备、网络视频、手机视频等都成了电视节目的重要来源。凤凰卫视的《DV新时代》、CCTV6的《爱拍电影》为民间创作的短片提供了展示平台；北京电视台公共频道播报路况信息的服务节目《红绿灯——路况直播》分别在早、晚交通高峰期，播出交通监控系统拍摄的北京各主要路口的实时路况，同时用底行字幕提供最新的交通新闻，引导百姓出行。

科学技术的发展，使得电视媒体网络化节目制播体系成为现实，新闻、制作、管理、播出等业务板块实现了集约化、规模化，出现了"大数据""大媒资""大新闻""制作群""大播出"的概念，提高了节目制作能力和制播效率。而电视制播网络通过有线或者无线的方式与外网连接时，增强了电视节目的时效性，让突发事件的直播成为可能，而内部外部的网络资源共享也为电视节目创作提供了更多的素材。

科学技术的发展，强化了电视图文与动画特技创作技术在实时节目的包装、特技、三维渲染、字幕和虚拟场景结合等方面的功能，为电视艺术的想象插上了腾飞的翅膀。虚拟现实技术（Virtual Reality，简称VR）是对传统电视制作的一大突破，该技术通过电脑模拟出的虚拟画面，使电视节目摆脱了传统的空间环境和真实物体的约束，进入了一个无限的想象空间。而增强现实技术（AR，即 Augmented Reality）在现实场景中叠加虚拟的对象，CCTV5《豪门盛宴》在 2010 年世界杯、2012 年欧洲杯时，演播室里出现了 AR 技术合成的 3D 球场和球星，这些场景和人物完全是动态的，可以随着景别的变化发生变化。2011 年，湖南卫视跨年演唱会运用虚实结合的全息投影技术，让天后邓丽君重现舞台演唱经典曲目。2012 年，湖南卫视在跨年演唱会的舞美设计上，将舞美与灯光、LED 完美融合，利用虚拟 3D、动画设计等诸多手段，给人耳目一新的感觉，比如王菲在现场演唱新歌《愿》时，背后云海奇幻的场景令观众惊叹连连。

科学技术的发展，丰富了电视语言，数字时代让长镜头的内涵和表现形式发生了根本性的变化。一些不可思议的镜头通过数字技术的合成在电视作品中变为可能，基于数字技术的无缝剪辑可以将不同的时空转化为一个连续完整的时空，也可以创造出一个虚拟的时空。虽然观众在节目中的看到的仍然是一个长镜头，但长镜头的外延却大大扩展了。这种长镜头的时空重构与美学观念的变革必将会越来越多地出现在各类电视节目形态当中。

科学技术的发展，给数字电视传播提供了高清互动多功能，为电视频道编排电视节目提出了新课题。电视网络公司新一代的有线电视高清交互式机顶盒，不仅增加了高清直播频道与海量的高清点播节目，还增加了电视节目时移、回放、录制等新服务、新功能，以及互联网应用、在线交易，资讯信息、游戏娱乐、视频通话等增值业务。电视制造商们也不甘寂寞，流媒体电视机、网络电视、智能电视、云电视等概念和技术层出不穷，电视用户不需要为自家的电视进行任何升级、维护、资源下载，只需将电视连上网络，就可即时实现最新应用和海量资源的共享。网络公司推出电视盒子，用户通过盒子将电视与网络相连，可以随时从外界调取自己需要的资源或信息。这些新技术彻底改变了电视观众"你播我看"的被动收视习惯，"什么时候看""看什么"完全由观众决定。这和 2006 年约翰·凯里的判断是一致的："从长期来看，数字技术对电视频道最有趣的影响可能是消灭电视频道。在未来的某一刻，所有的节目将被存储在视频服务器中，而且用户可以从图书馆中选择数以千计的节目，这样就会消灭播出的时间表（除了现场直播节目）和频道。"① 对观众而言，没有所谓的"黄金时段"，只有自己喜欢的"黄金节目"，没有锁定的电视频道，只有自我的兴趣喜好。对电视媒体来说，这种变化需要去重新考虑如何编排电视节目、如何才能打造适合这种收视改变的电视节目形态。

科学技术的发展推动着电视艺术的演进，但技术本身并不能确保

---

① 达西·格巴哥：《数字电视内容与经济分析》，人民邮电出版社 2006 年版，第 14 页。

其在商业上或者艺术上的成功。"技术进步为电视传播活动开辟了广阔空间，但再先进的技术手段，也存在着其自身不可逾越的局限。"① 电视媒体以传播电视节目为第一要务，技术只是一种实现艺术表现的手段而已。对电视节目形态而言，科学技术是服务而不是统治，技术可以解放电视节目创作各个环节的生产力，却不能主宰电视节目形态及其价值追求。固然电视的"收视率与高科技密切相关，采用高科技摄影技术，达到艺术真实，提高影视的收视力，从而使观众不断增加"②，但是过分依赖于电视技术效果去打造电视节目形态必定是顾此失彼，舍本逐末。

科学技术发展带领我们进入网络时代，在这个全媒体的时代里，电视媒体的竞争已经超越了地域国界和行业，也改变了电视观众的收视习惯。在以前，电视图像是观众无法改变的，而如今，作为潜在的电视观众的"90 后"、"00 后""都有操纵屏幕上的图像的经历，这从根本上改变了他们对电视图像的理解和尊重"③。"在计算机家族中长大的孩子不再把电视看成神圣的，而把它看成交流的便携工具。"④ 面对这样的潜在观众，"有社会责任感的编排者会选择将初出茅庐的数字电视技术应用于促进社会进步，而不是仅仅将其作为一种节目制作的新方法来使用它。它们都必须为观看者提供一个互相参与的机会，而不只是一个静态的内容。无论它们是否采取网络游戏、聊天或者由用户控制摄像和编辑，新媒体所展现的内容都必须更好地满足那些希望在电子领域施展手脚的人们的需求"⑤。很显然，对新一代电视观众而言，现有的电视节目形态肯定不能满足他们的需求，怎么才能吸引他们重新坐到电视机前，这是电视节目形态创新所需要面对的问题之一。

---

① 陆晔：《试论传播观念对电视新闻传播技术手段的依赖与超越》，《电视研究》1995 年第 5 期。

② 张智华：《影视文化传播》，文化艺术出版社 2004 年版，第 372 页。

③ 达西·格巴哥：《数字电视内容与经济分析》，人民邮电出版社 2006 年版，第 22 页。

④ 同上。

⑤ 同上书，第 23 页。

　　科学技术的发展催生了电视媒体的出现，也促进着电视艺术的发展。我们所处的这个时代是科学技术巨变的时代，十几年前，电视还属于新媒体的范畴，到了今天，电视已经变成了传统媒体。面对网络和移动网络的蚕食，很多电视人产生了强烈的危机感，电视媒体也把眼光转向网络，寻找下一个经济增长点。今天的我们可以通过各种终端设备来收看精彩纷呈的电视节目，与之相应的是通过电视机收看电视节目的观众越来越少，这是不是意味着终有一天，科学技术会亲手终结自己催生的电视媒体？那个时候，一定会有更新的新媒体出现，但是在那以前，在电视屏幕上、电脑屏幕上、手机屏幕上，只要有视频内容出现，那么电视节目形态演变的势态还会持续下去，也会有适合于电脑终端移动终端的视频节目形态的出现。笔者相信，以后的视频节目形态也一定是以现在的电视节目形态为基础，电视人也将会是新视频节目形态的主力。

## 第五节　电视节目形态与媒体变革

　　"随着网络融合的升级，新媒体和传统媒体共同进入一个全媒体时代。"① 全媒体是指将各种信息，利用多种手段多种形态来表现，通过多种渠道进行传播，最终用户以多种终端完成融合接收，任何人在任何时间和地点都可以用任何终端获得任何想要的信息。"全媒体是信息、通信及网络技术条件下各种媒介实现深度融合的结果，是媒介形态大变革中崭新的传播形态。全媒体通过提供多种方式和多种层次的传播形态来满足受众的细分需求，使得受众获得更及时、更多角度、更多听觉和视觉满足的媒体体验。"②

---

　　① 黄金鲁克：《我们已经进入全媒体时代》，《中国教育报》2012 年 1 月 2 日。
　　② 冯晓临：《基于数字化背景下的电视节目形态发展趋势探究》，《电视研究》2013 年第7 期。

互联网的出现，改变了我们生活的语境，视觉影像作为中介贯通于各个媒体之间。"互联网进入 Web 2.0 时代，视频成为网上主流的内容形式之一。"① 显然，电视产业受到冲击是必然的。视频网站的出现，让受众通过网络观看电视节目成为现实，如今，网络已经成为人们观看电视剧、电视节目的重要渠道。然而电脑终究还是"坐着"观看视频，数量远远超过电脑的手机用户，现在可以用手机随时随地观看电视节目，移动网络又来蚕食本属于电视的份额。

"当代媒体的一个重要特点是，传统媒体与新媒体之间的依存度和扩增性越来越强。"② 早在电视媒体诞生的时候，和电影有过激烈的竞争，最后电视的发展导致电影的衰落。但是随着电视媒体对电影的各种宣传，电视又对电影给予反哺，让电影产业重新焕发了青春。如今的电视媒体，面对其他新媒体的围追堵截，既有竞争的压力，也可以从新媒体中获得滋养。

电视媒体可以用其他媒体资源作为电视节目形态画面和声音的补充，也可以从其他媒体获取电视节目形态所需要的题材和主题，还可以从网络上寻找征集节目的嘉宾和观众。网络可以传播完整的电视节目内容和精彩的节目片段，还可以通过预告、爆料等形式向受众传达最新的电视节目资讯。受众在观看电视节目的同时，可以通过论坛、微博、微信等社交网站表达观后感和意见，也可以和其他受众交流，形成舆论，有可能影响到电视节目形态的改变。

越来越多的电视节目开始重视普通大众的参与，湖南卫视的《快乐男声》《我是歌手》等真人秀节目通过网络征集现场观众，通过社交网络与场外观众互动，节目播出时叠加在屏幕上的二维码，观众只需拿起手机，开启软件扫描，即可以借助网络直接获取链接下载，了解节目资讯，与节目进行互动。观众的互动对电视节目的收视率、影响

---

① 胡泳：《众声喧哗》，广西师范大学出版社 2008 年版，第 109 页。
② 同上书，第 78 页。

力、广告收入都有着极大影响。短信投票让 2005 年的《超级女声》成为选秀娱乐节目的收视巅峰，微博则让《中国好声音》的收视率飞速高攀。也有些节目通过制造一些网络话题，提高了自己的收视率。

一些电视媒体已经打破媒体界限，开始跨媒体传播。湖南卫视 2013 年的《爸爸去哪儿》就是一个跨媒体传播的好例子：首先，采取电视与网络同步首播的传播模式，使得节目内容和话题在网络平台进行二次传播与持续发酵；其次，在微博上，通过与明星家庭全面互动、与大 V 互动和微博话题聚合网友关注度；再次，节目推出不久，就推出各种版本的同名官方游戏，玩家可以在游戏中扮演各位星爸萌宝，畅游在各集节目的场景中，这促使网络上有 40 多种不同的《爸爸去哪儿》游戏，其中官方手游注册用户上亿，日活跃用户超过 300 万；最后，于 2014 年大年初一首映《爸爸去哪儿》大电影，推出同名官方授权图文书，电影票房超过 7 亿元，图书 1 月上市便居非虚构畅销书榜第二名。《爸爸去哪儿》将触角伸向网络、游戏、电影和图书，其他的电视节目去哪儿了？

当电视媒体刚刚架构好网络电视台，以为可以轻易实现"三网融合"的时候，社交媒体已经成为大势所趋，我们的生活进入了"大数据"时代。在这个时代，所有的内容都被数字化，所有的内容都将出现在网络上，所有的内容都会和人建立起某种关联。网络兴起的时候，有这样一句流行语："在互联网上，没人知道你是一条狗。"但是到了今天，网络改变了我们的生存方式，不管你上网还是不上网，你只要生活在这个社会，就有足够的数据表明你是谁。《爸爸去哪儿》播出之后，大数据分析发现节目 80% 的"粉丝"都是女性，所以同名大电影宣传片的风格被确定为音乐轻柔、温情款款，同名图书的宣传词是"一本全家人都可以阅读的亲子图书"。

虽然三网融合的前景扑朔迷离，但媒介融合的未来不容置疑。"电视媒介应该整合多种媒体的传播优势与效果，走电视资源加网络技术支持的合作之路，实现自己品牌节目的多媒体联动，为自己的品牌营销整合出最强有力的核心价值。"① 或许随着时间的推移，电视的用户还将进一步流失。但到了一定阶段，电视、电脑和手机的视频用户会形成一个均衡状态，相互制约，互为补充。电视更多地将会以家庭观看的形式出现，电脑网络视频的优势将更多体现在随时性上，而手机将更多承载移动观看的功能。

但是对于电视、电脑、手机等全媒体而言，电视节目内容永远是吸引观众的重中之重，也是电视节目形态创新必须重视的核心。虽然有人说现在早已不是内容为王的时代，而是渠道为王，但是我们相信，在全媒体时代，渠道无处不在，媒体无处不在，只有内容，也就是电视节目本体才是吸引观众眼球之所在。

好酒也怕巷子深。虽然电视内容是电视媒体的核心，但是在媒介融合的全媒体时代，只有内容是不够的，只靠电视节目本身，未必能够带来足够多的经济效益和社会效益，也未必能够保证电视媒体的生存。2014 年，湖南卫视在成功地将《爸爸去哪儿》这一电视节目放大为电影、游戏、图书出版物之后，提出平台化生态化的未来战略。平台化是着力打造芒果 TV 这个平台，将商业模式瞄向 OTT②，联合电视机、电视机顶盒厂家推出一系列电视一体机和芒果盒子，力图从内容商进入终端和渠道，成为中国版的 HULU③，争取在未来广电新媒体的全国格局中占有一席之地；生态化是利用内容优势做内容集成，将内容产品转化为知识版权资源，打造包括电子商务、电视商务、娱乐节目制作、院线发行等涵盖内容生产、传播、销售、用户维护等全产业链方方面面、多元化的生态圈。这个生态化不是传统电视媒体向

---

① 冯晓临：《基于数字化背景下的电视节目形态发展趋势探究》，《电视研究》2013 年第 7 期。

② OTT 是 "Over The Top" 的缩写，词汇来源于篮球等体育运动，是 "过顶传球" 之意，指的是球类运动员在他们头之上来回传送而到达目的地。现多指互联网公司越过运营商，发展基于开放互联网的各种视频及数据服务业务，强调服务与物理网络的无关性。

③ HULU 是美国国家广播环球公司和福克斯在 2007 年共同注册成立的视频网站，主要播出 NBC 与 Fox 的内容，被认为是迄今为止传统电视、电影工业向互联网接轨最成功的案例，是对 YouTube 的有力挑战，甚至很可能给整个视频行业带来颠覆性影响。

新媒体的融合，而是将传统媒体和新媒体共同融入生态圈中，是传统媒体在全媒体时代的一个新的探索、新的模式。

媒体变革的趋势还将越演越烈，传统的电视媒体是走向衰落还是焕发青春，湖南卫视法无疑是一种积极有益的尝试，但是未来的图景如何，让我们拭目以待。

# 结　语

　　2011 年底，本书开始写作时，恰逢"限娱令"正式颁布不久，当时很难预测湖南卫视的应对策略和发展走向。在本书的写作过程中，目睹了湖南卫视 2012 年的低谷和无奈，也见证了 2013 年的娱乐反击。当本书结束时，2013 年已经过去，湖南卫视再次凭借电视节目形态的创新重返省级卫视收视第一，围绕节目形态创新打造的"芒果多形式生态圈"初步形成，湖南广电以 183 亿元的收入领跑国内省级广电集团。就在 2014 年 4 月，湖南广电宣布全台节目版权"不销售、只独播"，其底气就是别人无法取代的湖南卫视电视节目形态。这些现状都印证本书的研究具有较大的意义。

　　湖南卫视在上星 17 年间播出各种栏目 200 多档，本书将研究对象限定为湖南卫视电视形态自制节目中的一部分，包括第二层级中的全部真实性节目，将表演性节目中的栏目剧、文艺表演节目、音乐电视纳入综艺娱乐节目当中一起分析。

　　通过对湖南卫视新闻资讯节目、社会生活节目、综艺娱乐节目三大类节目形态 17 年每年播出的数量变化趋势分析，我们看到：湖南卫视电视节目形态总体数量的变化呈现正弦波的变化趋势；新闻资讯类节目呈现下降的趋势；社会生活类节目也是正弦波变化趋势；但与总体趋势不同步；综艺娱乐节目是持续增高的变化趋势。

　　通过湖南卫视电视节目形态的拐点分析，我们看到湖南卫视 17 年间，出现了三个拐点：2001 年，《有话好说》的停播和凤凰卫视"9·11"事件直播；2004 年，湖南卫视提出了"快乐中国"的定位；2011 年

10 月 24 日，国家广电总局颁布了《关于进一步加强电视上星综合频道节目管理的意见》。拐点前后，湖南卫视电视节目形态变化趋势大不相同。

根据三大类节目形态变化趋势并结合三个拐点，我们把湖南卫视的 17 年分为四个时段：上星初期（1997—2001 年）、调整期（2001—2004 年）、稳定期（2004—2011 年）和"限娱令"后（2011—2013 年）。

通过分时段对湖南卫视新闻资讯栏目、社会生活栏目和综艺娱乐栏目的数量变化分析，我们看到：上星初期，新闻资讯栏目和社会生活栏目数量呈上升趋势，综艺娱乐栏目呈下降趋势，这一时期虽然是综合频道定位，新闻资讯节目和社会生活节目是湖南卫视电视节目形态创新的重点，但在全国具有影响力的却是以《快乐大本营》为代表的综艺娱乐节目；调整期与上星初期相反，新闻资讯栏目和社会生活栏目数量呈下降趋势，综艺娱乐栏目呈上升趋势，这一时期，湖南卫视加大了综艺娱乐节目创新力度，电视节目形态开始从新闻向娱乐转型；稳定期，新闻资讯栏目数量呈下降趋势，社会生活栏目和综艺娱乐栏目数量呈上升趋势，这一时期，湖南卫视坚持"快乐中国"的核心理念，持续对社会生活节目和综艺娱乐节目进行创新，新闻资讯节目边缘化；"限娱令"后，新闻资讯栏目数量呈上升趋势，社会生活栏目和综艺娱乐栏目数量呈下降趋势，这一时期，加大了对新闻资讯节目的创新力度，在社会生活节目没有取得良好收视效果后，降低了节目创新的频率，新栏目数量减少，开始重点打造精品栏目。

通过对电视节目形态三大类别第四层级各类栏目的数量变化趋势分析，我们看出：新闻资讯节目中，消息播报类节目一直是新闻资讯节目的主力；调查评论类节目在上星初期大有作为，到了调整期，节目归零，直到"限娱令"后才有创新；谈话辩论类节目在上星初期和调整期有过短暂的创新高潮，杂志类的创新高潮出现在调整期，但之后两类栏目创新力度都不大。社会生活节目中，生活服务类节目和知

190

识教育类节目变化趋势基本是同步的，上星初期和"限娱令"后是这两类节目形态创新的高峰期，这两类节目的形态非常丰富，创新性很强；情感故事类节目自调整期后一直保持较为旺盛的创新，虽然播出节目有所变化，但是持续性较好，早期是单一的访谈节目形态，后期呈现出各种节目形态融合的趋势。综艺娱乐节目中，竞赛游戏节目和真人秀是绝对的创新主力。竞赛游戏节目在上星初期，随着《快乐大本营》的走红，推出过几档同质的节目，在 2008 年北京奥运会期间达到创新高潮，接连推出数档体育类的竞赛游戏节目；真人秀节目自稳定期后，随着《超级女声》的极高影响力，成为湖南卫视综艺娱乐节目创新的重心，一直保持极高的创新度，从早期单一的平民唱歌选秀，到现在千姿百态的明星秀、体育秀、生活秀，呈现出一个十分丰富而又多样的电视节目形态集合；文艺表演类节目在上星初期数量较多，但之后变成了其他节目的构成要素；脱口秀节目自调整期推出之后，融合其他节目形态要素，数量不多，但保持稳定，《天天向上》成为湖南卫视另一档名牌栏目；其他几类节目虽然偶尔有创新节目出现，但数量不多，持续性不够。

通过对湖南电视节目形态构成要素和组合方式个例分析，我们发现：电视节目形态构成要素中，画面是朝着镜头更短、镜头更多、镜头质量更高的趋势演变；声音的创新则是通过对原有声音要素的活用、对其他节目形态声音要素的借用、对其他形态声音和自身声音的混用实现的；题材的创新主要是将新的生活内容变成电视节目形态的新题材，将原有的生活内容通过新的认识变为题材要素；节目主题则是在栏目大主题不变的情况下，保持每期节目小主题的多变性；主体的创新趋势是嘉宾身份和作用多元化、主持人群体化；观众的变化趋势是场内观众表现多样化、场外观众参与日趋网络化。电视节目形态组合方式中，蒙太奇的剪辑节奏加快，交叉蒙太奇、平行蒙太奇、表现蒙太奇、声画蒙太奇等技巧在录播节目中用得越来越多，画外音和字幕成了蒙太奇创新的新元素；长镜头在直播节目中和蒙太奇结合使用，互为补充，展现了直播节目的魅力；叙事，在录播的真实性节目中，通过不同的结构来加大叙事的戏剧性，通过细节的抓取来增强叙事的趣味性；抒情大多会用空镜头、长镜头、蒙太奇和字幕、音乐等元素来实现，借用更多的电影手法，抒情而不煽情；湖南卫视的编排主要是通盘考虑，首创了930、730带状播出、打造非黄金时段的节目带，吸引不同类型的观众群体；播出中直播与录播相结合，打造高水准的直播队伍。

通过对电视节目形态外部环境的分析，我们认为：政治环境中，国家广电总局的规制对电视节目形态的创新起着决定性的作用，能够规定制约电视节目形态创新的方向。社会环境中，政治文化通过行业规制来制约创新，大众文化通过商业化来促进创新，精英文化有部分介入电视节目形态的创新，还有一部分通过批评来约束电视节目形态的创新。经济环境中，广告产品通过新的电视节目扩大品牌影响力，又为电视节目创新提供足够的资金，经济环境作为电视节目形态的题材资源，其变化也能影响到一些电视节目形态的创新。技术环境中，电视技术的发展提高了电视画面的清晰度和声音的保真度、扩大了电视节目素材的来源、实现了电视节目制作的网络化、出现了越来越多的虚拟视觉效果、改变了电视节目编排的思路。媒介变革时代，嘉宾的选取、观众的参与、题材和主题的确定，都可以借助于其他媒体，而打破媒体界限，实现跨媒体传播，才是电视媒体在全媒体时代的应对之策。

通过对湖南卫视电视节目形态演变的纵向梳理，我们认为：湖南卫视在发展中能够快速找准定位，以准确的定位培养目标观众群，形成自己的节目形态特质；在国家广电总局的规制中寻求机遇，以自己独有的博弈方式在压力中与时俱进，不断创新；在电视媒体的不断变革中，以人为本，以节目为核心，培养了一大批创新人才，形成了独特的电视节目形态创新机制。

通过与同时期其他电视媒体节目的横向比较，我们认为：湖南卫视的电视节目形态中，传统的严肃的新闻性节目、政论性节目很少，总体呈现出多元化娱乐化的态势，但不管是对境外电视节目形态的模仿和引进，还是自己的原创与更新，都立足于中国文化、湖湘文化，在多样化的节目娱乐外壳之中弘扬真、善、美的核心价值，始终坚持电视节目对观众的导向性。

通过对湖南卫视电视节目形态演变分析，从有利于电视节目形态创新的角度，向电视从业人员、电视媒体和行业管理机构等提出以下建议：

建议一：湖南卫视上星的17年中播出的200多档栏目，为我们展现了丰富多彩、千姿百态的电视节目形态，也为我们提供了电视节目形态创新可操作的方式方法，那就是对电视节目形态构成要素和组合方式的活用、借用、混用。活用本节目形态构成要素和组合方式，借用他节目形态构成要素和组合方式，混用多种节目形态构成要素和组合方式。

建议二："限娱令"后的两年间，国内热播的电视节目形态大多是引进国外的模式，引进模式如何本土化，如何对待本土文化和外来文化，从思路上来讲，就是从悠久的民族文化传统汲取文化滋养，向先进的国外电视模式借鉴模式思路，在当下社会变革中与时俱进地寻求节目主题。

建议三：在中国电视节目形态多元化的背后潜藏的是价值观的缺失、传播功能的变异和传播趋势的无序。对电视媒体而言，要准确认识全媒体时代大众传播的新功能，确立当下传媒格局中电视媒体的位置，打破媒体界限，实现跨媒体传播。对电视节目形态创新而言，在求新求变的同时，要把重建真、善、美的价值观作为核心主题，引导电视观众对真、善、美的追求，真正让电视节目形态中技术、媒介、艺术、文化融为一体。

建议四：电视节目形态的外部环境对电视节目形态的创新有着这样那样的影响，尤其是行业主管部门的各种规制影响着电视节目形态创新的方向和规模。所以对广播电视行业主管机构来说，必须要改变这种随意性制定规制的做法，改变对电视节目形态个别干预的管理，在宪法规定的范围、框架内，围绕当下媒体格局，建构完善的行业法律规范体系，设立符合宪法的审查监督机构，为电视节目形态创新保驾护航。

由于时间和篇幅的限制，本书对建议中提及的电视节目形态和国内外文化的关系、全媒体时代大众传播的功能变化和发展趋势、价值观的缺失与重建，以及行业管理规制的制定颁布实施等各方面并没有进行详尽的分析和论述，希望能成为以后研究的方向。

# 参考文献

## 一　专著

吴信川：《实用电视传播学》，四川人民出版社 1990 年版。

周传基：《电影、电视、广播中的声音》，中国电影出版社 1991 年版。

《中国小百科全书》编纂委员会：《中国小百科全书Ⅵ》（《文学与艺术》
　　第四册），团结出版社 1994 年版。

朱辉军：《电影形态学》，中国电影出版社 1994 年版。

邱沛篁、吴信训、向纯武等：《新闻传播百科全书》，四川人民出版社
　　1998 年版。

钟大年、郭镇之、王纪言：《电视跨国传播与民族文化》，北京广播学
　　院出版社 1998 年版。

赵玉明、王福顺：《广播电视辞典》，北京广播学院出版社 1999 年版。

郭镇之：《电视传播史》，北京师范大学出版社 2000 年版。

邵培仁：《传播学》，高等教育出版社 2000 年版。

孙玉胜：《十年——从改变电视的语态开始》，生活·读书·新知三联
　　书店 2003 年版。

张智华：《影视文化传播》，文化艺术出版社 2004 年版。

刘宜勤：《广播电影电视科技发展历程回顾文选》，中国广播电视出版
　　社 2004 年版。

郭镇之：《中外广播电视史》，复旦大学出版社 2005 年版。

喻国明、张小争：《传媒竞争力：产业价值链案例与模式》，华夏出版社 2005 年版。

陆小华：《激活传媒》，中信出版社 2005 年版。

赵玉明：《中国广播电视通史》，北京广播学院出版社 2005 年版。

叶子：《现代电视新闻学》，中国广播电视出版社 2005 年版。

孟群：《电视数字制作技术》，北京师范大学出版社 2005 年版。

徐舫州、徐帆：《电视节目类型学》，浙江大学出版社 2006 年版。

欧阳宏生等：《电视批评学》，四川大学出版社 2006 年版。

施旭升：《戏剧艺术原理》，中国传媒大学出版社 2006 年版。

陈国钦、夏光富：《电视节目形态论》，中国传媒大学出版社 2006 年版。

张晓锋：《结构电视：电视传播学新论》，中国广播电视出版社 2006 年版。

周勇：《电视新闻编辑教程》，中国人民大学出版社 2007 年版。

刘习良：《中国电视史》，中国广播电视出版社 2007 年版。

刘洪才等：《广播电影电视专业技术发展简史》，中国广播电视出版社 2007 年版。

项仲平：《电视栏目与频道策划研究》，中国广播电视出版社 2007 年版。

潘知常、孔德明：《讲"好故事"与"讲好"故事：从电视叙事看电视节目的策划》，中国广播电视出版社 2007 年版。

张海潮：《中国电视节目分类体系》，中国传媒大学出版社 2007 年版。

孙宝国：《中国电视节目形态研究》，新华出版社 2007 年版。

王兰柱：《广电产业化进程中的节目形态演变》，中国传媒大学出版社 2007 年版。

张小琴、王彩平：《电视节目新形态》，中国广播电视出版社 2007 年版。

徐浩然：《中国电视频道竞争力评价研究》，中国传媒大学出版社 2007 年版。

刘利群、傅宁：《美国电视节目形态》，中国传媒大学出版社 2008 年版。

黄会林、彭吉象、张同道、陈旭光、周安华：《电视学导论》，高等教育出版社 2008 年版。

刘昶、甘露、黄慰汕：《欧洲优秀电视节目模式解析》，中国广播电视出版社 2008 年版。

孙宝国：《中国电视新闻节目形态研究》，新华出版社 2008 年版。

胡泳：《众声喧哗》，广西师范大学出版社 2008 年版。

杨晓凌：《解码电视湘军》，中国传媒大学出版社 2009 年版。

张海潮：《电视节目整合评估体系》，中国传媒大学出版社 2009 年版。

陈信凌：《国内电视媒体制度变迁与绩效评估研究》，江西人民出版社 2009 年版。

孙宝国：《中国电视娱乐节目形态学》，新华出版社 2009 年版。

丁亚平、吕效平：《影视文化》（1—2），中国电影出版社 2009—2010 年版。

周安华、丁亚平：《影视文化》（3—7），中国电影出版社 2010—2012 年版。

魏永刚、张小争、韩晓宁：《电视节目运营——塑造传媒品牌九项要点》，中国传媒大学出版社 2010 年版。

欧阳洪生：《电视传播核心价值论》，北京大学出版社 2010 年版。

周亭：《中国电视娱乐产业研究》，中国广播电视出版社 2010 年版。

熊忠辉：《广播电视节目形态解析》，化学工业出版社 2010 年版。

刘一平：《追梦·湖南电视 40 年》，湖南人民出版社 2010 年版。

欧阳洪生：《中国电视批评史》，北京大学出版社 2010 年版。

朱云涛：《缪斯的身影——面向艺术本身的艺术形态研究》，南京大学出版社 2010 年版。

朱虹、胡正荣：《中国电视名牌栏目》，红旗出版社 2011 年版。

胡正荣、朱虹：《外国电视名牌栏目》，红旗出版社 2011 年版。

张健：《当代电视节目类型教程》，复旦大学出版社 2011 年版。

孙宝国：《中国电视节目形态通论》，中国传媒大学出版社 2011 年版。

张智华等：《影视文化概论》，国防工业出版社 2012 年版。

张智华：《电视剧类型》，北京师范大学出版社 2012 年版。

尹鸿、曹书乐：《影视传播研究前沿》，清华大学出版社 2012 年版。

张树庭：《视网融合时代的电视节目评估》，中国广播电视出版社 2012
年版。

郑维东：《秩序与语境：中国电视之收视率观察》，中国传媒大学出版
社 2012 年版。

国家广播电影电视总局发展研究中心：《中国广播电影电视发展报告》，
社会科学文献出版社 2006—2012 年版。

《中国电视网络影响力报告》课题组：《中国电视网络影响力报告》，中
国广播电视出版社 2008—2012 年版。

张智华：《电视剧叙事艺术研究》，中国电影出版社 2013 年版。

高尔基：《高尔基选集：文学论文选》，人民文学出版社 1958 年版。

苏珊·朗格：《情感与形式》，中国社会科学出版社 1986 年版。

托马斯·门罗：《走向科学的美学》，中国文艺联合出版公司 1984 年版。

威尔伯·施拉姆、威廉·波特：《传播学概论》，新华出版社 1984 年版。

斯坦利·卡维尔：《看见的世界》，中国电影出版社 1990 年版。

鲁道夫·阿恩海姆：《艺术与视知觉》，四川人民出版社 1998 年版。

罗伯特：《重组话语频道》，中国社会科学出版社 2000 年版。

达西·格巴哥：《数字电视内容与经济分析》，人民邮电出版社 2006
年版。

大卫·麦克奎恩：《理解电视：电视节目类型的概念与变迁》，华夏出
版社 2003 年版。

卡冈：《艺术形态学》，学林出版社 2008 年版。

约翰·杜威：《艺术即经验》，商务印书馆 2010 年版。

## 二　期刊文章

张辉：《论叙事结构和叙述话语》，《南京大学学报》（哲学人文社会科

学）1996 年第 2 期。

杜百川：《高清晰度电视和数字电视的由来》，《瞭望》1998 年第 45 期。

陈道生、刘颐静：《立足竞争办出特色——湖南、浙江、广东卫视新闻
　　节目观感》，《声屏世界》1999 年第 7 期。

陈旭光：《概念界定、现状危机、特性与对策——电视综艺节目散论》，
　　《电视艺术》2002 年第 2 期。

罗小东：《当代小说线性叙事的类型分析》，《文艺评论》2002 年第 2 期。

郑蔚、孙微：《电视节目形态的引进与创新——兼评〈开心辞典〉》，
　　《现代传播》2002 年第 3 期。

宁耕：《解析湖南卫视的"怪味豆"》，《新闻通讯》2002 年第 7 期。

李耀武：《耐看的〈名人本色〉》，《当代电视》2002 年第 10 期。

陈林侠：《论影像叙事的诗性结构与"后抒情"》，《艺术广角》2003 年
　　第 1 期。

戴新华、梅文慧：《试论知识型电视益智栏目的发展》，《声屏世界》
　　2003 年第 2 期。

鞠斐：《电视直播节目的传播学意义》，《电视研究》2003 年第 7 期。

张慧：《荔荔在目：睁双慧眼看世界——李泓荔和她的三档"城市专
　　栏"》，《新闻天地》2003 年第 12 期。

李幸：《电视节目形态之我见》，《电影艺术》2004 年第 1 期。

田兆耀：《管窥爱森斯坦的理性蒙太奇理论》，《艺术百家》2004 年第
　　1 期。

李宇灿：《电视新闻的新技术新要求新形态》，《中国广播电视学刊》
　　2004 年第 4 期。

沈文锋：《电视节目形态的发展与创新》，《当代电视》2004 年第 6 期。

邵百鸣、饶素华：《神性、人性和理性——略论艺术形态与时代精神》，
　　《南昌大学学报》（人文社会科学版）2004 年第 6 期。

欧阳常林：《湖南卫视：娱乐为王》，《广告大观》2004 年第 12 期。

金越：《从创作和制作的角度看电视节目分类》，《中国电视》2005 年第

1 期。

陈明：《对构建和规范艺术形态范畴的思考》，《渤海大学学报》（哲学

    社会科学版）2005 年第 5 期。

王彩平：《电视节目形态创新方式探究》，《声屏世界》2005 年第 8 期。

程士安：《电视节目的影响力探源——关于电视栏目的叙事与结构》，

    《新闻大学》2006 年第 1 期。

李立：《认识当代电视节目形态》，《新闻界》2006 年第 1 期。

崔平：《精英文化在电视传播中的缺失与出路》，《采编写》2006 年第

    1 期。

施旭升：《新的历史情境中的秩序和意义——中央电视台春节戏曲晚

    会的本体特征解析》，《现代传播》（中国传媒大学学报）2006 年

    第 2 期。

王庆华：《论湖南卫视快乐创新》，《山东视听》（山东省广播电视学校

    学报）2006 年第 3 期。

胡智锋、周建新：《电视节目编排三论》，《现代传播》（中国传媒大学

    学报）2006 年第 5 期。

周鸿铎：《电视频道要注意科学定位》，《广告大观》2006 年第 5 期。

张建敏：《电视节目形态发展中的融合现象分析》，《中国广播电视学

    刊》2006 年第 5 期。

孙宝国：《数字电视技术元素与电视节目形态演进》，《北方传媒研究》

    2006 年第 6 期。

张小琴、王彩平：《论电视节目形态的限定性》，《现代传播》2006 年第

    6 期。

梁国伟、刘思妍：《寻找超越时空的"在场"——试析电视谈话节目技

    术形态演变的内在动力》，《哈尔滨工业大学学报》（社会科学版）

    2006 年第 6 期。

王启祥：《复合与多元：中国电视新闻节目形态演变特征分析》，《新闻

    传播》2006 年第 10 期。

李茂名：《〈再说长江〉的时空结构及其功能意义》，《电视研究》2006
　　年第 12 期。

欧阳菁、田颖：《央视〈新闻联播〉与湖南卫视〈晚间新闻〉的叙事比
　　较》，《湘潮·理论》2007 年第 1 期。

车佳桓：《手机电视对电视节目形态的变革》，《声屏世界》2007 年第
　　3 期。

何国平：《电视新闻节目形态的嬗变之迹》，《现代传播》2007 年第 5 期。

彭菊华、毛震：《〈乡村发现〉12 年——对农电视节目的生存与发展探
　　讨》，《新闻界》2007 年第 5 期。

黎薇：《抒情镜头在纪实拍摄中的运用》，《新闻爱好者》2007 年 9 月。

娄可伟：《电视媒介传播精英文化的有效路径——谈〈百家讲坛〉的文
　　化传播力》，《中国电视》2007 年第 12 期。

陈良梅：《从线性叙事向空间叙事的转向》，《当代外国文学》2008 年第
　　2 期。

高晓虹：《电视直播报道常态化的重大进步——"汶川地震"电视
　　直播报道带来的思考》，《现代传播》（《中国传媒大学学报》）
　　2008 年第 3 期。

朱剑飞、方芳：《论中国大陆电视节目形态的创新机制》，《现代传播》
　　（《中国传媒大学学报》）2008 年第 1 期。

申启武：《改革开放 30 年广播新闻节目形态的演变与发展》，《现代传
　　播》（《中国传媒大学学报》）2008 年第 2 期。

孙宝国：《试析中国电视新闻节目形态概念与特性》，《北方传媒研究》
　　2008 年第 11 期。

孙振虎：《技术革新背景下的电视传播革命》，《中国电视》2008 年第
　　12 期。

罗昶：《"播出季"参照下的国内电视生产、消费模式衍变——从〈丑
　　女无敌〉看美剧"按季制播"的商业逻辑实践》，《东南传播》
　　2009 年第 1 期。

唐俊：《论省级卫视新闻节目的三种竞争战略》，《新闻大学》2009年第1期。

张波：《重视节目编排增强传播效果》，《新闻窗》2009年第2期。

谭天：《论电视节目形态构成——一种用于节目研发的理论模型》，《现代传播》（《中国传媒大学学报》）2009年第4期。

于江：《播音员与主持人的区别》，《青年记者》2009年第10期。

魏欣：《中国电视节目形态创新的有益尝试——对美国〈幸存者〉与湖南卫视〈我是冠军〉的比较》，《当代电视》2009年第11期。

王天德：《电视节目形态创新和电视人行为改变——以"中国蓝"的创新为例》，《中国广播电视学刊》2010年第5期。

曹洋：《儿童电视节目形态初探——以CCTV少儿频道和欧美少儿节目为例》，《青年记者》2010年第5期。

魏欣：《电视节目形态本土化中的优胜劣汰——才艺展示类与野外生存类真人秀的比较分析》，《当代电视》2010年第6期。

柳溪、刘琛：《消费社会中的新闻多元传播——以湖南卫视新闻栏目〈播报多看点〉为例》，《云梦学刊》2010年第6期。

赵俐：《浅析娱乐节目中"主持人群"的语言交际特点及其效果》，《中国电视》2010年第9期。

苏宏元：《电视节目分类刍议》，《中国广播电视学刊》2011年第3期。

姜智彬、王星：《美国电视节目编排的"季播"模式及其借鉴》，《广告大观》2011年第5期。

胡智锋：《时代呼唤主流作品》，《现代传播》（《中国传媒大学学报》）2010年第11期。

陈虹、郝希群：《2009—2010中国电视节目形态创新报告》，《南方电视学刊》2010年第12期。

陈芳、柯缇族：《论近年来电视节目形态的创新特征》，《中国电视》2011年第1期。

曹邵同：《论电视声音的艺术特性》，《科技传播》2011年（2上半月）。

陈欣钢：《跨国流动中的电视节目形态重构——基于中国真人秀节目的文本分析》，《电视研究》2011年第3期。

王慧：《〈越淘越开心〉以"消费"关联观众》，《金田》（励志）2011年第11期。

高小健：《视听形式化叙事与审美——谈影视艺术的视听空间造型设计》，《美术观察》2012年第2期。

郭艳民、张瑜珂：《电视新闻评论节目创新策略探析——以湖南卫视〈新闻公开课〉为例》，《东莞理工学院学报》2012年第4期。

高静宁：《新闻课堂：电视新闻评论节目的新样式——以湖南卫视〈新闻公开课〉为例》，《青年记者》2012年6月。

王彩平：《交换类真人秀节目形态探析——以湖南卫视〈变形计〉为例》，《中国电视》（纪录）2012年第7期。

李光斗：《围剿湖南卫视》，《商界》（评论）2012年第9期。

张耀丹：《浅析湖南卫视崛起原因》，《现代阅读》（教育版）2012年第9期。

彭文、武鹏：《电视新闻评论的困境和出路——对湖南卫视〈新闻公开课〉停播的思考》，《东南传播》2012年第9期。

付敬：《论电视新闻节目娱乐化度的把握——以湖南卫视〈晚间新闻〉为例》，《今传媒》2012年第9期。

张雨浧：《认知电视声音》，《电视研究》2012年第11期。

唐方文、许荣华：《〈群众〉周刊革命话语分析》，《青年记者》2012年第17期。

陈晨：《论大众传媒时代广播电视的精英文化导向性》，《中国报业》2013年第2期。

骆欢华：《频道竞争时代的电视节目编排技巧和策略》，《青海大学学报》（自然科学版）2013年第3期。

杨晖、唐剑聪：《中国电视人文价值的构建——以央视综合频道〈开讲啦〉节目为例》，《电视研究》2013年第4期。

张齐建：《省级卫视新闻联播的多元化表现形式——以〈湖南新闻联播〉为例》，《新闻世界》2013 年第 5 期。

葛营营：《新闻故事化中的新闻和故事的关系——以〈新闻当事人〉和〈60 分钟〉为例》，《现代视听》2013 年第 5 期。

宫兆敏、安立国：《电视综艺节目"主持人群"现象探析》，《新闻传播》2013 年第 6 期。

冯晓临：《基于数字化背景下的电视节目形态发展趋势探究》，《电视研究》2013 年第 7 期。

《2013 中国年度新锐榜》，《新周刊》2013 年第 24 期。

Bernard Berelson, *Content Analysis in Communication Research*, New York: the Free Press, 1952 (18).

Kirsch, Arthur D., Seymour Banks, *Program Types Refined by Fact or Analysis*, Journal of Advertising Research, 1962 (9).

Swanson, Charles E., *The Frequency Structure of Television and Magazine*, Journal of Advertising Research, 1967 (6).

Ehrenberg, *The Fact or Analytic Search for Program Types*, Journal of Advertising Research, 1968 (3).

## 三 学位论文

李水平：《电视湘军品牌战略研究》，湖南师范大学，2005 年。

李若菊：《我国电视媒体的外部战略环境浅析》，山东大学，2006 年。

舒尚科：《湖南卫视体验营销策略研究》，湖南大学，2007 年。

刘宝林：《电视节目形态结构研究》，中国传媒大学，2007 年。

梁英：《大众叙事与精神家园——韩国电视剧叙事文化研究》，四川大学，2007 年。

何林：《国内电视选秀节目的程式化要素分析》，同济大学，2008 年。

缪莉莉：《关于大学生对待电视平民选秀节目态度的研究》，河海大学，

2008 年。

陈晶：《媒介技术的发展对我国电视节目形态的影响》，湖南师范大学，
　　2009 年。

陈浩：《湖南卫视"快乐中国"定位研究》，湖南师范大学，2009 年。

邓颢：《娱乐化浪潮下的湖南卫视娱乐节目探析》，湘潭大学，2009 年。

郑洋：《国内电视新闻深度报道的研究》，西北师范大学，2009 年。

彭娜：《中韩综艺节目叙事结构对比分析》，重庆大学，2010 年。

李轶天：《中外电视节目形态比较研究》，重庆大学，2010 年。

夏琦：《论中国电视节目形态的模式创新》，复旦大学，2010 年。

王闯：《中国内地电视综艺娱乐节目模仿境外节目现象研究》，华东师
　　范大学，2010 年。

李宥儒：《湖南卫视电视编播方式分析研究》，西北大学，2011 年。

骆飞：《省级卫视广告编排特色及创新探析》，山东大学，2011 年。

薛若怡：《论电视栏目群的聚合效应》，云南大学，2011 年。

高翔：《媒介融合背景下"80 后"电视节目主持人传播特质研究》，西
　　北大学，2011 年。

杨天牧：《论体育直播节目的"影视戏剧化表现"——以 NBA 电视直
　　播为例》，山东艺术学院，2011 年。

杨洁：《湖南卫视营销战略研究》，重庆工商大学，2012 年。

邓倩：《湖南卫视自制剧的特点及其市场运作研究》，南昌大学，2012 年。

杨凤：《叙事学原理在体育赛事电视转播中的运用研究》，成都体育学
　　院，2012 年。


## 四　报纸文章

《中国电视报》（1997—2013）。

高小健：《国产电影的文化选择》，《中国艺术报》2008 年 1 月 29 日
　　第 3 期。

任奕洁：《〈全美超模大赛〉中国版上演选手展现真性情》，《华商报》2010 年 7 月 26 日。

黄金鲁克：《我们已经进入全媒体时代》，《中国教育报》2012 年 1 月 2 日。

熊远帆、易博文、刘琛良、汤集安：《"限娱"背景下，湖南卫视如何升级》，《湖南日报》2012 年 1 月 11 日第 5 期。

丁亚平：《民族影视的崛起与复兴》，《光明日报》2012 年 9 月 19 日第 10 期。

龙军：《湖南卫视：拿什么"新闻立台"》，《光明日报》2012 年 10 月 24 日第 16 期。

蒋梦惟：《湖南卫视广告招标额缩水五成》，《北京商报》2012 年 11 月 16 日第 3 期。

## 五　电子文献

湖南卫视新节目《封面》，http：//www. hn. xinhuanet. com/cmjj/2003 - 11/19/content _ 1218869. htm，2003 - 11 - 19。

《超级女声短信投票狂圈钱今年短信收入 3 千万》，http：//net. chinabyte. com/65/2081565. shtml，2005 - 08 - 22。

《广电总局关于进一步加强广播电视播出机构参与、主办或播出全国性或跨省（区、市）赛事等活动管理的通知》，http：//news. xinhuanet. com/newmedia/2006 - 03/14/content _ 4303480. htm，2006 - 03 - 14。

《广电总局关于同意湖南电视台举办 2007 年〈快乐男声〉活动的批复》，http：//tech. sina. com. cn/it/2007 - 04 - 05/1607281498. shtm. 2007 - 04 - 04。

《广电总局将加强电视上星综合频道节目管理》，http：//www. sarft. gov. cn/articles/2011/10/25/20111025170755801010. html，2011 - 10 - 25。

白瀛：让电视荧屏更加丰富多彩健康向上——广电总局新闻发言人就《关于进一步加强电视上星综合频道节目管理的意见》答新华社记者问，http：//news. xinhuanet. com/politics/2011 - 10/26/c _ 111125844. htm，2011 - 10 - 26。

《湖南卫视周播剧陷危机明年将调播出模式》，http：//ent. sina. com. cn/v/m/2012 - 11 - 13/12113786412. shtml，2011 - 11 - 13。

《俞俭：国家广电总局：多策并举促进电视节目创新创优》，http：// www. gov. cn/jrzg/2012 - 04/08/content _ 2108804. htm，2012 - 04 - 08。

《难忘 80 年代老电视剧》，http：//roll. sohu. com/20120608/n345068206. shtml，2012 - 06 - 08。

《2012 年湖南卫视全天平均收视率稳居省级卫视第一》，http：//news. 059a. com/article/2012 - 11 - 26/tv news 26766. html，2012 - 11 - 26。

《季播已成国内卫视娱乐节目主流制播方式》，http：//www. s1979. com/a/20130428/2886017328. shtml，2013 - 04 - 28。

《2013 年全媒体收视率揭榜湖南卫视雄居榜首》，http：//zixun. hunantv. com/hntv/20140115/1621059402. html，2014 - 01 - 15。

黄锫坚：《网络阅读的"当时"和"现在"》，http：//hi. baidu. com/ hikercn/item/aeac31349829039bb80c03fc。

斯图亚特·霍尔：《电视话语中的编码和解码》，http：//wenku. baidu. com/view/38407d63a45177232f60a270. html。

《快乐心灵·说出你的故事》栏目公告，http：//ent. hunantv. com/v/ hunantv/klxl/index. html。

# 附　录

## 湖南卫视历年播出电视栏目汇总

**表 1**　　　　　　　　　　　**湖南卫视 1997 年播出栏目**

| 新闻资讯节目（19） | 《湖南新闻联播》《天气预报》《晚间新闻》《新闻汇报》《午间新闻》《财经快讯》《卫视商讯》《中国影视报道》《中国体育报道》《大片采风》《国际体坛珍闻》《国际影坛珍闻》《经济环线》《海外新科技》《一周世界体坛》《新闻观察》《经济视点》《乡村发现》《315 广角》 |
| --- | --- |
| 社会生活节目（11） | 《荧屏导视》《周末创意》《男孩女孩》《生育生活》《卫视中间站》《中国湖南》（你好湖南）《洋洋大观》《世界杂志》《与动物为伴》《裕兴电脑讲座》《人世间》 |
| 综艺娱乐节目（9） | 《快乐大本营》《非常快乐》《体育世界》《体育大观》《灯火阑珊》《世界文艺荟萃》《京剧名家名段》《百集相声小品》《金曲贺卡》 |

**表 2**　　　　　　　　　　　**湖南卫视 1998 年播出栏目**

| 新闻资讯节目（22） | 《湖南新闻联播》《天气预报》《晚间新闻》《财经快讯》《卫视商讯》《中国影视报道》《中国体育报道》《国际体坛珍闻》《国际影坛珍闻》《经济环线》《海外新科技》《一周世界体坛》《环球娱乐圈》《国际赛车杂志》《卫视经济报道》《体育新闻》《今日报道》《新闻观察》《乡村发现》《315 广角》《潇湘晨光》《经济视点》 |
| --- | --- |
| 社会生活节目（14） | 《荧屏导视》《周末创意》《男孩女孩》《生育生活》《卫视中间站》《完全新时尚》《世界时装之林》《苏莎开心乐园》《玫瑰之约》《你好湖南》《洋洋大观》《世界杂志》《与动物为伴》《人世间》 |
| 综艺娱乐节目（15） | 《星光灿烂》《快乐大本营》《非常快乐》《极限争夺》《各就各位》《体坛集锦》《体育大观》《世界文艺荟萃》《京剧名家名段》《百集相声小品》《金曲贺卡》《金光综艺欢乐 100》《聚艺堂》《杂技与马戏》《音乐不断》 |

208

**表 3**                    **湖南卫视 1999 年播出栏目**

| 新闻资讯节目（19） | 《湖南新闻联播》《天气预报》《晚间新闻》《卫视商讯》《中国体育报道》《经济环线》《海外新科技》《卫视经济报道》《体育新闻》《今日报道》《财经》《全球娱乐通》《零点追踪》《新闻观察》《有话好说》《新青年》《乡村发现》《潇湘晨光》《周末生活》 |
| --- | --- |
| 社会生活节目（14） | 《荧屏导视》《男孩女孩》《生育生活》《卫视中间站》《完全新时尚》《世界时装之林》《玫瑰之约》《旅行杂志》《你好湖南》《世界杂志》《科学万花筒》《世界奇观》《爱晚书亭》《新青年千年论坛》 |
| 综艺娱乐节目（12） | 《快乐大本营》《非常快乐》《各就各位》《快乐新战线》《体育大观》《音乐不断歌友会》《百集相声小品》《金光综艺欢乐 100》《聚艺堂》《杂技与马戏》《金曲贺卡》《音乐不断》 |

**表 4**                    **湖南卫视 2000 年播出栏目**

| 新闻资讯节目（20） | 《湖南新闻联播》《天气预报》《晚间新闻》《卫视商讯》《经济环线》《卫视经济报道》《体育新闻》《今日报道》《财经》《全球娱乐通》《娱乐无极限》《数码在线》《今日谈》《零点追踪》《新闻观察》《有话好说》《新青年》《乡村发现》《潇湘晨光》《周末生活》 |
| --- | --- |
| 社会生活节目（14） | 《荧屏导视》《男孩女孩》《生育生活》《卫视中间站》《完全新时尚》《玫瑰之约》《真心风采》《名医坐堂》《世界杂志》《科学万花筒》《世界奇观》《爱晚书亭》《新青年千年论坛》《湘女出行》 |
| 综艺娱乐节目（11） | 《快乐大本营》《各就各位》《快乐新战线》《散打王》《音乐不断歌友会》《金光综艺欢乐 100》《聚艺堂》《魔术荟萃》《金曲贺卡》《音乐不断》《步步为赢》 |

**表 5**                    **湖南卫视 2001 年播出栏目**

| 新闻资讯节目（19） | 《湖南新闻联播》《天气预报》《晚间新闻》《卫视经济报道》《体育新闻》《今日报道》《财经》《娱乐无极限》《新闻 12 点》《零点新闻》《数码在线》《今日谈》《零点追踪》《新闻观察》《有话好说》《新青年》《乡村发现》《潇湘晨光》《城市语文》 |
| --- | --- |
| 社会生活节目（15） | 《荧屏导视》《男孩女孩》《生育生活》《卫视中间站》《真心风采》《玫瑰之约》《健康人生》《世界杂志》《科学万花筒》《世界奇观》《经典与我们》《新青年千年论坛》《湘女出行》《真情》《名人本色》 |
| 综艺娱乐节目（8） | 《快乐大本营》《散打王》《快乐新战线》《音乐不断歌友会》《老同学大联欢》《音乐不断》《步步为赢》《中国本土歌手 MTV 大奖赛》 |

| 表6 | 湖南卫视 2002 年播出栏目 |
|---|---|
| 新闻资讯节目（15） | 《湖南新闻联播》《天气预报》《晚间新闻》《体育新闻》《今日报道》《财经》《娱乐无极限》《新闻12点》《零点新闻》《今日谈》《新青年》《乡村发现》《潇湘晨光》《城市语文》《入世中国》 |
| 社会生活节目（11） | 《荧屏导视》《男孩女孩》《卫视中间站》《真心风采》《玫瑰之约》《世界奇观》《新青年千年论坛》《真情》《名人本色》《艺术玩家》《我的2008》 |
| 综艺娱乐节目（9） | 《快乐大本营》《散打王》《音乐不断歌友会》《老同学大联欢》《音乐不断》《得失之间》《步步为赢》《中国本土歌手MTV大奖赛》《金鹰之星》 |

| 表7 | 湖南卫视 2003 年播出栏目 |
|---|---|
| 新闻资讯节目（11） | 《湖南新闻联播》《天气预报》《晚间新闻》《今日报道》《娱乐无极限》《新闻12点》《今日谈》《乡村发现》《潇湘晨光》《封面》《象形城市》 |
| 社会生活节目（8） | 《卫视中间站》《真心风采》《玫瑰之约》《新青年千年论坛》《真情》《名人本色》《艺术玩家》《背后的故事》 |
| 综艺娱乐节目（9） | 《快乐大本营》《散打王》《音乐不断歌友会》《音乐不断》《金鹰之星》《新青年》《商界惊奇》《中国本土歌手MTV大奖赛》《动感新1点》 |

| 表8 | 湖南卫视 2004 年播出栏目 |
|---|---|
| 新闻资讯节目（10） | 《湖南新闻联播》《天气预报》《晚间新闻》《娱乐无极限》《新闻12点》《乡村发现》《封面》《象形城市》《播报多看点》《财富早七点》 |
| 社会生活节目（4） | 《卫视中间站》《真情》《艺术玩家》《背后的故事》 |
| 综艺娱乐节目（12） | 《快乐大本营》《超级小英雄》《谁是英雄》《音乐不断歌友会》《音乐不断》《金鹰之星》《新青年》《玫瑰之约》《超级女声》《商界惊奇》《动感新1点》《国球大典》 |

| 表9 | 湖南卫视 2005 年播出栏目 |
|---|---|
| 新闻资讯节目（7） | 《湖南新闻联播》《天气预报》《晚间新闻》《娱乐无极限》《乡村发现》《播报多看点》《财富早七点》 |
| 社会生活节目（4） | 《天下女人》《真情》《艺术玩家》《背后的故事》 |
| 综艺娱乐节目（11） | 《快乐大本营》《超级小英雄》《谁是英雄》《音乐不断歌友会》《音乐不断》《金鹰之星》《玫瑰之约》《超级女声》《闪亮新主播》《越策越开心》《国球大典》 |

表 10 　　　　　　　　　湖南卫视 2006 年播出栏目

| 新闻资讯节目（7） | 《湖南新闻联播》《天气预报》《晚间》《娱乐无极限》《乡村发现》《播报多看点》《财富早七点》 |
|---|---|
| 社会生活节目（4） | 《天下女人》《真情》《艺术玩家》《背后的故事》 |
| 综艺娱乐节目（16） | 《快乐大本营》《谁是英雄》《阳光伙伴》《音乐不断歌友会》《音乐不断》《金鹰之星》《超级女声》《闪亮新主播》《我是冠军》《变形计》《名声大震》《越策越开心》《国球大典》《爱情魔方》《超级歌会》《津津乐道》 |

表 11 　　　　　　　　　湖南卫视 2007 年播出栏目

| 新闻资讯节目（7） | 《湖南新闻联播》《天气预报》《晚间》《娱乐无极限》《乡村发现》《播报多看点》《财富早七点》 |
|---|---|
| 社会生活节目（5） | 《天下女人》《真情》《艺术玩家》《背后的故事》《好运连年》 |
| 综艺娱乐节目（17） | 《快乐大本营》《谁是英雄》《我是冠军》《变形记》《快乐男声》《舞动奇迹》《想唱就唱》《足球小子》《瘦身魔方》《名声大震》《音乐不断歌友会》《音乐不断》《越策越开心》《勇往直前》《国球大典》《爱情魔方》《超级歌会》 |

表 12 　　　　　　　　　湖南卫视 2008 年播出栏目

| 新闻资讯节目（8） | 《湖南新闻联播》《天气预报》《晚间》《娱乐无极限》《乡村发现》《播报多看点》《财富早七点》《听我非常道》 |
|---|---|
| 社会生活节目（7） | 《天下女人》《真情》《艺术玩家》《背后的故事》《好运连年》《零点锋云》《快乐心灵——说出你的故事》 |
| 综艺娱乐节目（18） | 《快乐大本营》《谁是英雄》《奥运（快乐）向前冲》《快乐 2008》《智勇大冲关》《挑战麦克风》《以一敌百》《我是冠军》《汉语桥》《变形计》《名声大震》《勇往直前》《舞动奇迹》《音乐不断》《越策越开心》《天天向上》《国球大典》《步步为赢》 |

表 13 　　　　　　　　　湖南卫视 2009 年播出栏目

| 新闻资讯节目（6） | 《湖南新闻联播》《天气预报》《娱乐无极限》《发现》《播报多看点》《听我非常道》 |
|---|---|
| 社会生活节目（7） | 《天下女人》《8090》《艺术玩家》《背后的故事》《百科全说》《零点锋云》《快乐心灵——说出你的故事》 |
| 综艺娱乐节目（18） | 《快乐大本营》《智勇大冲关》《挑战麦克风》《以一敌百》《汉语桥》《步步为赢》《勇往直前》《瘦身魔方》《一呼百应》《快乐女声》《想唱就唱》《我们约会吧》《电影锋云》《金牌魔术团》《天天向上》《全家一起上》《国球大典》《节节高声》 |

**表 14**　　　　　　　　　**湖南卫视 2010 年播出栏目**

| 新闻资讯节目（5） | 《湖南新闻联播》《天气预报》《娱乐无极限》《发现》《播报多看点》、 |
|---|---|
| 社会生活节目（9） | 《天下女人》《8090》《艺术玩家》《背后的故事》《百科全说》《零点锋云》《我是大美人》《锋尚之王》《越淘越开心》 |
| 综艺娱乐节目（17） | 《快乐大本营》《智勇大冲关》《以一敌百》《汉语桥》《勇往直前》《瘦身魔方》《一呼百应》《快乐男声》《想唱就唱》《我们约会吧》《电影锋云》《天天向上》《节节高声》《全家一起上》《芒果训练营》《我要拍电影》《我在你身边》 |

**表 15**　　　　　　　　　**湖南卫视 2011 年播出栏目**

| 新闻资讯节目（4） | 《湖南新闻联播》《天气预报》《娱乐无极限》《播报多看点》 |
|---|---|
| 社会生活节目（18） | 《天下女人》《艺术玩家》《背后的故事》《百科全说》《零点锋云》《我是大美人》《锋尚之王》《越淘越开心》《好好生活》《最高档》《岳麓实践论》《博物馆奇妙夜》《非常靠谱》《那是我妈妈》《帮助微力量》《把谁带回家》《称心如意》《好奇大调查》 |
| 综艺娱乐节目（16） | 《快乐大本营》《智勇大冲关》《以一敌百》《汉语桥》《一呼百应》《快乐女声》《想唱就唱》《我们约会吧》《电影锋云》《天天向上》《给力星期天》《我要拍电影》《少年进化论（少年成长说）》《喜剧之王》《舞动奇迹》《挑战麦克风》 |

**表 16**　　　　　　　　　**湖南卫视 2012 年播出栏目**

| 新闻资讯节目（7） | 《湖南新闻联播》《天气预报》《娱乐无极限》《播报多看点》《播报早看点》《新闻当事人》《新闻公开课》 |
|---|---|
| 社会生活节目（16） | 《天下女人》《艺术玩家》《背后的故事》《零点锋云》《我是大美人》《锋尚之王》《越淘越开心》《新闻大求真》《岳麓实践论》《博物馆奇妙夜》《非常靠谱》《称心如意》《辨法三人组》《完美释放》《平民英雄》《最高档》 |
| 综艺娱乐节目（13） | 《快乐大本营》《汉语桥》《我们约会吧》《天天向上》《我要拍电影》《全力以赴》《一座为王》《天声一队》《女人如歌》《谁与争锋》《向上吧，少年》《百变大咖秀》《变形计》 |

**表 17**　　　　　　　　　**湖南卫视 2013 年播出栏目**

| 新闻资讯节目（5） | 《湖南新闻联播》《天气预报》《娱乐无极限》《播报多看点》《新闻当事人》 |
|---|---|
| 社会生活节目（7） | 《艺术玩家》《我是大美人》《越淘越开心》《新闻大求真》《称心如意》《平民英雄》《我的中国梦》 |
| 综艺娱乐节目（14） | 《快乐大本营》《汉语桥》《我们约会吧》《天天向上》《奇舞飞扬》《谁与争锋》《百变大咖秀》《快乐男声》《想唱就唱》《我是歌手》《中国最强音》《呼啦最强音》《爸爸去哪儿》《环塔征途》 |

# 后　记

本书是我在北京师范大学攻读博士学位的博士论文。

在本书的最后一页，我再次向给予我鼓励支持的人们表示感谢：

首先要衷心感谢恩师张智华老师及其家人对我学习和生活给予的关心、指导、教诲和帮助。张老师渊博的专业知识、严谨的治学态度，使我从中学到了许多做人、做事、做学问的真谛；张老师从严要求、事无巨细的教育理念给我留下了深刻的印象，更成为我不断向前的动力。在学习中张老师是严师，一入学就开始探讨选题方向，要求我们每个月撰写 5000 字，对每月撰写的文字他都是逐字逐句修改，甚至细到每个标点符号；在生活中张老师是平易近人的朋友，时常与我们谈心，教导我们怎么做好事、做好人。吾生之幸，得遇良师，张老师的教诲和鼓励都将成为我未来人生道路上弥足珍贵的精神财富，感谢只能简言，感恩之心长存。

在北京师范大学攻读博士学位的三年时间里，我置身于百年名校浓厚的学术气氛中，有幸聆听到许多著名学者教授的教诲。在此，我要感谢北京师范大学艺术与传媒学院的各位老师，他们不仅传授给我丰富的专业知识，而且他们为人治学的态度将激励我在今后学习、工作中不断攀登。在论文写作过程中，我有幸得到了北京师范大学艺术与传媒学院各位老师们的指点和教导，感谢黄会林老师、周星老师、于丹老师、王宜文老师、史可扬老师、路春艳老师、张洪忠老师，在毕业论文的开题、写作、修改过程中，他们的关心、指导和建议是本书得以完成的重要因素。感谢论文外审过程中的几位匿名评审专家对论文提出的中肯意见，他们渊博深厚的学术积淀，使我认识到自己学术理论上的浅薄，激励我对论文进行一遍又一遍的修改。感谢湖南电视台黄伟、周蒙、王旭波、罗雅媞等诸位朋友，是他们的热心帮助，才让我得到了无比宝贵的第一手材料，为本书的写作奠定了基础。

借此之际，我还要感谢我的同学和朋友们，与他们朝夕相处的三年中，我收获颇多：感谢我的同学同事侯怡，他的鼓励以及许多建设性意见对本书成稿意义重大；感谢我的室友袁威，我的同学孙祥栋、张亮亮、杨洋、李群、王小旭、赵丽瑾等，谢谢他们平时对我的包容和鼓励；也谢谢我的学生张排、张博、赵洁、王田，他们的资料和建议让我的书稿锦上添花。

当然，我要特别感谢我的爱人杨莉，在我读博士期间一个人教育女儿、支撑家庭；感谢我的女儿冯怡带给我人生路上诸多的快乐，我们会一起学习，共同成长；感谢我的岳母、哥哥、嫂嫂及所有的家人，有了他们的支持才使得我的学习没有后顾之忧。

知识之路没有尽头，我在学术的路上将继续前行，永无止步！

冯晓临

2014 年 12 月 16 日